Michael Harles
Alpenglühen

PIPER

Zu diesem Buch

Die Bergwelt der Alpen ist Heimat uralter Bräuche und Traditionen ebenso wie des modernen Tourismus, Extremsports und uriger Gastlichkeit. Mit der Erfahrung von zehn Jahren intensiver Reisen quer durch die Alpen, die Michael Harles für den Bayerischen Rundfunk unternommen hat, zeichnet er ein spannendes, vielschichtiges Bild einer der ursprünglichsten Landschaften Europas und ihrer Bewohner. Er führt uns zu majestätischen Gipfeln und ruhigen Tälern, sanften Grasbergen und schroffen Felsformationen und verwebt in seinen Geschichten Vergangenheit und Gegenwart zu einer einzigartigen Begegnung mit der Welt der Alpen.

Michael Harles, geboren 1954, Studium der Philosophie, Schauspiel- und Sprechausbildung, ist Moderator zahlreicher Fernsehformate für den Bayerischen Rundfunk und lebt mit seiner Familie in München. Seit 1999 verantwortet er als Autor und Moderator die Sendereihe »Melodien der Berge«.

Michael Harles

Alpenglühen

Meine Geschichten der Berge

Mit 34 Farbfotos und einer Karte

Piper München Zürich

Mehr über unsere Autoren und Bücher:
www.piper.de

Ungekürzte Taschenbuchausgabe
März 2010
© 2008 Piper Verlag GmbH, München,
erschienen im Verlagsprogramm Malik
Umschlagkonzept: semper smile, München
Umschlaggestaltung: Birgit Kohlhaas, München
Umschlagfoto: Alfons Schön
Karte: cartomedia, Karlsruhe
Satz: Satz für Satz. Barbara Reischmann, Leutkirch
Papier: Munken Print von Arctic Paper Munkedals AB, Schweden
Druck und Bindung: CPI – Clausen & Bosse, Leck
Printed in Germany   ISBN 978-3-492-25846-3

Inhalt

Fremde Berge

Die Alpen sind ein öder Steinhaufen in der Mitte Europas. Die Alpen sind das schönste Gebirge der Erde.

Für beide Ansichten lassen sich gute Gründe anführen. Es kommt auf den Blickwinkel an. Oder auf die persönlichen Erfahrungen mit diesen mächtigen Falten der Erdoberfläche. Und auf die Begegnungen mit den Menschen, deren Heimat diese Berge sind.

Ich hatte das Glück, dass ich auf meinen Reisen in alpine Regionen Entdeckungen machte, die vom Leben des öden Steinhaufens zeugten. Dass ich Menschen traf, die den Tälern und Bergrücken eine Stimme gaben. Und dass ich dadurch nicht nur die offensichtliche, sondern auch die verborgene Schönheit der Bergwelt entdeckte bei meinem Blick hinter die Kulissen des »Tourismusparadieses Alpen«.

Dabei waren mir die Berge des Alpenbogens lange herzlich fremd. Fremd waren sie mir wegen ihrer Größe, Weite und Höhe, wegen ihrer Wildheit und Gefährlichkeit. Ich empfand gegenüber den Bergen das, was jahrtausendelang die Menschen überall auf der Welt empfunden haben: Distanz, Respekt – und auch Furcht. Berge waren der Sitz der Götter, und sich dem Numinosen zu nähern, war lebensgefährlich. Berge waren Heimat und Ursprung von bedrohlichen Naturgewalten, sie schickten Lawinen, Überschwemmungen, Unwetter in die Täler. Den Bewohnern der Berge war das immer bewusst, und ihr Leben war ein ständiger Kampf mit den launischen Erd- und Himmelsgeistern. Die Bergbewohner wollten von den Bergen vor allem eines: in Frieden mit ihnen leben und von ihnen in Ruhe gelassen werden.

Die Eroberung der Alpen begannen daher logischerweise nicht die Einheimischen, sondern Fremde. Sie hatten einen ganz anderen Blick auf die Gipfel. Einen begehrlichen Blick. Sie wollten etwas von den Bergen. Sie entdeckten die Schönheit der Berge oder sie suchten das Abenteuer, den Nervenkitzel. Es war ein langer Weg, bis die Alpen weniger ein Ort des Schreckens waren als vielmehr ein Hort der Schönheit und der Verlockung. Seither hat die Eroberung der Berge ein Ausmaß angenommen, das den respektvollen Eros der gewaltigen alpinen Natur in sein Gegenteil zu verkehren droht und die Berge zum bloßen Objekt der Begierden degradiert.

Auch ich wollte nach Jahren der latenten Missachtung die Alpen ausbeuten. Ich suchte Stoff für meine Fernsehreihe »Melodien der Berge«. Aber was es mit diesen Bergen eigentlich auf sich hatte, musste ich erst einmal herausfinden. Also machte ich mich auf die Suche und kam verwandelt zurück.

Ich suchte nicht nach neuen Gipfeln wie die Eroberer von einst, denn dafür war ich nun wirklich zu spät dran. Ich suchte auch nicht das alpine Urlaubsparadies mit seinen touristischen Klischees, denn in ihm glaubte ich nichts finden zu können. Und ich suchte auch nicht nach den offensichtlichen Zerstörungen und Verwüstungen dieser einzigartigen Kulturlandschaft durch den Massentourismus, denn ich wollte nicht mit erhobenem Zeigefinger Moral predigen.

Ich machte mich vielmehr auf die Suche nach dem Zauber der Berge, der mit dem Wort Alpenglühen seine sehnsuchtsschwangere Chiffre gefunden hatte. Jenem Alpenglühen, dem ich so lange mit Desinteresse und Herablassung begegnet war. Es ging mir dabei nicht in erster Linie um den schönen Schein, sondern um das innere Glühen. Ich wollte selbst spüren, wovon so viele Menschen schwärmten. Was machte es aus? Das wollte ich herausfinden.

Also machte ich mich auf die Suche nach anrührenden, bewegenden Geschichten aus den Bergen, die ich anderen erzählen konnte. Nach dem Unverwechselbaren, dem Einzigartigen, dem Wundersamen jeder Region. Was ich zu finden hoffte, war so etwas wie die Seele der Alpen.

So entstanden meine Geschichten der Berge.

Als ich das erste Mal in die Berge fuhr, war ich ungefähr fünf Jahre alt. Ich fuhr mit meinem Vater und mit meinen Brüdern Bernhard und Lothar von München nach Garmisch-Partenkirchen »wegen der gesunden Bergluft«. Es war ein wunderschöner Frühsommertag, und ich war ganz schön aufgeregt. Schon allein die lange Eisenbahnfahrt ins Voralpenland war für mich ein richtiges Abenteuer. Am Starnberger See entlangzurattern und dann die Berge immer näher kommen zu sehen, bis wir nach Eschenlohe mit dem Zug in eine enge Schlucht eintauchten. Ich konnte mich nicht sattsehen. Die ganze Fahrt über klebte ich förmlich an der Scheibe unseres Viererabteils: Ich sah den Bauern beim Heumachen zu, nahm wie in Trance den Anblick der kleinen, geschlossenen Dörfer mit ihren Zwiebeltürmen in mir auf, sah Feldwege, Wegkreuze, Kapellen vorbeiziehen, sah die Kühe auf den saftigen Wiesen, die Hügel, die Weiher, die Wälder: eben die ganze Pracht Oberbayerns, dieses Landschaftsparadieses, das damals noch besonders aufgeräumt war, wie die Natur im Frühjahr vor der ersten Blüte.

So bewusst war mir das alles damals noch nicht, aber der Grundstein war gelegt für die spätere Liebe zum bayerischen Voralpenland als einzigartige Kulturlandschaft. Ich sah noch keine Zersiedelung, noch keine Versiegelung, noch keine Betonierung. Es gab sie noch nicht. Viele sehen die Zerstörungen bis heute nicht. Oder sie wollen sie gar nicht sehen, denn sie sehnen sich nach einer Wohnung, einem Haus, besser noch einem Bauernhof mit Blick auf die bayerischen Alpen. Weil die Schönheit und Kraft dieser Landschaft noch immer stärker sind als die schon überall sichtbaren Wunden.

Ich war heilfroh, dass ich einen Fensterplatz ergattert hatte. Als Kleinster hatte ich gegenüber meinen Brüdern mit dem entsprechenden Nachdruck darauf bestanden. Bis heute ist das Schauen für mich eines der größten Vergnügen. Ich brauche Zimmer mit Aussicht und Sitzplätze am Fenster, dann reise ich gern. Die weite Aussicht gehört für mich untrennbar zum Zauber der Berge. Ich kann oben am Berg lange Zeit einfach nur schauen. Zen oder die Kunst, von einem Berg zu schauen. Nirgendwo sonst werde ich so ruhig wie irgendwo oben beim Nichtstun. Das alles wusste ich damals natürlich noch nicht, als wir schließlich an unserem Ziel ankamen.

Die Berge, die den Garmischer Talkessel umstanden, wirkten auf mich wie fremde, unwirkliche Riesen. Wir gingen gemächlich zum Wank hinüber, dem Sonnen- und Hausberg der Garmischer. Dann ging es bergauf, meine allererste Bergwanderung. Auf anmutig gewundenen Pfaden marschierten wir drauflos durch den lichten Bergwald. Tranken Wasser aus den kleinen Bächlein, schauten nach

Pilzen und Blumen. Das hört sich idyllisch an, aber genauso hat meine Erinnerung diesen Ausflug bewahrt. Es war allerdings weniger ein unvergessliches Bergabenteuer als vielmehr ein Natur- und Familienerlebnis.

Wir fuhren nicht in die Berge wegen der Berge, sondern weil sie sozusagen vor der Haustür waren. Hätten wir in Norddeutschland gewohnt, wären wir an die See gefahren. Wir fuhren, weil wir zusammen wegfahren wollten. Das war in unserer Familie damals selten, und deswegen war es für mich schön. Wir waren zusammen und erlebten ein kleines Abenteuer. Das gipfelte nicht in einem Gipfelsieg, sondern in einem für mich aufregenden Abstieg: Meine erste Fahrt mit einer Gondel hinunter vom Wank. Im Gedächtnis geblieben ist mir diese erste Begegnung mit den Alpen bis heute. Ab da waren die Alpen für mich immer verbunden mit dem Erlebnis von Gemeinschaft und dem Teilen von Emotionen. Und mit einer intensiven Naturerfahrung.

Natur empfand ich bereits als Kind inspirierend, und ich war jeden Tag draußen, so oft es ging. Stundenlang. Ich erinnere mich an die unterschiedlichen Gerüche der Jahreszeiten, an die milden Spätsommertage, an denen die Welt stillzustehen schien und die Natur noch einmal innehielt vor dem großen Adieu. An die ersten Herbststürme, die Bäume und Garten leer fegten, an die erste Schneeluft, deren Frische in meine Nase biss. An die lauen Frühlingswinde, jedes Mal von Neuem schwanger mit der Erwartung großer Abenteuer. Und an die Sommerhitze, die den Asphalt schmelzen ließ und den Teer in unsere nackten Fußsohlen brannte. Für diese Naturerlebnisse brauchte ich aber nicht in die Berge zu fahren, die hatte ich vor meiner Haustür.

Ich wuchs mit meinen vier Geschwistern mitten in der Natur auf, in einem der letzten Häuser ganz an der westlichen Münchner Stadtgrenze. Wir hatten einen schönen Garten und eine große Wiese um unser Haus, das nur an drei Seiten eingezäunt war. Richtung Süden stand uns die Welt offen, und nur ein paar Meter weiter begannen die Aubinger Lohe und das Naturschutzgebiet, das ins Dachauer Moos überging. Da gab es Abenteuer genug. Was sollte ich da in den Bergen? Sie waren mir herzlich egal.

Später fuhr ich dann in den großen Ferien mit der Jugendgruppe ins bayerische Voralpenland zum Zelten. An den Stallauer Weiher beim Blomberg, nach Ammerland am Starnberger See, ins Allgäu. Und in die Jachenau an der Südseite der Benediktenwand. In Niggeln, einem kleinen Weiler, hatten wir unsere Zelte aufgeschlagen, wuschen unser Geschirr im Sand der Jachen, die an unserem Lager vorüberfloss, und holten uns jeden Morgen noch kuhwarme Milch vom Bauern, der uns auf seiner Wiese Gastfreundschaft gewährte.

Bis heute ist die Jachenau eines der schönsten und ursprünglichsten Täler der bayerischen Voralpen. Idyll scheint tatsächlich das treffende Wort, wenn man ihm als Ausflügler im Sommer einen kurzen Besuch abstattet. Denn dann sieht man vor allem die schöne Kulisse, wie fast jeder Sommerfrischler überall in den Alpen. Die Zwischentöne, die Tiefendimensionen, die Abgründe der Siedlungsräume bleiben hinter dem Hochglanzbild der Ferienzeit verborgen. So wie die meisten Urlaubsregionen in den Bergen den Reisenden bei einem Besuch als heile Welt erscheinen, als Eldorado des Wahren, Guten und Schönen.

In meiner Erinnerung ist die Jachenau bis heute ein kleines Paradies geblieben. Als kleinste selbstständige Gemeinde Bayerns hat das dünn besiedelte Tal seinen Charakter aber seither auch kaum verändert, wie ich bei späteren Besuchen zufrieden feststellte. Wahrscheinlich liegt die Jachenau zu weit ab vom Schuss, als Ost-West-Tal ist sie nicht in die großen Trampelpfade Richtung Süden eingebunden, und ein Stück der Straße ist sogar mautpflichtig. Keine sehr guten Voraussetzungen für eine Karriere als Tourismusspot. Aber die besten für einen Blick auf Oberbayern, so wie es einst als Bauernland aussah und heute noch überall im Klischee weiterlebt. Auf die Berge kletterten wir bei unseren frühen Ferienaufenthalten dort aber auch nicht, obwohl die Benediktenwand so nah war. Die Gipfel dienten uns nur als dramatische Kulisse für den Abenteuerspielplatz unter freiem Himmel: Geländespiele, Lagerfeuer, Nachtwachen, Weitwanderungen.

Das wahre Abenteuer suchte ich damals jedoch an anderen Orten. In der Hitze der Großstadt vor allem. In Schwabing, das damals, Anfang der Siebzigerjahre, weniger kommerzielles Amüsierviertel war, sondern vor Politik und Flower Power dampfte. Im Dunkel der Kinos, deren Leinwände für mich das Fenster in die große weite Welt waren. Und beim Blick auf die Bühnen der Kellertheater, denn ich war erfüllt von Sehnsucht nach den Brettern, die für mich damals wirklich die Welt bedeuteten. Dort lagen die Gipfel, die ich ersteigen wollte. Ich wollte im Rampenlicht stehen und nicht zwischen den grauen Felsen der Nördlichen Kalkalpen verschwinden. Die Berge waren für mich damals viel zu weit ab vom Schuss, ich wollte dorthin, wo etwas los war. Heute gehen auch die ganz Jungen in die Berge. Aber nur dorthin, wo Party ist. Inzwischen gibt es auch in den Bergen genügend Orte zum hemmungslosen Amüsement. Vor allem im Winter. Ballermann im Schnee.

Damals waren die Alpen Sommerfrische und Erholung. Ein bisschen verstaubt und von gestern. Darüber hinaus allenfalls Ziel für spezielle Sportler: die Kletterer. Nichts davon passte in mein Sehnsuchtsschema.

Später, als Student, bin ich dann doch auf ein paar Steinberge gekraxelt, aber nur, um mich auszutoben und meine Kräfte zu erproben. Allerdings nie aus eigenem Wunsch und Antrieb, sondern meistens, wenn mich ein Freund gefragt hatte, ob ich am Wochenende nicht mitkommen wollte zu einer Tour.

Besonders gut in Erinnerung geblieben ist mir der Aufstieg zur Schöttlkarspitze von Krün aus. Den Blick vom Gipfel auf die zwei smaragdgrün schimmernden Soiernseen in der von Felsen umrahmten Senke hat schon König Ludwig II. inspiriert. Bei Fackelschein hat er sich dort angeblich durch die Sommernacht rudern lassen. Bei meiner Begeisterung für alles Theatrale hätte ich es ihm gern gleichgetan. Die Suche des »Märchenkönigs« nach den Wundern der Berge, die er selbst immer wieder beschrieben hat, konnte ich bei meinen wenigen Ausflügen ins Alpine gut verstehen. Es ging ihm nicht um sportliche Höchstleistungen, sondern ums innere Erleben. In diesem Punkt fühlte ich mich mit ihm durchaus wesensverwandt. So wie sein Großvater, Ludwig I., das Land der Griechen mit der Seele suchte, den Baiern das y und München den Klassizismus bescherte, so suchte der Romantiker auf dem bayerischen Königsthron das Land der Berge mit der Seele und bescherte den Bayern mit seinen die Zeitgenossen verstörenden Inszenierungen auch ein alpines Ausrufezeichen und einen ganz neuen Blick auf die Berge. Ob mit seinen spektakulären Bauten in der Alpenkulisse, seinen mythischen Schlittenfahrten oder seinen märchenhaften Kahnfahrten in der Blauen Grotte von Schloss Linderhof, dem Opalspiegel der Soiernseen oder dem schicksalsträchtigen Starnberger See. Es ging ihm dabei offensichtlich um die »gefühlten Berge«, nicht um die realen Felsformationen, sonst hätte er die Nacht, mondhell oder sternenklar, nicht als »seine Zeit« angesehen. Das innere Auge, das »dritte Auge« braucht kein Tageslicht. Das würde nur ablenken.

Der geheimnisvollen Magie der Soiernseen konnte auch ich mich damals nicht entziehen, obwohl eine milde Spätsommersonne die Szenerie gerade freundlich beleuchtete.

Auch an den anderen Orten der Bergsehnsucht von Ludwig II., zu denen ich mich aufgemacht habe, konnte ich die energetische Kraft spüren, die ihnen innewohnt, den Zauber und die Verführung, die von ihnen ausgehen: auf dem Schachen bei Garmisch-Partenkirchen, der Ruine Falkenstein bei Pfronten im Allgäu, ja selbst auf Linderhof und Neuschwanstein, wenn die Touristen weg waren. So wie die Klöster sich an alten, heiligen Orten der Kraft ansiedelten, so hatte auch der des Wahnsinns geziehene Ludwig II. offensichtlich ein untrügliches Gespür für den genius loci.

Von romantischem Erleben geprägt waren dann auch noch einige der stimmungsvollen November-Bergtouren, wenn München und das Voralpengebiet in eine nasskalte Nebeldecke eingehüllt waren. Was für ein unvergesslicher Moment, in dem beim Aufstieg dieses feuchte Tuch von uns abfiel und wir, gewärmt von einer milden Herbstsonne, zu »Wanderern über dem Nebelmeer« wurden. Caspar David Friedrichs Bilder haben sich beim ersten Mal, als ich sie bewusst wahrnahm, auf meiner Netzhaut eingebrannt und meinen Blick auf die Natur verändert. Auch Ludwig II. wäre auf ihnen gut aufgehoben gewesen, auch er war ja oft genug selbst ein »Mann in Betrachtung des Mondes«.

Als ich an Allerseelen 1979 neben meinem Freund Walter auf der Brecherspitze stand und wir beide stumm über die schafwollfarbene Decke blickten, die die Welt unter uns einhüllte, fühlte auch ich mich wie auf dem berühmten Gemälde Friedrichs. Die Verhüllung erst regt die Phantasie an, so wie die vermeintlich leeren Horizonte bei Friedrich durch die Emotionen des Betrachters mit Leben erfüllt werden. Jedes Mal neu und jedes Mal anders. Auch die dichte Nebeldecke setzte mein Kopfkino in Gang, der imaginäre Horizont öffnete sich ins Unendliche und ein Film begann zu laufen. Sein Titel hätte lauten können: »Die Welt liegt Dir zu Füßen. Stolpere nicht hinein wie ein ungeschickter Lümmel.« Das hatte ich bei H. C. Artmann gelesen, und es ist mir nicht mehr aus dem Kopf gegangen.

Der höchste Berg, auf dem ich je stand, war das Zuckerhütl in den Stubaier Alpen. Das war in meiner Studentenzeit in den Siebzigerjahren, und es war mein erster Ausflug ins Hochgebirge überhaupt. Und bis heute der einzige Gipfel, den ich wirklich erstiegen habe. Allerdings habe ich den Gipfel weniger erobert, denn geradezu traumwandlerisch erwandert – freundlich umsorgt von Freunden, die etwas vom Bergsteigen verstanden. Ich hatte vor der Tour nicht viel darüber nachgedacht und einfach spontan zugesagt. Ich hatte dasselbe Gefühl wie einst Ende der Fünfzigerjahre, als ich mit meinem Vater und meinen Geschwistern nach Garmisch fuhr. Für mich war die Zuckerhütl-Tour wie ein Familienausflug – nur mit größeren Dimensionen. Ich verließ mich geradezu blind auf meine erfahrenen Begleiter. Ganz besonders, als wir vorsichtig und angeseilt den Stubaier Gletscher überquerten, um in keine vom Schnee verwehte Spalte zu fallen. Und erst recht beim letzten Anstieg zum Gipfel über die schnee- und eisbedeckte Flanke, die ich nur mit der starken mentalen Hilfe meiner Seilschaft schaffte. Oben war ich dann mächtig stolz und genoss den wunderbaren Blick über den Alpenhauptkamm.

Das Zuckerhütl ist eine wirklich schön geschwungene Firnspitze mit einer wunderbaren Ausstrahlung. Noch heute denke ich gern an meine einzige echte Hochgebirgstour. Und ich muss schmunzeln, wenn ich von irgendeinem anderen Gipfel der Hochalpen das Zuckerhütl erspähe. Schon sein Name stimmt mich fröhlich. Worte, deren Bedeutung eine bestimmte Assoziation hervorrufen, haben mir schon immer gefallen. Das Spielen mit Worten gehört für mich deshalb bis heute zu meinen Lieblingsbeschäftigungen. Und ich bin überzeugt, dass Worten eine eigene Kraft innewohnt, wenn sie nur richtig gebraucht werden. Worte können unmittelbar in die Seele dringen. Worte können Macht ausüben. Deswegen gibt es in vielen Kulturen und Religionen auch das Verbot, bestimmte Namen auszusprechen. »Wenn man den Teufel nennt, kommt er grennt«, skandierten wir gern als Kinder, ohne von den ernsthaften alchimistischen Beschwörungen der »dunklen Seite der Macht« auch nur einen Schimmer zu haben. In diesem Sinne aber versüßte mir das Zuckerhütl damals schon kraft seines Namens den anstrengenden Aufstieg in der dünnen Höhenluft. Obwohl es dann beim Gipfelkreuz in 3507 Meter Höhe noch nicht mal ein Stück Schokolade gab. Sondern Wurstbrot aus der Sulzenauhütte und warmen Tee aus der Thermoskanne.

All diese Begegnungen mit den Alpen waren also nicht etwa der magnetischen Anziehung geschuldet, die Berge auf mich ausübten. Sie hatten ihren Grund vielmehr in meiner Sehnsucht nach gemeinschaftlichen Erlebnissen mit der Familie und mit Freunden. Die Berge waren der eher zufällige Schauplatz für diese Form der sozialen Vergewisserung. Bei allem Stolz über den »Gipfelsturm« – richtig warm geworden bin ich mit den Alpen auch im ewigen Eis des Zuckerhütls nicht.

Ich war einfach kein Mensch für das Hochgebirge, für die Kare und Karste, die Zacken und Schründe. Hohe Berge waren für mich latent aggressiv, potenziell gefährlich und unangenehm widerborstig. Die verborgene Schönheit dieser felsigen Welt entdeckte ich erst sehr viel später bei meinen Reisen für die »Melodien der Berge«. Es begann mit den Dolomiten, deren eigenartigem Reiz ich mich umso weniger entziehen konnte, je mehr Zeit ich in ihnen verbrachte und langsam vertraut wurde mit dieser fremden Welt. »Sich vertraut machen«, sagt der Fuchs zum kleinen Prinzen, »das bedeutet zähmen.« Die Berge zu zähmen wird mir natürlich nie gelingen. Wahrscheinlich gelingt das niemandem, auch und gerade dann nicht, wenn er mit den Bergen sehr vertraut ist. Ein Raubtier wird immer Raubtier bleiben. Wer sich da in seiner Naivität den Gesetzen der Natur gegenüber vertut, der riskiert sein Leben. Auch werden die Berge niemals zum gefahrlosen Freizeitparadies werden, da kann noch so viel Technik die Leichtigkeit des alpinen Daseins suggerieren. Doch Jahr für Jahr machen Hunderte von Touristen die Probe aufs Exempel und bezahlen sie mit dem Leben.

Die Alpen sind viel zu alt und viel zu eigensinnig. Sie haben ihre eigenen Regeln und Gesetze. Aber eins wollte ich dennoch: mich vertrauter machen mit ihnen, auch wenn ich dafür viel Zeit investieren musste. Ich brauchte dafür Jahre. Denn die hohen, spitzen Felsen widerstrebten einem Sinn in meinem Inneren, dem Sinn für das schön Geschwungene, das wohl Geformte. Die kargen Regionen über der Grüngrenze hingegen drückten lange auf mein Gemüt. Ich hatte das Gefühl, dass ohne Chlorophyll auch mein inneres Grün langsam verdorrte. Es machte mir einfach keinen Spaß, immer nur auf nacktes Gestein zu starren. Bei meinen vielen Begegnungen mit den Bewohnern der Alpenregion musste ich zu meiner Verblüffung erfahren, dass auch dort nicht jedem Menschen die Liebe zum Hochgebirge automatisch in die Wiege gelegt wurde. So wie bei Herta Strasser aus Söll in Tirol, die uns bei den Dreharbeiten rund um den Wilden Kaiser bis heute eine kundige Begleiterin ist. Bei unserer Fahrt in die Felsenwelt des »Koasers«, wie die Einheimischen sagen, hinauf zum Gruttenhaus ist sie tausend Tode gestorben. Vor allem, als unser Geländewagen langsam und mühsam den schmalen Weg durch eine steil abfallende Felswand nach oben fuhr.

»Nein«, sagte sie erleichtert, als wir nach dem Drehtag wieder wohlbehalten unten ankamen, »nie mehr. Ich mag nur die Grasberge.« Da habe ich sie gut verstanden, denn das Herz öffnet sich bei mir eben auch nur, wenn die Berge noch voller Grün sind. Obwohl ich auch längst den Kitzel des Hochgebirgsabenteuers zu genießen begonnen habe – aber nur als Herausforderung, die ich gerne bestehen möchte. Richtig daheim werde ich mich dort nie fühlen.

In den Bergen gibt es sogar nicht wenige Menschen, die am falschen Ort zur Welt gekommen sind. Wie Franziska aus Tirol, die eine kleine Pension betreibt und im Sommer auch eine Almhütte. Sie mag die Berge nicht, und nichts in der Welt könnte sie dazu bewegen, freiwillig und aus purer Lust am Leben einen Gipfel zu besteigen. Sie fühlt sich als Stadtmensch und nicht als Bergziege, sagt sie selbst. Verwundert sieht sie Jahr für Jahr den Scharen von bergsüchtigen Touristen zu, die ihr Geld und ihre Freizeit dem Gott der Berge opfern. Sie dagegen wäre viel lieber im Dschungel der Großstadt. Sie würde gern frei sein, ungezwungen und ungebunden durch die Welt ziehen, »ihr« Leben leben. Und es nicht den Zwängen der Familie, des Verwandtschaft, dem »Dorf« und dem Geldverdienen, den Bergen opfern. »Aber das war damals halt so«, da gab es keine Alternative. Für einen Ausbruch, meint sie, sei es jetzt zu spät. Die Berge halten sie im eisernen Klammergriff. Heute würde sie es auch machen wie die Jungen, auf die sie voller Bewunderung und nicht ohne Neid schaut. Erst mal rund um die halbe Welt fahren, um zu spüren, ob es ihnen in ihrem engen Tal auch wirklich gefällt.

In den Tälern wohnt zwar noch nicht die Freiheit. Aber zumindest gibt es eine echte Chance, sein Leben auch anders und woanders zu leben.

Ich selbst bin von meiner Prägung her wohl eher der Mittelgebirgstyp. Vielleicht ist das ein Erbe meines Vaters, der mir als Kind zum Einschlafen immer von seiner Heimat, den Hügeln südlich des Erzgebirges, erzählt hatte. Und der in mir die Sehnsucht geweckt hat nach dem, was dahinter ist.

»Ich lag da auf der Wiese in Sittmesgrün und sah den ziehenden Wolken nach«, sagte er leise, »und ich habe mich immer gefragt, was wohl hinter den Hügeln sein mag.« Damit hatte er den Keim gelegt. Auch ich wollte immer wissen, was hinter der nächsten Erhebung lag. Mein Ziel war nie der Gipfel, sondern die neue Welt dahinter und ihre Geheimnisse.

Später, Anfang der Siebzigerjahre, wanderte ich sechs Wochen durch die Hügellandschaft Siebenbürgens zusammen mit einer ganzen Gruppe von Freunden, und ich hatte das seltsame Gefühl, »daheim zu sein«. Es war eine Berglandschaft ganz nach meinem Geschmack. Jeden Tag eine neue Hügelkette, die es zu erklimmen galt. Jeden Tag eine neue Welt dahinter, die es zu entdecken galt. So stellte ich mir das Leben vor. Und so geht es mir bis heute in allen Berglandschaften, ob hoch oder eher niedrig. Mich faszinieren weniger die Gipfel und Landschaften an sich, sondern vielmehr die Geschichten, die sie zu erzählen haben. Daher kommt die Neugier, die ich bei jeder Recherchereise für eine neue Sendung der »Melodien der Berge« empfinde.

Ich versuche herauszubekommen, was gerade das Unverwechselbare dieser Region der Alpen ist und wie wir daraus eine Geschichte machen können. Manchmal ist es die Landschaft, die sich mir am deutlichsten einprägt, manchmal fasziniert mich die Geschichte der Region, manchmal die Musik, oft nur das Licht oder die Klänge. Die Klänge des Dialekts, der Natur, des Kosmos. Immer aber sind es die Menschen, die es mir ermöglichen, diesen intensiven Kontakt zu den Alpen aufzunehmen. Die Menschen, die mir begegnen, die mich berühren und die mir ans Herz wachsen. Mit dem Einblick in ihr Leben erobere ich auch ihren Lebensraum, die Alpen.

Wenn ich heute in die Alpen fahre, dann empfinde ich das nicht mehr als Fahrt in die Fremde, sondern als Reise zu Freunden. Denn mit vielen Bergen und Alpentälern sind inzwischen Erlebnisse, Erinnerungen und Emotionen verbunden. Da geht es mir nicht anders als den meisten Zuschauern unserer Sendung, die bei unseren musikalischen Reisen in die Welt der Alpen an ihre eigenen Abenteuer zurückdenken. Ich zum Beispiel freue mich jedes Mal, wenn es auf der Inntal-Autobahn auf Kufstein zugeht und auf der rechten Seite eine markante Erhebung auftaucht: der Pendling. Seitdem wir dort oben gedreht haben, habe ich im Vorüberfahren Sehnsucht nach dem wunderbaren Blick ins Land hinein mit dem Inntal, dem Wilden Kaiser, über die Kitzbühler Alpen bis ins Hochgebirge.

Ich schmecke den saftigen, weithin berühmten Schweinebraten des »Kufsteiner Hauses« auf meiner Zunge. Und ich muss schmunzeln, wenn ich an Albert, den Hüttenwirt, denke. Aus lauter Nervosität vor dem Fernsehauftritt hatte er an diesem heißen, späten Vormittag bereits drei Weißbier zur Beruhigung getrunken, das nächste stand während unseres Gesprächs auf dem Tisch und wurde auch geleert. Dumm nur, dass wir aus technischen Gründen wiederholen mussten. Wieder stand ein schaumgekröntes Weißes da, und bei der dritten Wiederholung hatte ich wirklich Angst, dass er mir von der Bank kippen könnte. Aber der Gerstensaft löste auch seine Zunge, und er erzählte kernig und lebensprall die besten Geschichten, die wir sonst nie zu hören bekommen hätten.

Auf der Festung Kufstein tief unter uns hatten wir einmal ein venezianisches Maskenfest inszeniert in einer mit Fackeln, Öllampen und Mauerfeuern magisch illuminierten lauen Sommernacht. Die lodernden und rauchenden Feuer waren so verschwenderisch, dass der Rauchmelder anschlug und über dem nächtlichen Kufstein ein heulender Feueralarm losging. Ich sah schon die Schlagzeilen der Zeitungen: »Rache für Kaiser Maximilian? Bayern fackeln die Festung ab.« Zum Glück war unser Betreuer auch der Festungsfeuerwehrmann, der mit einem schnellen Anruf seine Kollegen vom Blaulichteinsatz auf der Burg abhielt.

Unter der Festung bleibt mir das »Batzenhäusl« neben dem »Auracher Löchl« in der ebenso efeu- wie legendenumrankten Römerhofgasse unvergesslich. Ich darf allerdings nicht verraten, warum, das musste ich dem Wirt dieses »Spuklokals« versprechen. Denn dann wäre der Spaß für den neuen Gast ja nur halb so groß.

Das Zillertal besuchten wir immer wieder, schließlich hat es einen Weltruf als sangesfrohe Bergregion. So viele Musikgruppen wie dort gibt es sonst nirgendwo, und das spiegelt sich auch in unserer Sendung wider.

Erwin Aschenwald mit seinen Mayrhofnern gehört nicht nur zum Urgestein der Zillertaler Musikanten, er ist auch ein wahrer Herzblutmusiker. Eines Tages nach einem langen Drehtag saß ich gerade in der Sauna unseres Hotels, als ich draußen Akkordeonmusik hörte. Ich konnte mir gerade noch ein Handtuch umschlingen, da stand auch schon Erwin mit seinen zwei Kindern in Zillertaler Tracht vor mir in der Sauna und spielte mir das neue »Melodien der Berge«-Lied vor, das ihm gerade eingefallen war. Es war eine wehmütige Melodie, die er mit Inbrunst vortrug und sich dabei wie ein kleines Kind freute. Ich war wirklich gerührt. Unvergesslich geblieben ist auch der Tag, an dem Erwin uns seine Heimat, das Stilluptal, gezeigt hat, eines der schönsten Hochtäler bei Mayrhofen. Da stand er als Teufelsgeiger auf einem großen Findling und stimmte mit seiner Violine einen wilden Lobgesang auf die Bergwelt an.

Auf der anderen Seite des Inntals geht es hoch zum Achensee, der sich wie ein Fjord ins Karwendel gegraben hat. Dort habe ich im »Posthotel« zum ersten Mal in meinem Leben eine Fischweißwurst gegessen, zubereitet vom Haubenkoch Herbert König und stimmungsvoll serviert im kerzenbeleuchteten Weinkeller. Und auch der Prügelkuchen der Achensee-Region war für mich eine kulinarische Novität, die noch aus Kaiser Maximilians Zeiten stammte.

Das ist eine Art Bauern-Baumkuchen – der Teig nicht so fein und leicht, dafür umso nahrhafter.

Und so reiht sich eine Geschichte an die andere, und die Landschaften, die ich durchfahre, sind gesättigt von Erinnerungen. Stubaital, Pustertal, Grödnertal, Ritten, Bozner Becken, Meran und Vinschgau, Unteretsch und so fort bis hin ins Trentino, überall möchte ich gerne rausfahren und schauen und reden.

Am Gardasee stand ich zusammen mit Ivo in einem alten Olivenhain hoch oben über dem Nordufer des Sees. Ivo war Olivenölproduzent, und er ließ mich verkosten. Er sprach kein Deutsch, und mein Italienisch war arg eingerostet. Also unterhielten wir uns mit Händen und rudimentären Vokabeln, blickten uns in die Augen und verstanden uns prächtig.

Das war mir bei meinen Begegnungen mit den Menschen der Alpen immer besonders wichtig: dass wir uns verstanden. Mit vielen Menschen, die ich auf meinen Reisen getroffen habe, ist eine innere Verbindung geblieben. Wenn ich noch nach Jahren jemanden anrufe, der bei uns in der Sendung war, ist die Freude auf beiden Seiten groß, und ich habe ein Gefühl, als hätten wir uns erst gestern verabschiedet.

Für diese Nähe musste ich allerdings immer erst eine Schicht durchdringen, die wie eine dünne Schneedecke über den meisten Menschen liegt, wenn sie vor die Kamera treten. Es ist der Schutzschild der Seele, so wie Schnee die Natur schützt vor Kälte und Frost. Vielleicht schauen die Menschen der Alpen auf alten Fotografien deshalb so ernst und gesammelt, weil sie sich immer schützen mussten vor der Unbill der Natur und den Wechselfällen des Lebens und weil da kaum Raum blieb für ein Lächeln und das Zeigen von Gefühlen. Das Innere ist eben schnell verletzt. Es gehört zu den schönsten Momenten meiner Arbeit, wenn ich spüre, wie die Schneedecke langsam schmilzt und mein Gegenüber sich öffnet. Ein bisschen wie die Natur, die sich Bahn bricht, wenn die Knospen und Blüten durchkommen.

Ich habe so viele wundervolle Geschichten von großartigen Menschen erlebt, von Menschen, die vor Begeisterung über ihr Leben in der Natur schier bersten und die mir unvergesslich bleiben werden. Wie die Biobäuerin aus dem Passeiertal, die ihr Glück mit uns teilen wollte und uns ihr ganzes Bergbauernparadies zeigte und uns ihre Erzeugnisse verkosten ließ. Sie offenbarte uns ihre Seele. Dass uns das mit unseren Reisen zu den unspektakulären Geschichten vom Leben der Menschen in den Alpen immer wieder gelungen ist, das macht mich glücklich und davon möchte ich auch in diesem Buch erzählen. Auf der Suche nach dem Alpenglühen habe ich in zehn Jahren meiner Reisen ins Herz der Alpen langsam begonnen, mit ganz anderen Augen auf diese Berge zu schauen. Am Anfang stand ich an der Peripherie mit einem fernen Blick auf die Klischees. Kühne Gipfel, wagemutige Bergsteiger, uriges Hüttenleben, kernige Typen, resche Madln auf der einen Seite und Engstirnigkeit, Rückständigkeit, Tourismuswahnsinn, Naturzerstörung auf der anderen Seite. Sicher, das alles gibt es in den Alpen, und all das habe ich auch gefunden. Was die negativen Klischees angeht, gibt es die nicht nur in den Bergen. Dort aber treten sie vor dem Hintergrund einer immer noch grandiosen Natur stärker hervor als anderswo, weil es die Schönheit im Auge des Betrachters mehr stört. Je näher ich den Alpen kam, je mehr ich hinter die Kulissen der positiven oder negativen Klischees schauen konnte, umso stärker wurde meine Beziehung zu den Alpen.

Was nach den vielen Reisen in die Berge das Besondere der Alpen ist? Es ist ihre einzigartige Mischung: Die Alpen sind eine ebenso grandiose Natur- wie großartige Kulturlandschaft. Es gibt sicherlich spektakulärere Berge, etwa im Himalaja oder in den Anden, und es gibt großartigere Landschaften, wie in Afrika oder Südamerika. Aber diese Verbindung von Natur und Kultur auf so engem Raum in einer solch verschwenderischen Vielfalt gibt es kein zweites Mal.

Ganz nach oben

Da saß er also vor mir: der Mann, der im selben Jahr, 2004, die zwei höchsten Berge der Welt erstiegen hatte, den Mount Everest und den K2. Ohne Sauerstoffmaske! Innerhalb von zwei Monaten. Absoluter Weltrekord. Bisher unerreicht. Würdig für einen Eintrag ins Guinessbuch der Rekorde: Karl Unterkircher, Jahrgang 1970, aus Wolkenstein im Südtiroler Grödnertal. Ursprünglich hatte er den Beruf des Automechanikers erlernt. Schnelle Autos, schöne Frauen, hohe Berge, das waren die Leidenschaften, die ihm bald zugeschrieben wurden. »Er war ein wilder Hund«, erzählen sie sich im Grödnertal. Die hohen Berge wurden bald seine Favoriten, ab 1997 widmete er sich ganz seiner Leidenschaft als Bergführer und Extrembergsteiger, aber mit der Gründung einer Familie schien auch Karl ruhiger geworden zu sein.

Er sah gar nicht aus wie ein verwegener Held aus der Todeszone. Er war schmal, jungenhaft, nicht sehr groß, die dunklen Haare etwas zerzaust, Stoppelbart. Er sprach leise und wirkte sehr bescheiden. Keine Show, kein Divengehabe wie bei Reinhold Messner, dem Südtiroler Überflieger unter den Bergsteigern. Karl Unterkircher strahlte eine große Gelassenheit aus, seine ganze schmale Erscheinung war ein einziger Ruhepuls unter 30.

Für unser Interview waren wir auf zwei großen Findlingen in einer Buckelwiese mitten in den Dolomiten platziert. Mitten in der sogenannten »Steinernen Stadt«, denn das ganze weit gezogene Mattengebiet war übersät von wundersamen erratischen Blöcken aus dunklem Dolomitgestein. Die Wiesen wirkten wie ein Märchenbild aus lauter verwunschenen Fabelwesen. Hinter Karl ragte der gewaltige Felszacken des über 3000 Meter hohen Langkofel in den Himmel. Der Hausberg, das Wahrzeichen und der ganze Stolz der Grödner. Luis Trenker, selbst Grödner Urgestein, hat von ihm behauptet, er sei noch schöner, »gotischer, möchte ich sagen«, als das Matterhorn. Bei allem Abenteuertum und bei aller Weltläufigkeit ist Luis Trenker irgendwie auch immer der kleine Grödner Bub geblieben, der ehrfürchtig zu diesem gewiss imposanten Gipfel geblickt hat. Eindrucksvoll ist der Langkofel durch seine schlanke, himmelstrebende Form sicher, dramatisch, ja. Aber schöner als das Matterhorn? Die Vorstellung bestimmt nun einmal die Wahrnehmung – nicht umgekehrt. Und die Prägungen erhalten wir sehr früh – und bleiben dann fürs Leben gefärbt.

Hinter mir erhob sich der wuchtige Sellastock, der das Grödnertal vom schon italienischen Süden trennt – scheinbar wie ein undurchdringlicher Riegel. Aber das tat er nur von der Ferne aus gesehen, so wie die Alpen von weit, weit weg wie ein zwar anmutig gebogener, aber doch einheitlicher Block erscheinen. Wie eine versteinerte Urzeitechse mit runzeliger, lediger Faltenhaut, die sich einst aus dem Urmeer erhoben und in die frische Luft gelegt hatte. Je näher man diesen Alpen aber kommt, je tiefer man in sie eindringt, desto mehr gewinnt der unendlich fraktale Charakter der Berge die Oberhand. Je öfter ich in die Alpen fuhr, umso mehr löste sich das fest gefügte Gesamtbild auf, und dahinter erschienen immer neue Schichten, so wie oft im Fels immer neue Schichten Gestein, immer neue Brüche und Verwerfungen zutage treten. Auch die von unten oft glatten Wände des Sellastocks boten dem Bergsteiger nach dem Einstieg unendlich viele Angriffspunkte. Und wer nicht gleich mit dem Kopf durch die Wand will: Jeder Berg lässt sich umgehen. Beim Selllastock geht's links herum und rechts herum. Die einen schwören auf die östliche Grödnerjochstraße, die anderen zieht es zum westlichen Sellajoch. Die meisten aber wollen die ganze Runde fahren, zu der noch das Pordojjoch und der Campolongo-Sattel gehören. Die echte Sella Ronda aber ist etwas für Skifahrer, bei vielen von ihnen glimmt ein Leuchten in den Augen, wenn sie davon erzählen. Beinahe so, als ob sie die Antarktis auf Skiern durchquert hätten. So ein Tag Bewegung in der Höhenluft von weit über 2000 Metern bewirkt eben tatsächlich ganz eigene Glücksgefühle. Höhenluft kann bekanntlich high machen …

Ich hatte die Sella Ronda nie gemacht. Ich hatte auch noch keinen Sellaturm erstiegen. Aber als ich jetzt, am 1. Juni des Jahres 2005, auf 1600 Metern am Fuße des Langkofel, kurz unterhalb des Sellajochs, in einer muldigen Bergwiese auf einem großen Findling saß, verstand ich plötzlich alle, die ein Leuchten in den Augen hatten, wenn sie von den Dolomiten erzählten. Zudem empfand ich Glück. Das Glück des Schauens.

Der Blick war erfüllt vom milden Licht eines von hoher Bewölkung durchzogenen blauen Sommerhimmels. Die Luft war von angenehmer Kühle und Klarheit wie nach einem Sommergewitter. Die hellgrünen Matten ringsum dampften sanft unter den wärmenden Sonnenstrahlen. Um uns herum war ein Panorama, wie es makelloser auf keiner Postkarte zu finden war. Über dem Grödnertal auf der anderen Seite erhoben sich scharf gegen den Himmel gezackt die Geisslerspitzen. Egal, wohin ich blickte – nicht nur die Wiese, die ganze Welt, die uns umgab, war wie im Märchen. Und sie war nicht handkoloriert wie auf einer Kitschpostkarte, das war die Wirklichkeit. Es sind solche Augenblicke, die sich mir in die Seele brennen.

Unser Aufnahme-Set wurde noch eingerichtet, wir mussten noch Mikrofone bekommen und hatten noch ein wenig Zeit zu plaudern. Ich wollte von Karl wissen, was für ihn die Faszination Berg bedeutet. Er schwieg und dachte nach. Um die Spitze des Langkofel über ihm zogen Nebelschwaden und hüllten den Berg immer wieder ein, gleichsam, als ob die Wolkenschleier seinen fahlen Gipfel noch geheimnisvoller und begehrenswerter machen wollten. Das passte gut zu unserem Thema: Warum riskieren Extrembergsteiger ihr Leben, um die Gipfel zu erreichen? Was treibt sie an, unbegreifliche Entbehrungen auf sich zu nehmen? Ihren Körper zu quälen und gar zu verstümmeln?

Bei meinen Gesprächen mit einer Handvoll Heroen der Berge hatte ich oft das Gefühl, dass sie in einer anderen Welt leben. Ihre physische Gegenwart in unserem Alltag war nur das Zugeständnis an die menschliche Existenz. In Wirklichkeit gehörten sie einer anderen Spezies an. Sie waren Zwischenwesen aus Erde und Luft. Wie sonst könnten sie in der Todeszone praktisch ohne Sauerstoff auskommen und auch noch körperliche Höchstleistungen vollbringen? Wie sonst könnten sie mit dem Fels und Berg verschmelzen, als ob sie ein organischer Teil davon wären?

An all das musste ich denken, in diesen Sekunden, in denen Karl sich mit einer Antwort Zeit ließ. Ich blickte auf seine Hände, die ruhig auf seinen Knien lagen. Sie waren riesig. Sie waren kräftig. Sie waren sehnig. Sie waren sein Kapital und seine Lebensversicherung. Wahrscheinlich war sein ganzer Körper ein Abbild dieser Hände. Die Hände, der Körper, der Geist – alles war nur auf dieses eine Ziel ausgerichtet: nach oben. Den Fels bezwingen. Den Gipfel erobern. Erobern. Bezwingen.

Vielleicht geht es wirklich darum: nicht um Sport und Leistung, sondern um Sehnsucht und Geheimnis, um Begehren und Erobern. Von wegen: Der Weg ist das Ziel. Das klang in Karls Gegenwart plötzlich nicht mehr wie tiefe fernöstliche Weisheit für die Adrenalinjunkies der hektischen Infogesellschaft, sondern wie der ausgelaugte Kalenderspruch einer windelweichen Wellnessgeneration. Von den Extrembergsteigern, denen ich begegnet bin, habe ich gelernt, dass sie nach oben wollen. Ganz nach oben. Koste es, was es wolle: die Finger, die Zehen, den Verstand, das Leben. Sie sind süchtig nach Grenzerfahrungen. Immer neuen, außergewöhnlicheren Grenzerfahrungen.

»Kurz vor dem Gipfel des K2«, sagte Karl in die Stille der Berge, »fiel mir jeder Schritt unendlich schwer. Ich konzentrierte mich darauf, regelmäßig und tief zu atmen. Das Geräusch meiner Tritte in dieser stillen Einsamkeit machte mir Gänsehaut. Ich ging einfach langsam vor mich hin. Ich war nicht mehr aufzuhalten. Meine Freude war unbeschreiblich. Ich kam mir vor wie ein fliegender Engel.«

Wahrscheinlich war es das: die Sehnsucht nach dem Paradies, die diese Bergsteiger ungeniert auslebten. Und wahrscheinlich deshalb, weil sie diese Momente so nah an der Pforte zum Paradies erlebt haben, müssen sie immer wieder hinauf, um sie erneut zu suchen. Bis sie vielleicht eines Tages gar nicht mehr hinunterwollen und einfach oben bleiben. Offiziell aus Erschöpfung oder widrigen Umständen, in Wirklichkeit aber, weil der Schmerz des Abschieds vom Paradies zu groß wäre.

Beim K2 musste ich an Hans Kammerlander denken, den Extrembergsteiger aus dem Ahrntal, den ich vier Jahre davor getroffen hatte, der erste Mensch, der eine Skiabfahrt vom Mount Everest wagte.

Der K2 war Hans Kammerlanders Schicksalsberg. Zweimal musste er kurz vor dem Gipfel umkehren. Einmal war er nur gut 150 Meter entfernt – in Sichtweite. Die Spitze aber zeigte ihm die kalte Schulter. In einem seiner Bücher schildert er schonungslos seine Wut und seine Verzweiflung über dieses Aufgeben kurz vor dem ersehnten Ziel. Das Risiko schien ihm einfach zu hoch. Das nagte an ihm. Er hätte es wahrscheinlich am K2 immer wieder probiert, auch wenn er daran zugrunde gegangen wäre. Kammerlander wollte immer unbedingt das erreichen, was er sich in den Kopf gesetzt hatte.

Beim dritten Anlauf, 2001, war es dann so weit. Er war ganz oben. Mit dem K2 hatte er 13 der 14 Achttausender ohne künstlichen Sauerstoff bestiegen.

Kammerlander, das wurde mir schnell klar bei unserer ersten Begegnung, war ein Getriebener seit seiner Kindheit, als er die Touristen auf die Berge zu begleiten begann, weil er wissen wollte, was die nach oben zog. Bald war er vom selben Virus befallen und wollte alle Gipfel besteigen, die er von seinem Elternhaus im Südtiroler Ahrntal aus sah. Ein unruhiger Geist wohnte in ihm. Bei meinem ersten Besuch zum Kennenlernen rauchte er Zigaretten, trank mit uns ein Gläschen Wein und machte zwischendurch Klimmzüge am Türstock. Er war immer in Bewegung. Kein Wunder, dass er der Leitwolf beim jährlichen Wandermarathon in Südtirol wurde. Bei diesem »24-Stunden-Trail« geht es auf dem Meraner Höhenweg rund um und in die Texelgruppe, dem faszinierenden hochalpinen Naturpark nordwestlich von Meran. 24 Stunden Bergwandern, wieder so eine ungewöhnliche Grenzerfahrung, die Hans Kammerlander immer gern mit anderen teilt.

In den Alpen hatte er bergsteigerisch alles bezwungen, was von Rang ist. Und auf dem Globus fand er auch nur noch wenige Herausforderungen. Wie den Jasemba, einen 7350 Meter hohen Berg in Nepal, an der Grenze zu Tibet, auf dessen Gipfel bislang noch kein Mensch seinen Fuß gesetzt hatte. Zusammen mit Karl Unterkircher hat ihn Hans Kammerlander 2007 bestiegen. Für ihn wurde es zur »schwierigsten, aber auch schönsten Expedition meiner bisherigen Bergsteigerkarriere. Die Wand ist mit der Eigernordwand zu vergleichen, nur dass sie viel höher und viel schwieriger ist. Und der Jasemba ist ein wunderschöner Berg«.

Das Interview mit Kammerlander fand auch vor einer atemberaubenden Kulisse statt: vor einer der berühmtesten Felsformationen der Alpen überhaupt und Kammerlanders Lieblingskletterfelsen in den Östlichen Dolomiten, den Drei Zinnen. Wir saßen auf zwei kleinen Felsbrocken inmitten einer Steinwüste. Schon der Weg dorthin, den wir – wie so oft bei den Dreharbeiten – aus Zeitgründen mit dem Auto zurücklegten, bleibt mir unauslöschlich im Gedächtnis. Über enge Pfade ruckelte unser Jeep langsam nach oben. Wir ließen die Waldgrenze hinter uns, durchquerten weite steinerne Kare, die sich direkt neben unseren Reifen weit in die Tiefe zogen, zwängten uns unter riesigen Felsvorsprüngen durch und erreichten das Hochplateau rund um die Zinnen in den Sextener Dolomiten, eine karge Mondlandschaft fern der Zivilisation.

Wir waren in einer Zwischenwelt angelangt – der Mixed Zone zwischen Normalsterblichen und Extremkletterern, von denen wir einige als kleine Pünktchen in einem der Zinnen-Pfeiler ausmachen konnten. Hans grinste, denn für ihn waren diese Ikonen der Bergsteigerwelt sozusagen sein Übungsklettergarten, den er Dutzende von Malen durchstiegen hatte.

Für mich hat der Anblick der menschlichen Zwerge in so einer Riesenwand immer etwas Angsteinflößendes. Ich stelle mir mich selbst nämlich oben anstelle der Gipfelstürmer vor und fürchte unweigerlich den Moment, in so einer Wand nicht mehr vor- und zurückzukönnen. Gefangen ohne Ausweg. Das ist ein ganz besonderer »Albtraum«, der mich auch ohne Berge immer wieder mal ereilt.

Ich blickte noch einmal zu Hans. Hatte er denn gar keine Angst? Hatte er wirklich den Bruder Leichtfuß in sich, wie manche von ihm sagten?

»Was geht dir durch den Kopf, wenn du da nach oben schaust?«

»Schöne Erinnerungen. Als ich noch so viel vor mir hatte.«

Er wurde ernst und ganz ruhig. Er blickte wieder nach oben. Aber in Wirklichkeit blickte er in sich hinein. Vor seinem inneren Auge zogen vielleicht die Bilder der Todesgefahren vorbei, in denen er sich schon befunden hatte. In seinen Büchern hatte ich gelesen, dass nicht nur am K2 sein Leben oft genug an einem seidenen Faden hing. Er war »bergsüchtig«, er suchte wie ein Besessener die schier ausweglosen Grenzerfahrungen in Fels und Eis, er musste immer und immer wieder an seine Grenzen gehen, und das Überleben war dabei oft reine Glückssache.

Dieses unbedingte Wollen und das Glück, nach so vielen lebensbedrohlichen Situationen noch am Leben zu sein, strahlte Hans aus jeder Pore aus. Selten hatte ich vorher solch eine körperliche Präsenz bei einem Menschen wahrgenommen. Ich kannte das nur von Ferne. Von der Bühne, von großartigen Schauspielern, die allein durch ihre physische Anwesenheit einen Theaterraum zum Vibrieren bringen konnten. Die pulsierende Energie von Hans war fast mit Händen greifbar, obwohl er ruhig und scheinbar gelassen neben mir saß. Er brauchte keine großen Gesten und den großen Auftritt. Er war einfach da. Das genügte, um seine ganze Umgebung in positive Schwingungen zu versetzen. Ich freute mich jetzt richtig auf unser Gespräch. Vorher war ich mir nicht ganz sicher gewesen, wie es verlaufen würde. Würde Hans mich, den Bergsteigerlaien, als Gesprächspartner ernst nehmen? Nun wusste ich plötzlich, dass ich nicht mit dem Kletterexperten reden würde, sondern mit dem Menschen Hans.

Unser Gespräch drehte sich nicht um seine bergsteigerischen Erfolge, sondern um seine Sehnsüchte und Hoffnungen, Ängste und Herausforderungen. Wir sprachen darüber, was jeder Mensch in sich trägt und sucht, auch wenn sich dafür nicht jeder in die Todeszone wagt, wie die Extremkletterer. Aber genau das war seine Botschaft. Geh dorthin, wo es schwierig wird! Lege die Latte hoch! Schiebe die Grenzen hinaus! Tu was! Trau dich!

Seine Lebensenergie wirkte ansteckend. Als wir uns beim Abschied die Hand drückten, wäre ich mit ihm auch auf einen Zinnenpfeiler gestiegen, wenn er mich dazu aufgefordert hätte. Das wäre dann in jedem Fall das Ende meines Gefangenen-Alpdrückens gewesen. Entweder weil ich es bis oben geschafft hätte oder eben bis ganz unten.

Das Interview mit Karl Unterkircher am Fuße der Langkofelscharte war zu Ende. Wir verabschiedeten uns. Auch an seinen Händedruck kann ich mich noch erinnern. Er war fest, klar und eindeutig, hatte etwas Verlässliches. Intensiv, aber keinen Hauch zu lang. Der Händedruck ist eine Visitenkarte der Persönlichkeit. Unterkirchers Hände packten zu, sie waren gewohnt, schnelle Entscheidungen zu treffen, aber auch lange festzuhalten. Karl ließ meine Hand los. Dann griff er nach seinem Rucksack, schaute hinein und stutzte.

Unser Gespräch hatten wir am frühen Nachmittag geführt. Ursprünglich wollten wir im Morgenlicht drehen, aber vormittags hatte Karl keine Zeit gehabt. »Ich muss einen Gast auf den Berg führen, das habe ich schon lange versprochen«, sagte er uns am Telefon. »Aber um zwei bin ich sicher wieder da«. Und so war es – Viertel vor zwei tauchte er auf – mit seinem kleinen, leichten Rucksack. Auf meine Frage, wo er denn war, deutete er auf einen Turm im Sellastock gleich gegenüber unserem Drehplatz. »Da oben.« Ich staunte nicht schlecht. Er kam bei uns an – gelassen wie ein Familienvater nach einem Sonntagnachmittags-Verdauungsspaziergang und nicht wie der Schnell-Erstürmer des Sellastockes. Das aber war nur der erste Teil der Pointe. Der zweite folgte jetzt nach unserem Interview beim Blick in den Rucksack »Mist, jetzt habe ich meine Stirnlampe oben vergessen. Nur wegen euch, weil wir so schnell wieder nach unten mussten.« Karl grinste. Er war mit seinem Gast noch in der Dunkelheit aufgebrochen und brauchte zum Klettern seine Stirnlampe. Oben angekommen, hatte er sie abgesetzt und dann in der Eile liegen gelassen. »Oh, das tut mir leid«, sagte ich, »und was machst du jetzt? Kann die nicht der nächste Kletterer wieder mit runterbringen?«

Karl sah mich nur verständnislos an. »Nein, nein. Ich geh

selbst noch mal schnell nach oben, um sie zu holen. Das dauert nicht lang.«

Jetzt musste ich grinsen. Vor Verblüffung. Karl redete nicht gern und viel. Und wenn, dann lieber in seiner Muttersprache, dem Ladinischen, einer alten rätoromanischen Sprache. Zum Gespräch vor der Fernsehkamera in »Schriftdeutsch« mussten wir ihn erst sanft überreden. Für ihn war das Interview mit mir wohl die größere Herausforderung als das Gespräch mit dem Fels, dem Idiom, das seinem Herzen am nächsten lag. Bis wir unser Fernsehequipment abgebaut hatten, um die Steinerne Stadt wieder sich selbst zu überlassen, beobachte ich ihn einige Zeit, wie er leichtfüßig die Wand nach oben huschte.

Ich hatte schon einmal einen Kletterer über große Felsen nach oben wieseln sehen nach einem Gespräch für die Melodien der Berge. Das war Peter Habeler aus Finkenberg im Tuxertal, einem Nebental des Zillertals. Eine Bergsteigerlegende. Zusammen mit Reinhold Messner hatte er als erster Mensch 1978 den Mount Everest ohne künstlichen Sauerstoff erstiegen. Noch nicht mal halb so hoch war unser Treffpunkt, und doch war er für meine Verhältnisse sehr weit oben. Wir hatten uns auf dem Tuxer Gletscher verabredet, auf über 3200 Meter Höhe. Im Minutentakt spuckte die Bahn Menschen auf diese Höhe, die ihren Fuß ohne diese mechanischen Aufstiegshilfen nie in diese Regionen gesetzt hätten. Die riesige Gondel wurde konsequenterweise gleich »Gletscherbus« getauft.

»Kein Wunder, dass so viel passiert im Hochgebirge, Michael. Wenn man so rasch in große Höhen kommt, dann haben viele Probleme mit dem Akklimatisieren. Und dann gibt's Probleme mit dem Kreislauf.« Wenn es ums Hochgebirge ging, schmeckte Peter diese Art des »Bergeerklimmens« gar nicht, das war deutlich zu spüren. Er verabscheute den Gipfeltourismus, der sich selbst im Himalaja längst breitgemacht hatte. Er war ein Verfechter des ehrlichen Wettstreites des Menschen mit dem Berg. Ohne mechanische, ja ohne allzu viel technische Hilfsmittel.

»Am Berg brauchst du die langen Muskeln, die biegsamen Sehnen. Es geht nicht um Kraft, es geht um Technik. Du musst selber leicht sein, wenn du leicht nach oben kommen willst.« Mir war klar, dass ich dieses Ideal nie mehr erreichen würde und auch gar nicht den Ehrgeiz dazu hatte. Und dass auch unter meinem Publikum die Kletterexperten in der Minderzahl waren. Aber als ich mir die Zeit für einen langen Rundumblick nahm, da verstand ich, warum es so viele Menschen hier heraufzog, auch wenn sie mit dem »eigentlichen« Bergsteigen im Sinne Peter Habelers nichts zu tun hatten.

Der Blick über die uns umgebenden Gipfel war absolut überwältigend. Im gleißenden Mittagslicht dieses Sommertages glitzerte das ewige Eis der uns umgebenden Drei- und Viertausender rund um den Olperer, den höchsten Gipfel des Tuxer Gletschers. Das atemberaubende Panorama reichte vom Großglockner über die Dolomiten bis hin zur Zugspitze. Die Alpen lagen uns buchstäblich zu Füßen. Sie waren zum Greifen nah. Ich hatte den Eindruck, Hunderte von Kilometern weit zu blicken. Nach unten öffnete sich die bäuerliche Kulturlandschaft mit den grünen Almen und ihren Hütten. Die Luft war klar und frisch und gut – nur vielleicht etwas dünn. Aber die meisten Gipfelstürmer bewegten sich hier oben nach der spektakulären Busfahrt bis zur Gipfelstation »Gefrorene Wand« auch nicht viel. Von dort ging es mit dem Aufzug zur Panoramaterrasse. Natürlich mit dem »höchstgelegenen Personenaufzug der Alpen«. Wenn schon Gletscher, dann Superlativ. Schließlich war der Tuxer Gletscher das »einzige Ganzjahresskigebiet in ganz Österreich mit bestens präparierten Pisten und 59 topmodernen Liftanlagen«. Schon wieder diese alpine Superlative-Manie. Genügte ein schöner Ausblick nicht? Musste es immer »der schönste« sein?

Der Ausblick an diesem Tag war schön, schön genug, auch ohne jede sprachliche Politur. Dasselbe erzählten die Skifahrer und Snowboarder in ihren Internetblogs, wenn sie von ihren Tuxer Gletscher-Erfahrungen berichteten. Die Sportler ließen die Panoramaterrasse aber meist links liegen. Sie durften die Aussicht ohne Stahlgeländer im Gelände und allein genießen. Sie erfuhren das Körpererlebnis Berg wenn schon nicht beim Aufstieg, so doch beim Abfahren hautnah. Die Schaulustigen auf der Terrasse dagegen machten sogleich den Einkehrschwung, auch ohne vorherige Anstrengung. Die Höhenluft allein genügt, um hungrig und durstig zu werden.

Wir beobachteten das einige Hundert Meter abseits davon in östlicher Richtung mitten in den Felsen. Unser Regisseur Alfons Schön hatte für uns einen ausgesetzten Punkt mit Blick auf den in geheimnisvollem Türkis schimmernden Schlegeis-Stausee ausgesucht. Der lag Hunderte von Metern unter uns, und so konnte auch die Kamera die jähe Tiefe einfangen, die neben unseren Plätzen klaffte. Jeder Fehltritt wäre fatal gewesen. Es ging steil nach unten, und ich tastete mich vorsichtig vorwärts, bis ich auf dem für mich festgelegten Platz saß. Aber es war nun einmal unser Ziel, in unseren Sendungen einen stimmigen Blick der Berge zu vermitteln. Und für Peter Habeler stimmte der Platz. Da konnte ich kaum nein sagen, obwohl mir doch etwas mulmig war.

Bei Peter dagegen war auf dem ausgesetzten Grat eine ganz andere Emotion zu spüren. Es war eine Art inneres Vibrieren, ein tiefes, rhythmisches Pochen der Berge, das in ihm widerhallte. Hoch oben auf dem Alpenhauptkamm sprach aus ihm der Geist des Himalaja, der ihn ihm wohnte, seit er sich achtmal in seiner Todeszone aufgehalten hat. Der Mount Everest ließ ihn nicht los. Bei einem späteren Treffen zeigte er mir voller Stolz einen Gipfel, den er am nächsten Vormittag schnell erklettern wollte. Nördlich von Mayrhofen. »Das ist unser Mount Everest«, meinte er lächelnd, »die Flanke schaut ihm ziemlich ähnlich, schau mal.« Er hatte recht, das konnte sogar ein Laie wie ich erkennen.

Der Everest wurde für Peter zum Synonym für jede Herausforderung in den Bergen, und sei sie noch so klein: »Das Wesentliche ist, seinen inneren Schweinehund zu bezwingen und sich einem Ziel zu stellen, dem man gewachsen ist. Egal wie hoch es liegt, es kommt nur darauf an, sich seinen eigenen Everest zu suchen. Der Respekt vor der Natur und seinen eigenen Grenzen ist dabei entscheidend. Auch wenn es nur um eine leichte Bergwanderung geht.«

Und was könnte der Normaltourist noch lernen vom Extrembergsteiger Habeler? Das Gehen. »Gehen ist für mich das Maß aller Dinge. Es ist meditativ, es beruhigt mich, macht mir gute Laune.« Den Zillertaler Höhenweg von der Berliner Hütte bis zur Geraer Hütte hält er für eine der schönsten Durchquerungen in den Ostalpen. »Diese herrliche hochalpine Landschaft am Alpenhauptkamm zu erleben, unterwegs Murmeltieren und Gemsen zu begegnen. Und nicht zu vergessen die gemütlichen Hütten.« Peter lobte seine Zillertaler Bergheimat über den grünen Klee. Schließlich bot seine Alpinschule in Mayrhofen die ganze Bandbreite von Vergnügungen in den Bergen an – bis hin zum einfachen Naturausflug. Das gemütliche Bergwandern ist aber sicher nicht die ultimative Leidenschaft des Peter Habeler. Denn für ihn ist immer der Gipfel das Ziel, wie einer seiner Buchtitel lautet. Und seinem Gehtempo zu folgen, dürfte auch den meisten Jüngeren schwerfallen, vor allem, wenn es aufwärts geht. Das demonstrierte er gleich nach unserem Interview, als er in verblüffender Geschwindigkeit ein paar Hundert Meter die Felsen hinauf zum Olperer eilte, nur um uns die Sicherheit und Schnelligkeit zu demonstrieren, für die er bekannt war.

Peter sprach ruhig und bestimmt. Mir gegenüber saß ein drahtiger, schmaler Typ mit bella figura. Er sah mit seinen gut 60 Jahren unverschämt gut aus, hatte Charisma und strahlte eine gehörige Portion Selbstvertrauen aus. Er wusste, was er geleistet hatte, und offensichtlich hielten ihn die Entbehrungen fit. Er war ein Tiroler Original aus den Zillertaler Bergen und zugleich ein Mann von Welt. Er hatte den Globus bereist, spektakuläre Eroberungen gemacht, hatte Freundschaften geschlossen, war mit Ehrungen überschüttet worden. Er wusste, dass seine große Zeit vorbei war, aber er trauerte ihr nicht nach, sondern blieb erfüllt von ihr.

»Was sind die Berge heute für dich?«, fragte ich ihn. »Heute sind sie nicht mehr nur Herausforderung für mich. Sie sind auch ein Ruhepunkt. Am Berg fühle ich Kraft und Wärme. Selbst wenn ich schlecht gelaunt von zu Hause weggehe, fällt diese Beklemmung auf dem Weg nach oben von mir ab. Ich gehe auf den Gipfel, und wenn ich wieder runterkomme, bin ich ein anderer Mensch.«

Die Erfahrung des Gipfels kann Menschen emotional tief erschüttern. Davon berichteten mir die Bergführer immer wieder, die zahlende Gäste in Regionen der Alpen führen, die denen sonst verschlossen blieben.

»Ich hatte mal eine Gruppe von Ärzten« erzählte mir Gunther Mimm aus St. Johann in Tirol, »die kamen völlig überdreht hier an. Am nächsten Morgen machten wir uns in aller Herrgottsfrüh auf zur Elmauer Halt, dem höchsten Gipfel des Wilden Kaisers. Erst wurde noch viel geredet, doch Schritt für Schritt wurde es stiller, als es weiter nach oben ging. Nachdem wir nach einigen Strapazen den Gipfel erreicht hatten, waren alle komplett fertig und überwältigt. Nicht nur körperlich, auch seelisch. Jetzt führte keiner mehr große Reden. Und als wir unten waren, haben sich alle gefreut wie kleine Kinder. Als ob sie beim Auf- und Abstieg jede Menge schwerer Lasten verloren hätten.«

Günther ist ein Bergführer wie aus dem Bilderbuch, mit einem freundlichen Gesicht und einem verschmitzten Lächeln, stämmig wie ein Bär. In seiner Obhut, das versprach seine ganze Erscheinung, konnte auch ein Ungeübter alle Gefahren der Berge mit einem Lächeln bestehen. Günther würde nichts erschüttern, er war mit allen Wassern gewaschen, sogar mit denen des abgründigen Schmähs. Schließlich gehörte er zum Club der Wilden Hunde der Eiger Nordwand, zu jenen Bergabenteurern, die sich mit Zipfelmütze, Knickerbockern, Nagelschuhen und meterweise Hanfseil über die Wände hangelten. Günther empfahl mit ungerührter Miene den Hobelbank-Tee zur Stärkung am Berg – in Wirklichkeit ein »hochprozentiges Aufputschmittel« – und ungeniert das Schnapsgurgeln bei Halsweh. Bei der Frage nach seinen weiblichen Gästen und ihren Gipfelsehnsüchten zeigte er sich zwar wortkarg, traurig sah er dabei freilich nicht aus, als er in der kurzen Stille wohl an seine diesbezüglichen Highlights des Bergführerlebens dachte. Der Typus des kraftvollen Naturburschen – scheinbar ganz im Einklang mit der Natur und sich selbst – ist wahrscheinlich seit Menschengedenken eine der unsterblichen erotischen Projektionsflächen.

Nach einem Viertel Wein löste sich aber auch die Zunge von Günther Mimm, und er ließ für einen kurzen Moment in seine Seele blicken. Er erzählte, wie er als Bub zum ersten Mal die Sonnwendfeuer vom Berg aus erlebt hat und wie ihn das für sein weiteres Leben geprägt hat. Am 21. Juni werden auf den Bergen von den Bergsteigern Tausende von weithin sichtbare Höhenfeuer angezündet, und das ging auch dem kleinen Günther ans Herz. »I bin da oben gsessen, hab über die Berg gschaut und hab nur noch gröhrt – also geweint.« Er schwieg. Es war alles gesagt.

Und zu meinen Begegnungen mit den Bergsteigern ist auch fast alles gesagt. Ich könnte noch vom Sebastian Stabhuber erzählen, dem Wast, einer Bergsteigerlegende, ebenfalls aus St. Johann, der in den Fünfzigerjahren von Tirol aus mit dem Fahrrad zum Matterhorn fuhr, den Gipfel erstieg und anschließend sofort wieder heimradelte, weil er nicht mehr Urlaubstage hatte. Und der alle 64 Gipfel im Wilden Kaiser bestiegen hat, den letzten hochbetagt in den Siebzigern. Und der auch heute noch die Nähe der Berge sucht und den Weg nach oben.

Oder von Friedl Wallner aus dem Stubaital, dem Erfinder eines Eispickels, der nach ihm benannt wurde und Jahrzehnte zur Standardausrüstung der Kletterer gehörte. Sein Eispickelmuseum in Neustift im Stubaital erzählt die ganze Geschichte des Alpinismus seit 1800 aus der Sicht des Pickels. Auch eine Spitzengeschichte. Und der Ort unseres Gesprächs war besonders bemerkenswert: auf einem ausgesetzten Felsen hoch oben am Stubaier Gletscher mit der Aussicht über den gesamten Alpenhauptkamm.

Oder von Wilfried Studer, dem Wirt der auf einem Grat ausgesetzten Mannheimer Hütte im Brandnertal. Sie liegt auf knapp 2700 Metern gegenüber der majestätischen Schesaplana direkt am Brandner Gletscher und bietet einen atemberaubenden Ausblick bis zum Bodensee. Wilfried sind in den Anden beide Vorderfüße abgefroren bei einer mörderischen Tour, die nur er überlebt hat, und das auch nur dank der fürsorglichen Hilfe der einheimischen Indios, die ihn wochenlang gepflegt hatten, als er todkrank zwischen Weiterleben und Sterben lag.

Oder von den ganz jungen Sport-Kletterern in den Osttiroler Dolomiten, die dort mit Mokassins und Magnesia das schnelle freie Klettern trainieren.

Bei allen Begegnungen mit den Bergsteigern faszinierten mich die äußere Ruhe und das unbedingte Ziel. Dieses innere Glühen. Sie waren allesamt entschieden, wahrscheinlich, weil sie am Berg immer Entscheidungen treffen mussten und es oft genug um Leben oder Tod ging. Das gefiel mir. Das beeindruckte mich. Früher hatte ich Angst vor dem Fels, jetzt wäre ich gern Bergsteiger geworden. Jetzt war es zu spät. Aber was meinte Peter Habeler? »Es kommt nur darauf an, sich seinen eigenen Everest zu suchen.« Egal, wie hoch er ist. Diese Bemerkung setzte etwas in Gang bei mir. Meine Synapsen begannen zu arbeiten. Und plötzlich gab es eine neue Verschaltung in meinem Gehirn. Mir kam eine Verbindung zwischen der Welt der Berge und der Welt der Lyrik in den Sinn. Ich liebe Gedichte, weil sie in rhythmisierter, vielfach gebundener Sprache Erfahrungen verdichten. Weil sie konzentrierte Essenz des Lebens sind. So wie die Bergsteiger konzentrierte Energie verkörperten. Ich hatte ein Gedicht gefunden, das zu meinen Erfahrungen mit den Extremkletterern passte.

An dieses Gedicht musste ich jetzt denken. An dieses Gedicht muss ich immer denken, wenn ich Menschen treffe mit einem inneren Kompass, der sie ausrichtet auf ihr Ziel. Ein Ziel, das sie dann nicht mehr aus den Augen verlieren, auch wenn die Umstände es schwierig machen, den Kurs beständig zu halten. Menschen mit Ambition. Menschen mit Haltung, einer äußeren Haltung, die von ihrer inneren rührt. Und dann schaue ich immer instinktiv in den imaginären Spiegel, um zu sehen, wie ich selbst durchs Leben gehe. Ein heilsamer Blick. Mein Rücken richtet sich automatisch auf, ein imaginärer Faden zieht meinen Kopf an die richtige Stelle über der Wirbelsäule und mein Blick richtet sich auf den Horizont. Dorthin, wo die Bewährungsproben warten.

Das Gedicht stammt von Rainer Maria Rilke, es heißt:
»Archaischer Torso Apollos«

Wir kannten nicht sein unerhörtes Haupt
Darin die Augenäpfel reiften. Aber
Sein Torso glüht noch wie ein Kandelaber
In dem sein Schauen, nur zurückgeschraubt

Sich hält und glänzt. Sonst könnte nicht der Bug
Der Brust Dich blenden. Und im leisen Drehen
Der Lenden könnte nicht ein Lächeln gehen
Zu jener Mitte, die die Zeugung trug.

Sonst stünde dieser Stein entstellt und kurz
Unter der Schulter durchsichtigem Sturz.
Und flimmerte nicht so wie Raubtierfelle

Und bräche nicht aus allen seinen Rändern
Aus wie ein Stern: Denn da ist keine Stelle,
die Dich nicht sieht. Du musst Dein Leben ändern.

Postscriptum

Kurz vor Fertigstellung dieses Buches erreichte mich die
Nachricht vom Tod Karl Unterkirchers am Nanga Parbat
im Juli 2008. Sein tragischer Tod hat mich sehr berührt, obwohl wir uns nur zweimal getroffen haben. Diese beiden
Begegnungen aber haben mich so beeindruckt, dass mit
ihnen das Schreiben an diesem Buch begann. Mein stiller
Gruß gilt dem »fliegenden Engel« im ewigen Eis.

Auf dem Holzweg

Es gehört zu den schönsten Momenten in den Bergen, wenn nach einer langen Wanderung oder Fahrt eine Hütte zum Einkehren oder Übernachten auftaucht. Eine Hütte aus Holz. Der Zauber einer alten Almhütte oder eines hölzernen Bauernhauses liegt vor allem in der Patina seiner Oberfläche. Die verwitterten Bretter erzählen wie die Falten im Gesicht eines Menschen von der eigenen Geschichte. Neben Stein ist Holz der Grundstoff der Berge.

Holz ist aber weit mehr: Es ist der Rohstoff, der Brennstoff und der Baustoff der Alpen. Mit Holz wurde gebaut, geheizt, geschnitzt und gehandelt. Im Wald wurzelt die alpine Kulturlandschaft, die auf seiner Ausbeutung und seinem langsamen Verschwinden beruht. Denn das Bauernland wurde auf dem Friedhof des alpinen Baumbestands errichtet. Noch aber gibt es sie: Regionen, vor allem abgelegene, in denen die Wälder noch rauschen. Gott sei Dank. Sonst gäbe es nicht jene anrührende Stimmung, wenn im Herbst die Lärchen auf dem Mieminger Plateau bei Innsbruck in Flammen stehen oder wenn auf dem Großen Ahornboden im Karwendel die Rotfärbung der mächtigen Baumriesen beginnt. Sonst gäbe es die verwunschenen Zirbenholzwälder im Osttiroler Defereggental nicht mehr oder die sagenumwobenen Klangholzwälder in den Dolomiten. Der Wald der Berge befindet sich aber auf dem stetigen Rückzug.

Holz war jahrhundertelang erste Wahl für das Bauen in

den Bergen – vor allem in den ärmeren Regionen. Heute strahlt ein Holzhaus einen gelassenen Reichtum aus und eine Wärme, die einladend wirkt. Holzhaus-Solitäre mit Würde und Charakter sind mir auf meinen Reisen in vielen Bergtälern begegnet. Immer öfter aber ist auch eine alte hölzerne Hütte bei meinem nächsten Besuch verschwunden und durch einen Neubau ersetzt worden, etwa wie die wunderschöne Seceda-Alm im Grödnertal oder die Regalm am Wilden Kaiser. Meist der Not gehorchend, weil die Substanz zu morsch geworden oder die Ausstattung nicht mehr zeitgemäß ist. Manchmal aber auch aus purem Übermut der Besitzer, die sich etwas »Schöneres« und »Moderneres« hinstellen wollen. Für mich als alpinen Reisenden haben aber selbst altersschwache Holzstadel, die kurz vor dem Einsturz stehen, in ihrer ganzen Fragilität mehr Leben und Persönlichkeit, als es ein dem Verfall gewidmetes kaltes Steinhaus in seinen besten Zeiten je haben könnte.

Mir gefallen die alpinen Weidebegrenzungen aus Holz, vor allem die kunstvoll ohne Nägel und Schnüre geflochtenen Wildzäune, die mit der Landschaft wie zusammengewachsen sind und unmerklich mit ihr altern. Ich setze mich immer gern auf eine hölzerne Bank, ob zum Rasten in der Natur, aufs Bankerl vor dem Haus mit Blick auf die Berge oder drinnen am Kachelofen. Holz tut dem Hintern und dem Herzen gut. Es ist nicht abweisend und lässt sich gut anfassen. Holz ist kein totes Material, es lebt auch nach der ersten Existenz als Baum in verwandelter Form weiter.

Die schönsten alten Holzhäuser finden sich heute abseits der Dorfzentren oder in den Tälern, die der Tourismus bisher eher links liegen gelassen hat. Das Defereggental in Osttirol ist dafür ein schönes Beispiel. Jahrhundertelang war es so schwer zu erreichen, dass in harten Wintern gespottet wurde: »Die verrecken da oben« – bis der Legende nach aus dieser Redewendung das Tal auch seinen Namen hatte.

Im Defereggental sind 500 Jahre alte Holzhäuser keine Seltenheit. Oft ausgesetzt auf steilen Hängen, trotzen sie Wind und Wetter bis heute. Ihre silbergraue Oberfläche verrät ihr hohes Alter. Nach den Regeln der Zimmermannskunst erbaute Holzhäuser sind nahezu unverwüstlich, hat mir ein auf natürliches Bauen spezialisierter Baumeister aus Hindelang im Allgäu einmal erklärt. Er hat dort vor wenigen Jahren eine täuschend echte »alte Wirtschaft« fast ganz aus Holz hingestellt, die »Obere Mühle«. Sie sieht aus, als ob sie schon seit Jahrhunderten dort stehen würde. Und auch ihr Innenleben – Boden, Decken- und Wandverkleidung, Mobiliar – ist ein Genuss fürs Auge.

Heute wird überall in den Alpen wieder stärker mit Holz gebaut – allerdings meist nicht mehr so wie früher, manchmal sehr gewöhnungsbedürftig. Die Architekten wollen sich halt auch verwirklichen und die Bauherren ihre Individualität beweisen. Aber selbst moderne Versionen mit dem Traditionsbaustoff Holz – sofern es sich nicht um Tropenholz oder skandinavische Birke handelt, sondern um die Bäume der Alpen – sind immer noch schöner als die in Beton gegossenen Scheußlichkeiten der neuen touristischen Bettenburgen der Alpen, ob die französischen Retortenstädte oder Tiroler Monumentalhotels

Selbst die historisierenden Wiederbelebungen alter Almhütten, ob mit dem Abrissholz echter, alter Hütten oder mit neuem Holz nach alten Vorbildern nachgebaut, haben da mehr unverwechselbares Ambiente. Auch dann, wenn ihr Innenleben die modernen Annehmlichkeiten der Zivilisation aufweist wie Heizung, zeitgemäße Toiletten und Flachbildfernseher, so wie die Bärenbadalm in Kitzbühel. Oder das neu erbaute »alte« Bergdorf seinerzeit in Kärnten, in dem die Sehnsucht nach dem Wertigen mit dem Wunsch nach Komfort eine gelungene Verbindung eingegangen ist.

Eines meiner Lieblingsholzzimmer ist das Schmuckkastl im Hotel Greil in Söll. Es ist der ganze Stolz von Sepp Greil, dem Mitbegründer des »Tiroler Herzblut«, einem Zusammenschluss von kleinen, feinen Privathotels im Tiroler Raum. Sein persönliches Herzblut hat Sepp in sein Schmuckkastl investiert: hölzernes Himmelbett mit zwei eingeschnitzten, brennenden Herzen, naturbelassene Tische, Stühle nach alten bäuerlichen Mustern aus der Barockzeit, Türen, Bänke und Schränke mit feiner Maserung und groben Astaugen, alles individuelle Handarbeit. Und ein warmer Fußboden, der einem gleich das Gefühl von Daheimsein gibt. Als ich das Schmuckkastl zum ersten Mal betreten habe, wollte ich gleich Schuhe und Strümpfe ausziehen, denn die weichen Dielenbretter aus mondgeschlagener Lärche erster Qualität, also das Filetstück des Baums, sind wie eine Einladung zum Barfußgehen. Bei jedem Schritt streicheln sie zärtlich die nackten Fußsohlen.

Die schönsten alten alpenländischen Wirtshäuser, die ich kenne, haben nicht nur eine Holzvertäfelung, feste hölzerne Tische und Stühle, wie viele andere Gaststätten auch, sondern ebenfalls noch einen alten hölzernen Dielenfußboden. Wer den unvergleichlichen Zauber eines solchen Wirtshauses erleben will, dem empfehle ich das Traditionsgasthaus Waller beim Kloster Reisach im Inntal – unweit von Oberaudorf. Und er möge der Wirtin, der Anna Armborst, einen schönen Gruß von mir sagen, sie soll bitte alles genau so erhalten.

»Wer das erste Mal die in der Mitte geteilte Haustür öffnet, das Kreuzgewölbe durchschreitet und die Gaststube betritt, dem bleibt vor Staunen der Mund offen stehen: Die Stube ist ein wahres Kleinod. Ach, wären doch alle bayerischen Dorfwirtshäuser sich so treu geblieben!« So hieß es Anfang der Neunzigerjahre in einer Serie über Landgasthöfe in Bayern. Das Schöne dabei ist, dass dies für den Waller auch heute noch gilt. Dort ist das Beste der bayerischen Wirtshauskultur noch fast unverfälscht erhalten: die geräumige Stube zum Hocken und Zeit verstreichen Lassen, deren Gemütlichkeit nicht zuletzt dem alten Holz geschuldet ist.

Vielleicht wurzelt meine Liebe zu den hölzernen Fußböden in meiner Kindheit, denn Krabbeln lernte ich auf groben Holzdielen. Sie wurden dann, wenn mich meine Erinnerung nicht trügt, rot gestrichen, später mit Stragula, dem Linoleum ähnlich, belegt, dann verschwanden sie schließlich ganz unter modernem, geklebten Teppichboden und lebten nur noch in meiner Erinnerung weiter. Schade. Vielleicht mag ich dieser Erinnerung wegen auch Parkettfußboden als die gutbürgerliche, elegante städtische Variante des bodenständigen Untergrunds Holz. Er ist – im Asphaltdschungel der Großstadt – wie eine unterschwellige Verbindung zur Natur.

Ich weiß, dass ich die Liebe zum Holz mit vielen anderen Reisenden der Berge teile. Woher kommt diese Neigung? Ist es nur Nostalgie, weil das Holzhaus aus unseren Städten fast gänzlich verschwunden ist und auch in den Dörfern mit ihren Neubausiedlungen und Industriegebieten langsam zur bestaunten Rarität und zum musealen Objekt wird? Und weil Nostalgie bekanntlich verklärt und das einst gar nicht luxuriöse Leben in den einfachen, den armen Holzhäusern schlicht ausgeblendet wird? Offenes Feuer und beständiger Rauch in solchen Häusern drückten die Lebenserwartung drastisch nach unten. Von der ständigen Gefahr von

Bränden nicht zu reden, die nicht nur Häuser, sondern oft Existenzen und Leben vernichteten.

Vielleicht ist es aber tatsächlich so, dass Holz nicht nur die vordergründige Zärtlichkeit beim Greifen und Streicheln bietet, sondern eine tiefe, geheimnisvolle Quelle von Erotik ist, wie ein Schweizer Wissenschaftler herausgefunden haben will. In Schnitzwerkstätten oder alten Sägewerken kann ich die starke olfaktorische Seite der Sinnlichkeit des Holzes gut nachvollziehen. Wenn die Späne am Boden liegen und einem der Duft frischen Zirbenholzes in die Nase zieht, intensives Tannenaroma den Raum erfüllt oder gar betörendes Zedernöl die Nervenenden der Nase umschmeichelt, dann hat das Holz tatsächlich das Zeug zum Aphrodisiakum.

Ich bin mit dem Geruch von Holz aufgewachsen: nicht nur mit den breiten Dielenbrettern, sondern auch mit den Obstbäumen in unserem großen Garten, in denen ich so gern herumgeklettert bin, und dem Wald der Aubinger Lohe im Münchner Westen, der gleich hinter unserem Haus begann. Und ich bin mit Holzöfen aufgewachsen. Bei uns daheim stand in jedem Zimmer noch ein Holz- und Kohleofen. Erst später kamen Ölöfen dazu. Das war viel bequemer, aber sie gaben eine ganz andere Wärme, irgendwie technischer durch die ständig lautlos züngelnden Flammen. Obwohl Öl ja auch ein Naturprodukt ist, Millionen von Jahre alt. Ich kann mich gut erinnern an das Prasseln der Scheite im Ofen und an die wohlige Wärme, die sich im Raum verbreitete. Holzwärme empfinde ich bis heute als die schönste und angenehmste Wärmequelle überhaupt. Bei acht Räumen brauchten wir im Winter viel Holz zum Heizen.

In meinem Elternhaus wurde allerdings nicht wie heutzutage mit attraktiven Buchen- oder Eichenscheiten geheizt, sondern vor allem mit altem Bauholz. Mein Vater war

Prokurist bei der Baufirma Riedl Baum & Co, die im zerstörten Nachkriegs-München mit Bauaufträgen gut über die Runden kam. Mehrmals im Jahr kam ein großer Lkw mit klein geschnittenen Brettern auf der offenen Ladefläche und brachte Nachschub, der in den Hof gekippt wurde. Wir Kinder mussten dann dabei helfen, das Holz in großen Körben in den Keller zu schleppen. Für das akribische Aufschlichten allerdings hatten wir nicht die Geduld, das überließen wir unserer Tante Anna. Ein halber Kellerraum war bis unter die Decke fein säuberlich voll mit Holz geschichtet. Auch draußen an der Hauswand stapelte meine Tante Anna kunstvoll die Holzscheite an der Hauswand, so wie es heute noch überall in den Bergen üblich ist und als besonders malerisch gilt. Gelernt hatte sie das als Kind aber nicht in den Alpen, sondern auf dem kleinen elterlichen Weiler in der Nähe von Karlsbad mit dem romantischen Namen Storchennest. Sie war es auch, der das »Schüren« der Öfen oblag und das Nachheizen. Vor allem im Winter kühlten in den kalten Nächten die Zimmer gehörig aus. Und es gehört zu meinen schönsten Erinnerungen, wie ich traumverloren im Dämmerschlaf des frühen Morgens unter meinem warmen Federbett liege und meine Tante Anna ins Zimmer kommen höre. Ich lausche, wie sie das Holz in den Ofen schlichtet, es anzündet und ich dann das erste Knistern der Flammen höre. Ich kann die Wärme schon spüren – vor allem war es die Wärme, mit der sich Tante Anna um uns Kinder sorgte. Ich stellte mich weiter schlafend, aber ich freute mich aufs Aufstehen und den neuen Tag. Ähnliche Gefühle hatte ich später wieder auf den Almhütten bei meinen Bergtouren und im Winter beim Skifahren und fühlte mich aufgehoben.

Holz war in den Bergen aber auch das naheliegende Material für die Gegenstände des Alltags. Tröge und Schüsseln,

Essbretter und Kochutensilien wurden daraus gefertigt. Aus Holz waren auch die Leitungen für das Wasser, für die Stämme kunstvoll aufgebohrt werden müssen. Eine filigrane und fast vergessene Kunst, die auf dem Wochenmarkt von Going am Wilden Kaiser noch gelegentlich vorgeführt wird. Oft ist das Holz als Grundlage der Moderne gar nicht mehr sichtbar, wie beim Bahnhof von St. Johann in Tirol. Er steht auf schweren Holzstämmen, um ihm auf den Sumpfwiesen des Leukentales Stabilität zu verleihen. Die Stämme wurden damals noch per Hand in das weiche Erdreich gerammt. Vier Mann waren dazu nötig, und die Energie dafür wurde durch gemeinsames rhythmisches Singen gebündelt. Die Tradition der hölzernen Pfahlbauten ist im ganzen Alpenbogen verbreitet.

Eine wichtige Rolle spielt bis heute die künstlerische Verwandlung des Holzes. Das Grödnertal gilt als ein Mekka der Holzschnitzer. Es war mir allerdings ganz recht, dass wir mit unserer Sendung zunächst immer einen Bogen um dieses weltberühmte Südtiroler Tal gemacht haben. Denn ich hatte Vorbehalte gegen Gröden und sein Holz. Es war für mich in erster Linie die Quelle kitschiger Schnitzereien, klischeehafter industrieller Massenproduktion, mit der die Welt überschwemmt wurde. Aus demselben kindischen Trotz war ich auch nie nach Oberammergau gefahren, denn diesem Ort in den bayerischen Voralpen haftete das gleiche Verdikt der künstlerischen Mogelpackung an, bei der bärtige Originale vor der Ladentür am Lindenholz rumschnippelten, um die Japaner in die Holzsupermarktfalle im Inneren zu locken.

Wie das aber oft geschieht mit Vorurteilen aus der Ferne, kam ich bei näherer Betrachtung zu ganz anderen Einschätzungen.

Natürlich fand ich bei meinem ersten Besuch in Gröden mein Vorurteil zunächst voll und ganz bestätigt. Holzfigurensupermärkte, Kitsch am laufenden Holzmeter, Figuren und Motive aus Phantasiewelten fern jeder Grödner oder alpiner Tradition. Es war nicht mehr feierlich. Doch ging dieser Grödner Ausverkauf des Holzes wirklich einher mit dem Ausverkauf der Selbstachtung? Oder war das sozusagen nur der retuschierte Hochglanzprospekt, der in alle Welt verkauft wurde, um von der unverkäuflichen Substanz abzulenken? War es die raffinierte Masche, um den Menschen ein auch für den kleinen Geldbeutel erschwingliches Stück heile Welt zu verkaufen, ohne dass die reale Schönheit gleich mitverkauft wurde? Und was machte mich überhaupt zum Richter über die Grödner Geschäfte?

Warum sollten die Grödner wie die anderen Bewohner der Alpen nicht das Recht haben, Kasse zu machen, wenn alle Welt dies tat? Bei den Bergbahnen, bei den Übernachtungen, bei den Holzschnitzereien? Warum sollten die Alpen das letzte Refugium des Wahren und Guten, des Schönen und Erhabenen sein, wenn drum herum alles modern und global, effizient und erfolgsorientiert wurde?

Warum sollten gerade die Alpenbewohner für uns die »Edlen Wilden« bleiben, als die sie einst schon Rousseau gesehen hat, wenn sonst überall Moral, Anstand, Haltung und Verzicht längst über Bord geworfen worden waren? Warum glauben wir Reisende, das Recht zu haben, von den Berglern Echtheit und Unverdorbenheit einzufordern, während sie doch mehr an ihrem Recht auf Gewinnstreben orientiert sind? Sind sie damit im Gegenteil nicht tatsächlich eher im Recht, angesichts ihrer Geschichte?

Jahrhundertelang hockten sie am steilen Berg oder den engen Tälern, in ihrer ganzen Existenz unablässig bedroht von Krankheiten, Missernten, Unfällen oder Naturkatastrophen. Jetzt endlich bot sich die Gelegenheit, diesem bescheidenen, harten, armen Leben zu entkommen. Erst seit einer guten Generation spült der Tourismus Geld ins Land. Öffnen sich die Weltmärkte auch für das in Jahrhunderten langsam erworbene Geschick der Grödner Schnitzer. Warum da nicht zugreifen, bevor die nächste Lawine wieder alles fortspült?

Im Heimatmuseum St. Ulrich ist die Geschichte der Grödner Schnitzer am Beispiel des Holzspielzeugs gut dokumentiert, geradezu exemplarisch für die Geschichte des Schnitzens in den Alpentälern überhaupt. Das Schnitzen war in den langen Wintermonaten lange Zeit Heimarbeit und Zubrot für eine bitterarme Bergbauernregion wie Gröden.

Die Tradition begann Mitte des 18. Jahrhunderts mit einfachem Spielzeug und noch unbemalten Figuren, die von fahrenden Händlern auf einer großen Kraxe durch halb Europa getragen und zum Verkauf feilgeboten wurden. Berühmt wurde dann die Grödner Gliederpuppe, die mit beweglichen Armen und Beinen zum internationalen Verkaufsschlager avancierte. Sogar die spätere Queen Victoria von England soll als Kind damit gespielt haben. Verdient war daran aber trotz der relativ aufwendigen Herstellung nicht viel. Das belegt eine Geschichte, die in Gröden heute noch gern erzählt wird. Eine Grödner Holzschnitzerfamilie bekam ständig sehr große Bestellungen für Gliederpuppen aus Wien. Neugierig geworden, machte sich der Schnitzer auf den Weg in die Donaumetropole, um zu erfahren, wozu der wohlhabende Besteller die vielen Gliederpuppen denn brauche. Dort angekommen, beschied man ihm kühl: »Zum Einheizen. Das ist immer noch billiger, als hier in Wien teures Brennholz zu kaufen.« Ob die Geschichte nun wahr ist

oder nicht, die Botschaft ist klar. Wert und Preis einer Gliederpuppe, ja überhaupt des Holzspielzeugs, waren äußerst
gering. Kein Wunder, dass im selben Museum ein frühbaro-
ckes Hungertuch ausgestellt ist, das in St. Jakob, der ältesten
Kirche des Grödnertals am alten Fernweg nach Venedig, zur
Fastenzeit den Altar verhüllte, um die Menschen daran zu
erinnern, Buße zu tun. Das Fasten stand dabei gar nicht im
Mittelpunkt, denn Völlerei gehörte mangels Gelegenheit
nicht zu den häufigsten Sünden im bettelarmen Grödnertal.

Die Schnitzkunst blühte dennoch im Tal weiter und hat
sich immer mehr verfeinert, bis heute. Gröden hat berühmte
Schnitzer hervorgebracht, und ihre Schöpfungen finden
sich in Kirchen und Klöstern, in öffentlichen Gebäuden und
Privathäusern in ganz Europa. Diese Künstler mit einem
ausgeprägten Selbstwertgefühl haben sich in der Künstlervereinigung UNICA zusammengeschlossen, um dem Gedanken des Unikats im Zeitalter der technischen Reprodu-
zierbarkeit wieder mehr Geltung zu verleihen. Einmal im
Jahr machen sie eine große Ausstellung, die längst eine über
die alpinen Grenzen hinaus beachtete Institution ist. Vom
klassischen Kruzifix über kurvenreiche Körperkunst bis
hin zum abstrakten Experiment reicht die Bandbreite. Die
Preise für diese Grödner Kunst sind ebenso stolz wie die
Hersteller. Wenn es sein muss, sind die sich aber auch nicht
zu schade, mal eben ein Unikat zu schnitzen als Muster für
das Massenpresswerk. So habe ich in einem Atelier die wunderbar gearbeitete Statuette des bayerischen Papstes Bene-
dikt XVI. gesehen, die sich bald als Laserklon tausendfach
in den Regalen wiederfinden sollte. Ich verrate diesen
Schnitzer natürlich nicht. Auch wenn es scheinbar dieselbe
Papstfigur ist: Das Unikat unterscheidet sich vom Klon wie
der Maßanzug vom Stangensakko. Die Aura des Echten

strahlt sogar die überlebensgroße Weihnachtskrippe in St. Christina, die »größte Krippe der Welt«, aus. Sie ist nicht, wie ich anfangs dachte, ein cleveres Marketinginstrument, sondern vielmehr ein sorgfältiges und ernsthaftes Werk der einheimischen Schnitzer, die über Jahre in Diskussionen und Entwürfen langsam gereift ist. Zu spüren ist das, wenn man sich Zeit nimmt und die Krippe auf sich wirken lässt. Jede Figur ist einzigartig.

Gröden ist also nicht nur wegen Luis Trenker und seiner wundervollen alpinen Landschaft, sondern durchaus auch wegen seiner Holzschnitzer eine Reise wert. Allerdings sollte man sich auf die Suche nach ihnen machen, denn ihre Schaufenster sind kleiner und versteckter als die Fensterfronten der Supermärkte, und die Ateliers liegen nicht an den Landstraßen. Aber das ist ja keine neue Reiseweisheit, und es gilt auch nicht nur für die Berge: dass der die Trampelpfade der vielen verlassen muss, der wirklich etwas entdecken will.

Das Vorbild für die Grödner Schnitzer waren die Oberammergauer, und zwischen beiden Orten gab es auch enge Handelsbeziehungen. Auch Oberammergau hat längst seine Künstlervereinigung als Antwort auf die austauschbare hölzerne Massenware, den St.-Lukas-Verein. Vom Herrgottsschnitzen allein, dem zur Literatur geronnenen Klischee des Ortes, kann heute aber kein Künstler mehr leben. Die alten Bauernhäuser des Voralpenlandes brauchen wenig neue Kruzifixe, sie sind voll von schönen alten. Und in den verglasten Wohnzimmern der modernen Häuser und Wohnungen der bayrischen Berge stehen wahrscheinlich eher Buddhas oder andere Ikonen anstelle des Kruzifixes im Winkel. Vielleicht ist das Kreuz aber auch aus der Mode gekommen. Es passt als Symbol nicht so recht zur watteweichen Wohlfühlgesellschaft oder zur durchsetzungsstarken Ich-AG. Wer will denn heute schon noch »sein Kreuz auf sich nehmen«? Im Vordergrund steht die Suche nach Lösungen oder noch besser nach Schuldigen statt nach der eigenen Verantwortung oder gar dem eigenen Schicksal. Das ist ein viel zu großes Wort für den modernen Pragmatismus.

Im Ortskern Oberammergaus steht das Pilatushaus, ein pittoresk lüftlbemaltes Anwesen. Im Pilatushaus kann man den Herrgottsschnitzern bei ihrer Arbeit über die Schulter schauen und lernen, welch große Kunst es ist, Körper und Gesichtszügen Leben einzuhauchen. Ein echter Schöpfungsakt. Jeder Christus ist eine Entscheidung, jedes Kruzifix ein Abbild seiner Epoche. Von Königschristus am Kreuz in der Romanik über die geschundene Kreatur der Gotik über den barocken Heiland mit theatralem Hüftschwung geht der Weg der Kreuzigungsfigur immer weiter in die Innerlichkeit und Abstraktion.

Es gibt aber auch eigenständige Oberammergauer Schnitzer, die sich nicht als Herrgotts- und Krippenschnitzer der christlichen Heilsgeschichte verschrieben haben, sondern dem profanen Kinderspielzeug.

Oberammergau war im 18. und 19. Jahrhundert weithin bekannt für die die Anfertigung von Hampelmännern, den sogenannten »Fadengauklern« oder »Schnürlkasperln«. Im Heimatmuseum von Oberammergau sind historische Exponate ausgestellt, die zeigen, dass der vermeintliche Kinderkram auch subversive Politik zum Ausdruck bringen konnte. Einer der Fadengaukler zeigt zwei Seiten – einen französischen Soldaten aus Napoleons Armee auf der einen und auf der Rückseite einen Harlekin. Ob Legende oder wahre Historie, um diese Figur rankt sich die Geschichte der Verspottung napoleonischer Besatzungssoldaten. Vorne das Konterfei des französischen Rotrocks, der hinten zum Hanswursten erklärt wird.

Die Oberammergauer Schnürlkasperln wurden vor einigen Jahren wieder zum Leben erweckt als bunte, freche Marionetten, um die Zeitläufte zu kommentieren. Freigeistige Einheimische haben begonnen, Schnürlkasperln aus bestem Fichtenholz zu schnitzen – von feinjährigen – also langsam und gleichmäßig gewachsenen – Bäumen aus den Wäldern um Schloss Linderhof. Das ist aufwendig und teuer. Und einer der drei Kompagnons hat sich gedacht, das muss doch schneller und billiger gehen. Und vor allem einträglicher. Er hat die oberbayerischen Kasperl für wenig Geld kurzerhand in Massen in Asien fertigen lassen. Globalisierung eben. Irgendwie aber waren die Gesichtszüge der Figurinen plötzlich fernöstlich angehaucht. Kein Wunder bei balinesischen Schnitzern. In Oberammergau wurde genüsslich über die »Schlitzaugen-Schnürlkasperl« gespottet. Aber welcher auswärtige Kunde achtet schon so kleinlich auf Feinheiten, wenn die Ware vielleicht nicht so hübsch, aber dafür hübsch billig ist.

Mit den einstigen Schnitzfreunden aber gab es natürlich mächtig Ärger. In jedem Fall gibt es die »echten« Oberammergauer Schnürlkasperl noch, trotz der hausgemachten Billigkonkurrenz aus Fernost, und erkennbar sind sie an dem aufgebrachten Stempel des Authentischen.

»Schläft ein Lied in allen Dingen, die da träumen fort und fort. Und die Welt hebt an zu singen, triffst du nur das Zauberwort«, heißt es bei Joseph Freiherr von Eichendorff. Und das trifft ganz besonders auf ein bestimmtes Holz zu. Oder profaner im Nachkriegsdeutsch der Heimatfilme: »Und ewig singen die Wälder.« Singende Wälder gibt es in den Dolomiten wirklich, und wer die Zauberformel kennt, für den klingt das Holz dieser Wälder auf unnachahmliche Weise. Denn in den Dolomiten südöstlich von Bozen bis hinunter nach Cavalese wächst das legendäre Klangholz, aus dem schon Stradivaris Geigen geschnitzt waren. Bis heute werden Saiteninstrumente der Spitzenklasse und eine ganze Reihe der weltbesten Klaviere aus dem Dolomitenholz gefertigt.

Die Bäume sehen von Ferne genauso aus wie alle anderen. Was sie zum Klangholz veredelt und warum es gerade dort wächst, daraus wird natürlich ein großes Geheimnis gemacht. Der Altförster des Latemar, Anton Tröger, machte auf meine Frage ein wichtiges Gesicht und erzählte raunend Geschichten von Geheimwissen, Esoterik und viel Erfahrung. Ich hab ihm gern geglaubt, denn sein Holzjägerlatein klang doch viel besser als die nüchternen Fakten, die ich erst später erfahren habe: Das Holz, das für hochwertige Klanginstrumente taugt, muss langsam und ebenmäßig gewachsen sein und hat dadurch enge Jahresringe. Das gibt dem Holz Dichte und Spannkraft. Die Höhe und Lage dieser Dolomitenregion bietet dafür die besten Bedingungen. Ein weiteres wichtiges Kriterium ist der gerade Wuchs mit möglichst wenig Ästen. Beide Faktoren sorgen dafür, dass die Schallgeschwindigkeit im Holz besonders hoch ist. Eine wichtige Voraussetzung für einen vollen und sauberen Klang. Der Klangbaum schlechthin ist die Haselfichte. Aufgrund der Naturbelassenheit des Latemarforstes und im Paneveggio erfüllen die dortigen Haselfichten die strengen Anforderungen des Ton- oder Klangholzes besonders gut. Die zweite Grundlage für edles Klangholz ist die sorgfältige Weiterverarbeitung. Es muss viele Jahre lang luftgetrocknet und gelagert werden, um sicherzugehen, dass alle Spannungen im Holz abgebaut worden sind. Die Klangholzfabrik in Cavalese im Fleimstal ist erfüllt vom Duft der Haselfichte. Überall lagern vorgeschnittene Einzelteile für Bratschen, Celli und Geigen und große Flügel für die berühmten Hersteller in aller Welt, von Bechstein über Bösendorfer bis hin zu Steinway. Klangholz aus den Dolomiten erklingt in den großen Konzertsälen und mit den berühmtesten Orchestern der Welt.

Am schönsten aber ist es, den unvergleichlichen Klang der Dolomiteninstrumente an ihrem Geburtsort zu hören. Für unsere Fernsehaufzeichnung spielte eine junge Geigerin auf einer Lichtung mitten im Paneveggio vor der hoch aufragenden, wild zerklüfteten Kulisse des Pale di San Martino und den Porphyrfelsen des Lagorai. So märchenhaft dieser Konzertsaal war mit dem zartgrünen Boden aus Moos und Gras, umstanden von den Baumriesen der Dolomiten, so feenhaft wehten die wehmütigen Töne der Geige über die Wipfel der Bäume zum Dolomitgestein der Bleichen Berge. Als sollten sie wie im Mythos von Orpheus zu Tränen gerührt werden. Es war ein magischer Moment, bei dem wir alle die Luft angehalten haben.

Dieses Erlebnis ist aber keineswegs so einzigartig, wie ich anfangs dachte. Die *Suoni delle Dolomiti*, die »Klänge der Dolomiten«, bieten einen sommerlichen Konzertzyklus im Hochgebirge des Trentino. Das ist ein Festival mit erstklassigen Künstlern und Interpreten aus der ganzen Welt unter freiem Himmel – an den schönsten und eindrucksvollsten Plätzen der Dolomiten.

Den Boden unter
den Füßen verlieren

Niemand freut sich darüber, wenn er den Boden unter den Füßen verliert. Wenn einem das aber in den Bergen passiert, kann es richtig gefährlich werden. Denn dann geht es entweder schnell abwärts oder – wie in meinem Fall – schnell aufwärts. Auch das aber war mit einer Menge Adrenalin verbunden.

Es begann mit einer harmlos gestellten Frage, als ich spätabends und müde von der Anreise aus München in unserem Teamhotel in Gröden ankam. Mein Redakteur, Thomas Kania, begrüßte mich herzlich und bestellte mir an der Hotelbar ein Willkommensbier. Er wollte mit mir noch mal den morgigen Tag durchsprechen. Ich ahnte noch nichts von dem, was er vorhatte.

Auf dem Drehplan stand eine dramatische Hubschrauberbergung aus den Dolomitenfelsen oberhalb des Grödner Jochs. Ein in den Alpen häufiger Notfall sollte realitätsnah filmisch begleitet werden. Dazu hatten wir uns mit Mitgliedern der legendären Flugrettung aus dem Grödnertal, der *Aiut Alpin Dolomites*, verabredet. Die hatten so etwas schon Hunderte von Malen gemacht – und auch schon öfters für das Fernsehen. Es waren Profis wie unsere bergerfahrenen Kameraleute Uwe und Stefan. Als vermeintliches »Unglücksopfer«, das an einer Seilwinde aus dem Fels in den Hubschrauber gezogen werden sollte, war der Grödner Extremkletterer Karl Unterkircher vorgesehen. Ich wollte von sicherem Boden aus den Abflug und die Ankunft des schnittigen knallroten Helikopters kommentieren.

Thomas prostete mir zu, wir tranken einen Schluck, und dann rückte er raus mit der Sprache. »Du, morgen ist ja alles klar. Ich habe mir nur gedacht …« Er stockte. Ich blickte ihn fragend an. »Na ja, ob es nicht viel überzeugender wäre, wenn du vielleicht selbst die Rolle des Opfers spielen würdest.« Ich schluckte. Ich hatte mich auf schöne Dreharbeiten am Grödner Joch eingestellt. Während die anderen oben im gefährlichen Dolomitenfels arbeiteten, wollte ich einen Cappuccino in der Jochgaststätte trinken. Und den Ausblick auf die italienischen Dolomiten, auf die Berge des Gadertales und die entfernteren Tofanagipfel genießen. Und jetzt sollte ich stattdessen an einem dünnen Stahlseil 300 Meter über dem Boden schweben? Na, danke. Mein Blick verriet wohl meine Gedanken. »Du musst natürlich nicht, wenn du Bedenken hast.« Er sagte Bedenken und meinte: Angst. Ich und Angst. Ich hatte doch keine Angst. Natürlich hatte ich Angst. Ich sah mich bereits zerschmettert in den Felsen liegen. Schon vor der ersten Aufnahme. Ich hatte so etwas doch noch nie gemacht.

Doch halt. Einmal hing ich schon an einem dünnen Stahlseil über einer Schlucht. Das war im Tuxertal ein paar Jahre zuvor. Das Ganze nannte sich Flying Fox, und jeder, der es will, kann es auch heute noch ausprobieren. Es funktioniert im Grunde nicht anders als das Gerät auf dem Spielplatz, mit dem man an einem Seil hängend ein paar Zentimeter über dem Boden dahinrauscht. Was sollten da – hatte ich damals gedacht – die 120 Meter Luft unter einem bis zum rauschenden Wildbach schon für einen Unterschied machen? Ich war sofort bereit gewesen, als die Idee aufkam. Als auch an jenem Tag Thomas Kania meinte, ich könne es mir ruhig noch mal überlegen, während wir langsam durch den lichten Hochwald bis zur Absprungstelle gingen, verstand ich gar nicht, was er wollte. Das wurde mir erst oben klar, als wir an der Kante zur Schlucht ankamen, dort, wo das Seil verankert war.

Als ich in den Abgrund blickte, glaubte ich tausend Meter tief in einen mit Wasser gefüllten Höllenschlund zu blicken. Plötzlich wurden meine Knie weich. Elend weich. Ich wollte die Angst verscheuchen, aber sie kroch langsam meine Beine hoch bis in die Magengrube und umklammerte von da aus meinen Herzmuskel. Ich war fest entschlossen, es nicht zu tun.

»Und, was sagst du?«, fragte Thomas. »Sieht brutal aus, oder?«

»Ach, finde ich jetzt nicht so schlimm«, log ich und machte ein entschlossenes Gesicht. Ich musste mich ablenken, ging ein paar Meter vom Abgrund zurück in den Wald und lauschte unserem Guide. Er erklärte gerade die Sicherheitstechnik. Alles war doppelt gesichert und extrem belastungsfähig ausgelegt. Detailliert erklärte er, warum gar nichts passieren konnte. Ich glaubte ihm kein Wort. Hatte ich das nicht immer in den Zeitungen gelesen? *Unfall bei sportlicher Mutprobe. Alle Sicherheitssysteme versagten. Unerklärliche Verkettung unglücklicher Umstände. Tod bei normalerweise völlig harmlosem Freizeitvergnügen.* Wieso sollte gerade dieser Flying Fox die Ausnahme vom Murphy'schen Gesetz sein, nach dem das, was schiefgehen kann, auch irgendwann schiefgeht?

Der Guide, ein baumlanger, entspannter Tuxer Bergbauernsohn, kam zum philosophischen Teil seiner Einweisung.

»Der Flying Fox ist wirklich sicher. Darauf könnt ihr euch verlassen. Trotzdem machen immer wieder Leute einen Rückzieher im letzten Moment. Die sind einfach nicht frei im Kopf. Die meisten aber trauen sich doch. Es ist einfach eine mentale Frage.« Eine Frage des Kopfes. Mist. Jetzt hatte er mich gekriegt. Körperliche Schwäche, okay, das hätte ich zähneknirschend noch hingenommen. Ich war sportlich, aber kein Athlet. Mentales Versagen aber, das kam für mich auf gar keinen Fall infrage. In einem Sekundenbruchteil war die Frage entschieden.

»Ich bin bereit«, sagte ich.

»Also, dann kann's ja losgehen«, sagte unser Guide. Und schon wurde ich in den Sitzgurt geschnürt und bekam die letzten Anweisungen: »… am besten mit Anlauf, dann einen langen Schritt und richtig in die Schlucht springen …«

Ich konnte den Worten kaum noch folgen. In meinem Inneren tobte ein Kampf. Ich erwog einen Rückzieher. Dabei war ich schon längst nicht mehr Herr der Situation. Die Kameras wurden mit lautstarken Kommandos an die richtige Stelle postiert, ich wurde verkabelt und bemühte mich krampfhaft, bei der ersten Sprechprobe meinen Moderationstext zu memorieren, den ich vor meinem Sprung in die Tiefe ja auch noch abzuliefern hatte. Aber ich konnte mich auf nichts mehr konzentrieren. Nicht auf den Text, nicht auf die Anweisungen des Regisseurs, nicht auf die Tipps des Guides. Die letzten Bilder meines nahen Endes auf dem Grund der Schlucht, die riesigen Schlagzeilen der Zeitungen, all das war übermächtig.

»Wir können. Bitte«, sagte mein Regisseur. Jetzt nur nicht versprechen beim Text. Noch mal würde ich das nie machen. Mein Herz klopfte bis zum Hals. Ich redete wie in Trance. Dann rief ich laut, um mir selbst Mut zu machen »Tschakka« und stürzte mich in die Tiefe. Was dann kam, weiß ich nicht mehr. In meinem Hirn herrschte pechschwarze Leere.

Gut, dass wenigstens die Kameras eine elektronische Erinnerung an diesen Moment bewahrt haben. Von außen gesehen war ich ganz der Held, der sich todesmutig in die Tiefe stürzt. Die Stimme klingt auf den Aufnahmen vielleicht etwas höher und dünner als sonst. Und sie wackelt hier und da. Aber das könnte auch als inszenierte Dramatik durchgehen.

Als ich wieder aufwachte aus der geistigen Umnachtung des Absprungs, nur Sekundenbruchteile später, wurde meine Fahrt schon wieder sanft abgebremst und ich kam ziemlich genau in der Mitte der Schlucht zu stehen. Es war vorbei. Ich lebte. Ich atmete. Ich war überglücklich. Ich schrie. Ich juchzte aus Leibeskräften. Ich winkte zur Crew, die johlend und jubelnd an der Absprungstelle stand. Mein ganzer Körper war vollgepumpt mit Adrenalin und Endorphinen. Ich war dem Tode entronnen. Noch nicht mal auf dem Gipfel des Zuckerhütls hatte ich eine solch geballte Konzentration von Euphorie erlebt. »Durch die Überwindung der Angst, verbunden mit einer intensiven Konzentrationsphase und einem kompletten Abschalten beim Absprung, stellen sich geballte Glücksgefühle und eine extrem positive Sicht auf die Welt ein«, schöner hätte ich es nicht formulieren können als diese wissenschaftliche Beschreibung der Extremsituationen des Flying Fox. Ich stieg auf der anderen Seite der Schlucht aus dem Gurt und fühlte mich unbesiegbar. Wo war die nächste Herausforderung? Das war damals mein erster Gedanke gewesen.

»Wir können es natürlich auch mit dem Karl drehen. Also, überleg es dir halt bis morgen.« Ich war wieder zurück im Grödnertal. Harald Madreiter aus Innsbruck, der am nächsten Tag die Regie führen würde, hatte sich ins Gespräch eingeschaltet, und er hatte mich aus meinem Gedankenflug der Glückseligkeit über den Wildbach gerissen. Überlegen? Was sollte ich überlegen? Ich musste nicht mehr weiter nachdenken. Es war ja wieder nur eine Frage des Kopfes.

»Klar mach ich es«, sagte ich. Die beiden schauten mich etwas überrascht an. Vielleicht hatten sie mit mehr Widerstand gerechnet. »Keine Frage.« Ich grinste sie an. »Aber ihr müsst mit nach oben kommen. Und ich brauche richtige, feste Bergschuhe. Die habe ich nicht dabei.«

Insgeheim nagte natürlich sofort wieder der Zweifel an mir. So wie damals beim Flying Fox. Würde auch alles gut gehen? Der Hubschrauber nicht an den Felsen zerschellen, das Stahlseil halten, die Winde funktionieren? Ich hatte zwar keine Ahnung, worauf ich mich einließ, aber die Verlockung, noch einmal so rauschhaftes Glück zu erleben, war einfach zu groß.

Am nächsten Tag fuhren wir mit den Autos und dem ganzen Filmequipment zum Grödner Joch. Dort oben schien eine warme Herbstsonne und überzog die Landschaft mit mildem Zauber.

Schon ein paarmal musste der Dreh wegen schlechten Wetters verschoben werden. Heute schien endlich der perfekte Tag dafür gekommen zu sein. Das Hochgebirge strahlte und bescherte uns eine traumhafte Fernsicht über die bizarre Welt der Dolomiten. Nur eins machte uns Sorgen: Das ganze Tal unter uns war eingehüllt in eine dichte Nebeldecke. Typische Inversionswetterlage, nicht untypisch für den Herbst in den Bergen. Und die Basisstation des Helikopters war da unten, in Pontives bei St. Ulrich, am Eingang des Grödnertales. Würde der Hubschrauber überhaupt aufsteigen können?

Stefan, unser Kameramann, der den fingierten Notanruf in der Zentrale und den darauf folgenden Start des Rettungsfliegers filmisch dokumentierte, war einigermaßen perplex, wie er uns nachher erzählte. Durch eine schier undurchdringliche Suppe schraubte sich der Helikopter mit ihm an Bord langsam nach oben. Stefan wurde mulmig. Schließlich nahm der Helikopter Geschwindigkeit auf, und sie flogen durch ein enges, gewundenes Tal mit Hochspannungsleitungsmasten und anderen Hindernissen. Aber Gabriel, der Pilot, beruhigte Stefan. Das sei ganz normal für ihn. Er kenne das Tal wie seine Westentasche, und für ihn war noch genug zu sehen, um sich zuverlässig zu orientieren.

Der »Mann Gottes«, wie Gabriel übersetzt heißt, machte als Erzengel der Lüfte seinem Namensgeber alle Ehre. Er hatte einen legendären Ruf als Hubschrauberpilot der Alpen. Er hatte sogar den Produzenten unserer Sendung, Hans Jöchler aus Tirol, zum Fliegen bekehrt. Hans ist ein Tiroler, ein Oberländler und er liebt festen Boden unter seinen Füßen, in jeder Hinsicht. Dennoch hatte er beschlossen, die Alpen nicht nur von unten, sondern auch von oben aufzunehmen. Spektakuläre Flugaufnahmen waren die Folge, und bis heute begeistert diese Sicht der Alpen aus der Vogelflugperspektive unsere Zuschauer. Seine ständige Herausforderung bei den Filmaufnahmen war aber seine Flugangst. Bis er Gabriel Kostner von den *Aiut Alpin Dolomites* traf. Seitdem schwärmte er uns immer von dessen Flugkünsten vor. Wie er mit höchster Präzision die Vajolet-Türme umrundete, wie genial er sein Fluggerät im Schwebezustand halten konnte, welche waghalsigen Flugmanöver bei ihm wie selbstverständlich anmuteten. Hans machte das Fliegen seither sichtlich Spaß.

Ich war schon fast ein wenig neidisch geworden, denn ich war nicht nur selbst begeistert von den atemberaubenden Flugaufnahmen, die er von seinen ausgedehnten Flugreisen über die Gipfel der Berge mitbrachte und die unsere Sendung wirklich bereicherten, sondern mir machte es selbst großen Spaß, in einem Hubschrauber mitzufliegen. Das hatte durchaus eine Rolle gespielt, als ich am Abend zuvor spontan zugesagt hatte, doch dabei zu sein, oben am Berg – das Rettungsmanöver würden wir schon irgendwie hinkriegen. Dafür hatten wir ja Profis dabei.

Ich erinnerte mich noch gut an meinen ersten Flug in die Alpen. Bei einer großen Reportage fürs Bayerische Fernsehen zur Seligsprechung des Kaspar Stanggassinger Ende der Achtzigerjahre flog ich zum ersten Mal mit einem Kameramann im Hubschrauber in die Berge. Und dann gleich ins Berchtesgadener Land zum Geburtsort des bald darauf Seligen, zum Unterkälbersteinhof bei Berchtesgaden. Herr, wen Du lieb hast, den lässt Du fallen in dieses Land, heißt es in der »Martinsklause« von Ludwig Ganghofer über die legendäre Bergregion um den Königssee. Ins Land fallen wollte ich nun nicht gerade, es aber mal gründlich in Augenschein nehmen. Von oben gesehen übte es einen unwiderstehlichen Reiz aus. Vielleicht lag's ja auch ein wenig am Fliegen. Dem Piloten machte es sichtlich Spaß, mit seinem Fluggerät an die Grenzen zu gehen. Oder er wollte mich, den Novizen, ein wenig beeindrucken? Ich war aber alles andere als verängstigt, ich war hellauf begeistert, gerade wenn die Wände näher kamen oder die Nase sich bedrohlich nach unten neigte. Und das alles bei verglaster Panorama-sicht. Ich wäre auch bei »Melodien der Berge« gerne öfter geflogen, aber Hubschrauber werden nach Stunden bezahlt. Und für's ganze Team bräuchte es mehrere Flüge, um komplett nach oben zu kommen. So wie im Brandertal in Vorarlberg, unserer bis dahin einzigen Moderation »by helicopting«. Es ging auf die Mannheimer Hütte im Rätikon, einem der schönsten Gebirgsstöcke Vorarlbergs. Der Pilot setzte behutsam auf einem kleinen weißen Kreuz unweit der Hütte auf, auf der winzigen, einzigen ebenen Fläche inmitten der Felsen. Unser Ausstieg aus dem Hubschrauber war wie ein lockerer Schritt über die letzte Stufe einer Showtreppe. Mit ein bisschen Herzklopfen verbunden, aber kinderleicht. Was sollte nach solchen Erfahrungen dann schon beim Gabriel, dem fliegenden Erzengel, passieren?

Vom Grödner Joch aus blickten wir auf die unbewegliche Nebeldecke. Per Funk hatte uns die Bodenstation vom Start des Helikopters informiert. In wenigen Minuten würde er auftauchen. Die letzte Ruhe vor dem inneren Sturm der Gefühle. Wir hörten ein Brummen, bevor er zu sehen war. Dann brach er durch den Nebel – ein großer dunkelroter Vogel, dessen glänzendes Gefieder im Sonnenlicht glitzerte und der rasch auf uns zukam. Später erzählte uns Kameramann Stefan von dem erregenden Gefühl im Inneren des Cockpit, als sich nach dem Flug durch die zähe Suppe die ersten Sonnenstrahlen ihren Weg durch die Nebelfetzen bahnten, der graue Vorhang plötzlich zerriss und die Felsenwelt der Dolomiten wie ein gleißend bunter Theaterprospekt vor ihren Augen erschien. Schnell hatte der Hubschrauber die kurze Wegstrecke bis zu unserer Wiese oberhalb des Jochs zurückgelegt und setzte sanft zur Landung an.

Das Abenteuer der Rettung konnte beginnen.

Wir hatten uns zu einer letzten Lagebesprechung zusammengefunden.

Gabriel war der Pilot, der Mann an der Seilwinde Raffael, sein Bruder, der diese Hubschrauberrettung über Jahr hinweg aufgebaut hatte. Er hatte mir auch Bergschuhe in meiner Größe mitgebracht. Es waren seine eigenen, noch ganz neu. Der Retter, der sich zu mir abseilen lassen sollte, um mich nach oben zu bringen, war Karl Unterkircher, der Extrembergsteiger. Stefan war der Kameramann, der meinen fingierten Hilferuf, die Ankunft des Hubschraubers und den waghalsigen Abtransport hautnah bei und mit mir verfolgen sollte. Und etwas weiter oben, mitten im Fels wurde Uwe platziert, ein Tiroler Bergsteiger-Urgestein und wilder Hund, der die ganze Szenerie von etwas weiter weg filmen sollte, eine Totale in Breitwandformat und mit Dolomitenhintergrund. So weit waren die Rollen verteilt. Jetzt ging es nur noch um den Platz, auf dem wir zunächst auf etwa 2000 Metern ausgesetzt werden sollten.

Ich blickte nach oben zu den zerklüfteten Felsen der Cirspitzen. Wo, verdammt noch mal, war da oben ein Platz, wo der Hubschrauber landen und wir aussteigen konnten? Ich sah nur steil abfallende Wände, an denen schon mein Blick abrutschte. Wie würde das dann erst mit mir selbst sein?

Ich wandte mich an Gabriel: »Und wo wirst du uns absetzen?«

»Schau, Michael, da oben ist eine schöne Stelle. Da werde ich euch alle hinbringen. Da ist auch Platz für die Kameras und die Ausrüstung.«

Völlig entspannt und mit einem beruhigenden Lächeln antwortete Gabriel auf die betont lässig gestellte Frage. Ich folgte dem ausgestreckten Arm und sah nur schroffe Wände. Ich sah mich dort oben auf einem winzigen, schwindelerregenden Felsvorsprung stehen – mit gefrorenem Blut auf die hoffentlich glückliche Rettung wartend. Doch jetzt gab es kein Zurück mehr. Der erste Flug, der die Kameraleute nach oben brachte, war bereits unterwegs. Wenige Minuten später war auch ich an der Reihe. Ich stieg ein. Wir verloren den festen Boden unter den Kufen und schwebten nach oben.

Mein erster Gleitschirmflug kam mir in den Sinn – es war ein Tandemflug von der Hohen Salve in Tirol, einem herrlichen Aussichtsberg in den Kitzbüheler Alpen mit einem phantastischen Weitblick. Das 360-Grad-Panorama bietet bei schönem Wetter den Blick auf über 70 Dreitausender, auf die Zillertaler und die Kitzbüheler Alpen, den Wilden Kaiser und sogar den Großglockner und den Großvenediger.

Ich mag ja Berge mit Aussicht. Und die Hohe Salve mit ihren beinahe 1900 Metern traf auch sonst meinen Berggeschmack. Eine schön geformte Kuppe mit viel saftigem Grün drumherum. Ein Almenparadies mit vielen alten Hütten an seinen Flanken. Wanderwege, Einkehrmöglichkeiten. Eine abwechslungsreiche, immer wieder überraschende Landschaft. Und der freie Gipfel ein idealer Startplatz für Paraglider und Drachenflieger. Dort wollte ich zum spektakulären Abschluss unserer Sendung von Söll und dem Söl-Landl, einem beliebten Ausflugsziel der Münchner, mit den Fly2-Tandemflights aus Hopfgarten abheben.

Es war ein herrlicher Sommertag, und dieser Flug sollte nicht nur der Abschluss der Sendung werden, sondern er war auch der Abschluss unserer Dreharbeiten. Gegen 14 Uhr erst waren wir mit Rainer von Fly2 verabredet, um 12 Uhr mittags waren wir bereits oben. Ich hatte also noch etwas Zeit, mich innerlich auf meinen ersten Flug einzustellen. Gut so, denn ich war etwas nervös.

Vielleicht war es die Unruhe vor dem ersten Gleitschirm-flug, die mich erfasst hatte, vielleicht war es die Höhenluft. Ich bekam plötzlich Hunger.

Das Gipfelrestaurant der Agers hatte einen guten Ruf. Ich bestellte eine der Tiroler Spezialitäten: Kasknödel. Dann setzte ich mich auf die Aussichtsterrasse und konnte mich nicht sattsehen an den Gipfeln um uns herum. Wie schön musste es sein, über sie hinzuschweben wie ein Vogel. Andererseits: Stürzten nicht immer wieder Gleitschirmflieger ab? Oder waren das die Drachenflieger? Vielleicht sollte ich doch eine andere Abschlussmoderation …

»Du wolltst die Knödel?« Ich schreckte hoch. Der Teller war direkt vor meinen Augen: wohlgeformte Bälle in einem kleinen Bad aus goldbrauner Butter. Und mit Flocken vom kräftigen Söller Bergkäse berieselt.

»Ja, danke dir«, sagte ich, und schon standen sie vor mir. Das Hinschauen allein machte mir den Mund wässrig. Und erst der verführerische Duft! Ich war glücklich. Ich war se-lig. Ich war eins mit mir und der Welt. Jeder Bissen steigerte meinen Genuss und mein Wohlbefinden. Ich musste auf-passen, den Teller nicht mit zu verspeisen. Worin nur be-stand das Geheimnis dieser überirdisch guten Kasknödel?

»Servus, Michael. Pack ma's!« Rainer stand vor mir, mein Gleitschirmpilot. Ich blickte ihn an wie eine Erscheinung. Und plötzlich kannte ich das Geheimnis dieser Kasknödel. Plötzlich wusste ich, warum sie mir so unvergleichlich gut geschmeckt haben. Der Grund lag nicht in der unbestreit-baren Kochkunst der Agers. Das Ganze schmeckte mir so überirdisch gut, weil mir mein Unterbewusstsein sugge-rierte, dies sei möglicherweise meine letzte irdische Mahl-zeit. Meine Henkersmahlzeit sozusagen. Ja, im Angesicht des Todes werden die Genüsse des Lebens noch einmal so süß. Und wenn es auch nur die eingebildete Todesangst war, die tief in mir schlummerte.

Bis heute habe ich den Geschmack dieser wunderbaren Kasknödel im Gaumen. Nie mehr habe ich Vergleichbares gegessen.

Und nie mehr habe ich einen vergleichbaren Flug mit dem Gleitschirm erlebt. In diesem Fall war das erste Mal tatsächlich unvergesslich. Die Angstlust ist eben eine starke Stimulanz. Später, wie zum Beispiel im Stubaital, war der Flug nur noch ein schöner kleiner Nervenkitzel. Doch jetzt wagte ich kaum zu atmen, als ich nach dem Anlauf den Boden unter den Füßen verlor. Ich wagte mich nicht bequem in den Gurt zu setzen, in der völlig absurden Hoffnung, dass der Schirm dadurch leichter an uns zu tragen hätte. Und der Flug blieb atemberaubend. Denn wir erwischten einen sogenannten Bart, also einen schnellen, warmen Aufwind, der uns weit über 3000 Meter trug. Die Zentralalpen mit ihren Tausenden von Gipfeln lagen uns praktisch zu Füßen, wir überblickten den Alpenhauptkamm, und der mächtige Wilde Kaiser lag wie ein Spielzeugberg unter uns. Ich konnte mich nicht sattsehen und brachte kein Wort heraus vor Verblüffung. Rainer machte sich Sorgen: »Alles okay? Geht's dir gut?« Ich nickte unmerklich. »Hallo, bist du noch da?« Rainer fürchtete, der schnelle Aufstieg in die dünne Höhenluft hätte mir vielleicht die Sinne geraubt. Klar, dass mir flau im Magen war, aber zugeben wollte ich das nicht. »Alles super«, brüllte ich zurück. Die Lust gewann wieder die Oberhand, als wir Minuten später an den Flanken der Hohen Salve langsam nach unten schwebten.

Der Feuertaufe des Neulings wollte mich Rainer dann aber doch noch unterziehen: dem Steilkurvenflug kurz vor der Landung. Das war wie Karussellfahren in der Luft. Durch die extreme Kurvenlage erhält der Schirm eine enorme Beschleunigung, und der Anpressdruck wird heftig. Ich juchzte vor Vergnügen. Das machte richtig Spaß. Und doch war ich dann heilfroh, wieder festen Boden unter den Füßen zu haben.

Während Gabriel seinen roten Feuervogel nach oben zog, hoffte ich inständig, dass der Felsvorsprung zum Absetzen groß genug sein würde, um festen Halt darauf zu finden.

Je näher wir aber den Wänden der Cirspitzen kamen – und Gabriel kam ihnen in meinen Augen mit seinem Fluggerät oft bedrohlich nahe –, umso zugänglicher zeigten sie sich. Überall kleine Inseln, Plateaus, Vorsprünge zum Verweilen. Unser Ziel kam in den Blick, es war ein regelrecht geräumiger Felszacken, auf dem bequem zwei Dutzend Menschen Platz gefunden hätten. Die Kamera war schon aufgebaut, die weniger bergerfahrenen Mitglieder im Team hatten sich allerdings in eine sichere Felsnische verkrochen. Vor allem unser Tonmann, Maurice Conde, geboren an der Elfenbeinküste und zum ersten Mal so weit oben im Fels, war sichtlich blass um die Nase. Gabriel hielt den Hubschrauber stehend in der Luft, die rechte Kufe über dem Abgrund, die linke Kufe Zentimeter über dem Felsvorsprung. Ich stieg aus und blickte mich um: Auf drei Seiten ging es steil in die Tiefe. Runterklettern wollte ich da gewiss nicht. Da musste ich mich jetzt wohl oder übel retten lassen. Der Hubschrauber war schon wieder verschwunden.

Mit meinem Handy fingierte ich meinen Notruf an die Rettungsleitzentrale *Aiut Alpin Dolomites* mit der in ganz Italien üblichen Nummer 118. Ich schilderte für die Kamera meine dramatische Lage. Jetzt gab es kein Zurück mehr für mich. Ich atmete tief und langsam, wie ich es bei meiner Sprecherausbildung beim Bayerischen Rundfunk gelernt hatte, um die innere Balance zu finden, da ich die äußere gleich verlieren sollte. Und ich lauschte der Stille der Bergwelt. Ich hatte nur ein paar Sekunden. Dann knatterte der Hubschrauber um einen Felsvorsprung und schwebte donnernd über uns. Die Tür öffnete sich, und Karl, mein Retter, schwebte am Stahlseil zu mir herunter. Er fragte, wie es Vorschrift war, nach meinem Befinden und ob ich in der Lage sei, am Karabinerhaken nach oben zu kommen. Ich nickte und schlüpfte in den Sitzgurt. Karl zog die Befestigungen an und nahm mich an den Haken. Ich sagte kein Wort mehr.

Als ich eingeklinkt war und Karl das Zeichen nach oben gab, verlor ich den Boden unter den Füßen. In jeglicher Hinsicht. Es war furchtbar, obwohl ich ja wusste, was geschehen würde. Plötzlich hing ich wie ein Mehlsack in der Luft und verlor die Orientierung. Es lag daran, dass ich drei gegenläufigen Wahrnehmungen ausgesetzt war: Der Hubschrauber zog nach oben und gleichzeitig zur Seite vom Fels weg, und wir beide, Karl und ich, wurden zudem fast unmerklich nach oben zum Hubschrauber gezogen, von Raffael an der Winde. Wie ein Kleinkind an seine Mutter klammerte ich mich an Karl, der allein mir in der Lage schien, mein aufs Höchste bedrohtes Leben zu retten. Es war mir beinahe peinlich, wie sehr ich mich festhielt. Aber da waren wir schon oben an der Hubschrauberluke, ich klammerte mich an den Haltegriff, setzte meinen Fuß auf die Kufen und schwang mich ins Innere. Eine ungeheure Erleichterung erfasste mich. Es war gut gegangen. Stefan, unser Kameramann im Inneren des Hubschraubers, hat meinen verzweifelten Gesichtsausdruck ganz gut festgehalten – wie der eines Ertrinkenden, der im letzten Moment einen dicken Balken im Wasser findet. Eines war mir klar: Noch einmal würde ich so etwas nicht machen. Da war der Helikopter auch schon wieder unten am Felsvorsprung und Raffael bedeutete mir auszusteigen.

Aus kameratechnischen Gründen musste die Rettung wiederholt werden. Wie in Trance folgte ich seiner Geste, ich konnte die ganze Maschinerie jetzt doch nicht hängen lassen.

Insgesamt wurde ich an diesem Vormittag fünfmal gerettet. Beim letzten Mal habe ich es dann richtig genossen. Jetzt fand ich es schade, dass es vorbei war. So ist das: Wenn's vorbei ist, wüsste man, wie's geht und könnte es viel mehr genießen.

Retten lassen würde ich mich jederzeit wieder – am liebsten natürlich von den Kostners, von Raffael, Gabriel und Markus, den drei unerschrockenen Brüdern aus dem Grödnertal. Ich könnte ihre Dienste im Notfall auch überall in den Alpen in Anspruch nehmen, denn ich bin seither Mitglied bei den Dolomitenrettern – kein Ehrenmitglied, sondern zahlendes Mitglied. Ich habe die Professionalität ihrer Arbeit am eigenen Leib schätzen gelernt. Bei mir war es eine Schönwetterübung, die nur für mich den Duft der Gefahr hatte. Eine echte Rettung in den Alpen ist aber meist für alle Beteiligten eine Gratwanderung zwischen Tod und Leben.

Es gehört zu den besten Traditionen der Alpen, dass es so gut wie überall eine Bergrettung gibt. Menschen, die tatsächlich selbstlos und wagemutig andere Menschen aus Bergnot retten – im Gewitter, im Schneetreiben, in der Finsternis. Ohne Ansehen der Person und der Umstände. Eine geradezu ritterliche Tradition christlicher Nächstenliebe hat sich da bis heute erhalten, die wie aus einer anderen Zeit stammt und nicht hineinpassen will in eine Welt, in der die Suche nach dem persönlichen Vorteil fast schon zur Maxime gesellschaftlichen Handelns geworden ist.

Dabei ist die Bergrettung selbst eine geradezu junge Erscheinung, die erst im Schlepptau des zunehmenden Alpinismus an Bedeutung gewonnen hat. Bergrettung verstand sich ursprünglich als Kameradschaftsdienst innerhalb einer verschworenen Elite, zu der jeder gehörte, der sich in die Welt aus Fels und Eis wagte, jeder, der den Mut hatte, steile Wände zu erklettern.

»Jeder Fremde, der mit dir die Liebe zu den Bergen teilt, sei dein Freund und Kamerad«, lautet eines der Bergsteigergebote Luis Trenkers. Und für die Rettung von Kameraden musste alles aufs Spiel gesetzt werden. Seltsamerweise hat dieses Gebot nichts von seiner Kraft und Geltung verloren, obwohl die Berge ihre Exklusivität als Spielplatz für wagemutige Abenteurer und zu allem entschlossene Sportler längst eingebüßt haben. Das Gebot wurde einfach nicht mehr durch die Zugehörigkeit zu einer Elite, sondern regional definiert: Jeder, der in den Bergen in Not gerät, hat es verdient, gerettet zu werden.

Heute sind die Berge Tummelplatz für Menschen jedweder Couleur, neben den klassischen Bergvagabunden finden sich Wichtigtuer und Angsthasen, Bewegungsidioten und Ignoranten, Schwächlinge und Kleingeister. Menschen wie du und ich eben, Menschen wie überall. Doch die Alpen fordern die Menschen anders als das Flachland. Und sie alle – so weit entfernt vom Selbstverständnis der Bergsteiger wie die Nordseeküste von den Dolomiten –, sie alle werden, ohne Ansehen der Person, von ehrenamtlichen Bergrettern aus jeder alpinen Notsituation gerettet. Keine Frage nach

Stand oder Herkunft, nach Dummheit und Verschulden, nach Stand oder Einkommen.

Natürlich muss manches Opfer seines eigenen Leichtsinns heute oft selbst in die Tasche greifen, wenn die Krankenkasse nicht einspringen sollte. Aber auch diese noch moderaten Aufwandsentschädigungen lassen sich eher verschmerzen als bleibende Schäden an Körper und Geist. Die meisten Unfälle verursachen längst nicht mehr die berüchtigten Halbschuhtouristen, die sich von der Seilbahn aus mit Sandalen oder Turnschuhen auf anspruchvolle Klettersteige oder gar in unwegsames Gelände begeben. Gerufen werden die Retter vor allem zu jenen, denen die Höhe und die Anstrengung zu schaffen machen. Die Lifte und Bahnen setzen die natürlichen Warnsignale des Menschen außer Kraft. Wäre er zu Fuß unterwegs gewesen, hätte sich sein Körper Schritt für Schritt akklimatisieren können. So wird der Mensch in Minuten nach oben katapultiert, und das Herz-Kreislauf-System weiß gar nicht, wie ihm geschieht. Die meisten Todesfälle verursachen also die Bergbahnen. Denn ohne sie blieben die Menschen im Tal.

Was aber immer der Grund für einen Notfall ist, die Retter aus jeder Bergregion empfinden es als Ehre und Verpflichtung zu helfen. So wie früher das Dorf zusammenhielt, wenn es galt, einen äußeren Feind zu besiegen. Und dazu zählte auch die Natur, der unberechenbare und gefräßige Drachen der Berge. Seinen Klauen galt es die bedrohten Menschen zu entreißen.

Heute werden über 90 Prozent der Rettungseinsätze in den Bergen mit dem Hubschrauber durchgeführt. Den Flugrettungsdienst der Dolomiten hat in den letzten Jahren vor allem Raffael Kostner aus St. Ulrich zusammen mit seinen Brüdern aufgebaut. Weit über 8000 Einsätze haben sie schon auf dem Buckel, an die 700 sind es mittlerweile pro Jahr, davon circa 50 Todesfälle. Um jeden zu retten, gehen die Piloten wie Markus und Gabriel oft ans Limit.

Raffael, der Kopf der Grödner Hubschrauberrettung, ist ein ruhiger, freundlicher Sturschädel, der am liebsten auf seiner geliebten Seiser Alm ist.

Dort führt er die Sanonhütte unweit von Kastelruth. Und wenn er ganz gemütlich über die Terrasse der wohl urigsten Almhütte des weiten Almbodens schlurft, dann wirkt er wie der freundliche Hausl, der sich seines Lebens freut, sich um sein kleines Hütterl kümmert und dem diese Welt genügt. Das sieht aber nur so aus, weil er bescheiden ist und nicht viel von sich hermacht. Dabei weiß er genau, was er will, und er setzt es auch durch.

Unter seiner klugen Regie wurde die Gastwirtschaft zum Geheimtipp unter den Almfreunden mit wunderbaren Grödner und Ladiner Schmankerln. Er betreibt eine kleine, feine Landwirtschaft, und übernachten kann man bei ihm auch auf der Seiser Alm. Über Jahre war die Attraktion der Hütte der Hubschrauber, dessen Start- und Landeplatz seit 1987 direkt neben der Hütte lag. Die Einsatzzentrale mit dem Funkverkehr war in der Sanonhütte untergebracht. Denn als Leiter der Grödner Bergrettung wollte Raffael nicht ins Tal umziehen. Also verlegte er die Kommandozentrale kurzerhand zu sich auf die Seiser Alm. Und eröffnete dort die private Hubschrauberrettung der Kostners, die bald zu hochverehrten Rebellen des Grödnertals wurden, da der private Rettungsdienst zwar im Prinzip genehmigt war, aber nicht genehm. Raffael hatte seine eigenen Ideen und wollte nicht aufgehen im staatlichen Einheitsbrei. Es kam zum Luftstreit über dem Dolomitenhimmel wegen Landeplatz, Sanitätseinrichtungen und Notrufnummer. Inzwischen ist freilich längst alles beigelegt, und Raffaels Lebenswerk wird überall anerkannt.

Am Abend meiner fingierten »Bergrettung« war zufällig das große Jahresfest der *Aiut Alpin Dolomites* in St. Ulrich. Der Reinerlös ging an die ehrenamtliche Hubschrauberrettung. Ich saß noch lange mit Raffael zusammen, er erzählte mir Geschichten aus dem Grödnertal und ich ihm welche aus München. Wir hatten Zeit. So wie es halt oft ist in den Bergen. Es wurde spät. Am Ende fragte er mich, wie ich mit seinen Bergschuhen zurechtgekommen sei.

»Sehr gut«, sagte ich. »Hab ich ganz vergessen. Wo soll ich sie morgen hinbringen?«

»Die schenk ich dir!«, sagte Raffael und gab mir die Hand.

Ich halte die Schuhe bis heute in Ehren.

Alpenfernsehen

Es ist schön, wieder mal über den Luis zu reden.« Ferdinand Trenker, einer der Söhne des legendären Luis Trenker, saß an diesem Julitag des Jahres 2005 sichtlich aufgeräumt auf der einfachen Holzbank hoch über dem Grödnertal mit Blick auf das steil aufragende Wahrzeichen, den Langkofel, und war bereit für das Interview. Selbst schon betagt, freute er sich an den Erinnerungen an seine Kinder- und Jugendzeit, die unsere Vorgespräche über seinen Vater in ihm wachgerufen hatten. Es kam mir so vor, als ob durch unsere Begegnung ein beinahe schon verblichener Filmstreifen eine Neuaufnahme im Kino der Seele erlebte. Die einst im blendenden Licht erstrahlenden Abenteuer des kleinen Ferdinand schimmerten nun allerdings im geläuterten Sepiabraun des Klassikers.

Auch ich freute mich. Denn auch mich hatte die Zeitmaschine der Erinnerung in meine Kindheit katapultiert. Ich saß in unserem Wohnzimmer vor dem Fernsehgerät. Als Kind und Jugendlicher tat ich das oft. Viel öfter, als es heute jeder pädagogische Ratgeber tolerieren würde. Ich war verrückt nach Fernsehen. Es war damals mein Fenster zur Welt. Man konnte zwar nicht sehr weit sehen, es gab nur zwei Programme, ARD und ZDF, und ein »Studienprogramm« des Bayerischen Fernsehens, das war so etwas wie Schulunterricht am Nachmittag. Aber weil ich viel schaute, sah ich auch viel. Besonders gern hatte ich eine ganze Zeit lang eine Sendung mit dem Titel »Luis Trenker erzählt«. Seit 1959 wurde sie im Bayerischen Fernsehen ausgestrahlt. In Schwarz-Weiß.

Luis Trenker, 1892 geborener Holzbildhauer- und Malersohn, hatte Architektur studiert, aber die Welt kannte ihn als Bergsteiger, Skifahrer, Schauspieler, Schriftsteller und Regisseur. Er war eine vertraute Figur meiner Kindheit. Im Nachmittagsprogramm erzählte er uns damals Geschichten, die er wirklich erlebt hatte. Sie waren aber oft so unglaublich und so voller drastischer Details, dass wir Kinder vor dem Fernsehgerät sie gern etwas herablassend »Schwänke aus seinem Leben« nannten. Der theatralisch-pathetische Vortragsstil tat das Übrige. »Das ist ganz schön skurril«, sagte damals mein älterer Bruder Bernhard, der das Wort schon kannte, das mein Bruder Lothar und ich sofort in unseren »Wortschatz zum Angeben« übernahmen – ohne genau zu wissen, was es tatsächlich bedeutete. Wir fanden aber, es passte perfekt.

Meine Brüder und ich amüsierten uns über diesen knorrigen Mann vom Berg, der manchmal eine Art komischen Cowboyhut trug – so kam uns der berühmte Trenkerhut vor. Er latschte – auch das eines unserer damaligen Lieblingswörter – durch eine Kulisse, die genauso aussah wie – eine Kulisse. Selbst uns damals noch fernsehgläubigen Kindern war auf den ersten Blick klar: Diese Mischung aus Schweizer Chalet, Südtiroler Berghütte und bayerischer Wohnstube mit einem gemalten Prospekt im Hintergrund war lediglich eine Art Alpen-Potpourri aus Pappmaschee. Darauf fielen nicht mal wir herein.

Aber es war ja auch nur der papierene Rahmen, damit der vor Energie strotzende Held des Stückes umso vitaler erstrahlen konnte. Es war nur die Bühne für eine unglaubliche

One-Man-Show. Luis Trenker war eine einzigartige Mischung aus Stand-up-Comedian, orientalischem Märchenerzähler und vom Göttlichen beseelten Bergpfarrer.

Oft mussten wir laut auflachen ob so viel Pathos und Überschwang. Und zugleich klang in diesem Lachen eine leise Hochachtung für seine unbestreitbaren Großtaten in den Bergen mit an. Und auch Bewunderung für diesen älteren Herrn, der immer noch vor Leidenschaft, Temperament und Wagemut glühte. Wie gerne hätten wir auch etwas von diesem Feuer in uns gehabt, wie gern wären auch wir zu stolzen Gipfeln aufgebrochen und hätten uns tollkühn Lawinen in den Weg gestellt wie »der Trenker«. Der Mann war für uns irgendwie von gestern – und er erzählte ja auch von längst vergangenen Taten. Und doch saßen wir fasziniert vor der Mattscheibe und hingen an seinen Lippen, weil er schier barst vor lebendiger Gegenwart. Er führte uns die Geschichten vor Augen, so als würden wir sie selbst gerade erleben. Er nahm uns mit ins ewige Eis, und uns gefror der Atem, er führte uns durch die Kamine und Grate, und uns stockte das Blut, er erzählte uns vom Irrwitz der Filmaufnahmen, und wir wollten sogleich eine Rolle übernehmen. Wir hingen an seinen Lippen, wir lauschten gebannt seinen Erzählungen aus Tausendundeiner Wand.

»Es ist schön, wieder mal an den Bera Luis zu denken.« Der Sohn verwendete jetzt einen Grödner Ehrentitel für seinen Vater. Bera, der Große. Er hatte recht. Luis Trenker war ein Großer, eine einzigartige Figur, kraftvoll und kantig, kreativ und clever, ehrgeizig und erfolgreich. Ferdinand Trenker blinzelte in die Nachmittagssonne. Er war von Bozen heraufgekommen, wo die Familie Trenker nach einer langen Odyssee nach dem Zweiten Weltkrieg ihre Heimat gefunden hatte und wo Luis Trenker 1990 97-jährig gestorben war. Ferdinand Trenker war stark gehbehindert, denn er hatte Kinderlähmung gehabt. Dem Vater in seinem sportlich-dynamischen Ehrgeiz nachzueifern, kam also nicht infrage. Wehmut darüber schimmerte nur leicht durch seine Erzählungen aus dem Hause Trenker. Und auch nur dann, wenn er von einer Bergtour zusammen mit seinem Vater auf den Langkofel im Grödnertal erzählte – vor seiner Krankheit.

Für Ferdinand war sein Vater immer noch eine Lichtgestalt. Vielleicht bewunderte er wegen seiner eigenen Behinderung in seinem Vater gerade das sinnliche, erdverbundene, muskelbepackte Kraftwerk. Sein Vater war ein Macho, ein Frauentyp, ein Sexsymbol. Frauenheld aber durfte er für den Sohn nicht sein: »Man hat ihm immer Affären angedichtet, wenn er für seine Filme wieder mal eine junge Schauspielerin an seine Seite geholt hat«, betonte er, »aber da war nie was. Mein Vater war treu!«

Wahrheit? Familiengeheimnis? Tabuisierung des Heros? Durfte das reine Bild des gottverbundenen Naturmenschen kein Fleck des Allzumenschlichen trüben? Ein Mann, dem die Sinnlichkeit des Lebens sonst aus allen Poren strömte, monogam wie ein Einsiedler? Kaum glaublich. Der Mann, der überall, wo er auftauchte, eine Spur Testosteron hinterließ, weil er einfach zu viel davon hatte, ein Heiliger? Schwer vorstellbar. Ein Mann, der sich bis ins hohe Alter gern mit Frauen umgab, die schön und jünger waren, ein Enthaltsamer? Sicher nicht. Es gab bessere Kletterer, es gab bessere Filmemacher, aber es gab keinen unter den Berglern, der zugleich besser aussah und sich besser verkaufte. Trenker war einfach das beste Gesamtpaket. Und er wollte immer im Mittelpunkt stehen und Erfolg haben, auch wenn er dafür oft arg hochstapelte. Wie damals bei der Gschichte mit dem Pepi Rifesser, einem heute hochbetagten, berühmten Holzschnitzer. Mit ihm zusammen machte Luis in der Nachkriegszeit Madonnen auf alt, damit es in der Kasse klingelte.

»Der Luis? Der kam jeden Tag in meine Werkstatt und hat gerufen: Pepi, mach schnell, aber mach's nicht teuer. Mach nicht so viel Farbe drauf, mach mehr Würmer«, erinnerte sich der Pepi. Der war so begabt, dass selbst ein Kunstprofessor aus Wien eine Riemenschneiderkopie für echt hielt. Allerdings erst nach einer radikalen Alterungskur durch zwei Grödner Schlitzohren. »Die beiden besorgten sich aus Holzstadeln jahrhundertealte Balken, der Pepi schnitzte, und der Luis und sein Sohn Florian halfen dem Zahn der Zeit nach: Sie bohrten Löcher ins Holz oder schossen mit Schrot drauf, um Würmer vorzutäuschen, grillten die Figuren mit dem Lötkolben an, als wären sie in der Hitze von Kerzen gestanden. Sie gruben sie in die Erde oder stellten sie in den Regen, um die nötige Patina dranzubringen«, so wird es bis heute in Gröden kolportiert.

Mit seiner Art machte sich Trenker nicht unbedingt beliebt in seiner Heimat, dem Grödnertal. Bis heute ist er dort eine umstrittene Figur. Beliebt wegen seiner enormen Popularität und seiner unverbrüchlichen Liebe zu dem kleinen Südtiroler Bergtal, aus dem er stammte. Verdient wegen seines erfolgreichen Kampfes gegen eine Dolomitenautobahn und der unwiederbringlichen Zerstörung der Region. Er machte Gröden in der Welt bekannt und versah es mit jenem unverwechselbaren Duft von Heimat und Abenteuer, der ihm bis heute anhaftet. In den Dank dafür, dass er die Touristenströme und damit auch Geld ins arme Grödnertal lenkte, mischte sich aber stets auch Neid auf den Erfolgreichen und von sich Eingenommenen. Bei manchen Grödnern war er wegen seines ungeniert zur Schau getragenen Egos und seiner Ellenbogen gar nicht gut gelitten. Auf den Bergen, da mag die Freiheit wohnen, im Tal aber, da regiert der Neid. Das hat sich bis heute kaum geändert. Gerade im Sozialverband der engen Täler, in denen jeder jeden kennt, ist die soziale Ächtung für den, der über die anderen herausragt, nach wie vor eine beliebte Rache. Gröden hat mit seinem berühmten Sohn allerdings inzwischen Burgfrieden geschlossen. Eine Gott sei Dank nur mäßig heroisierende Bronzestatue schaut auf einem Wanderweg über St. Ulrich stoisch und unverwandt auf den Langkofel – vor Wind und Wetter geschützt vom unverwechselbaren Trenkerhut. Dort kann der Wanderer zusammen mit der in sich ruhenden Legende das Zen der Berge üben. Im ladinischen Heimatmuseum in St. Ulrich ist auch ein ganzes Stockwerk Luis Trenker gewidmet – natürlich das oberste. Es ist eine kunterbunte Devotionaliensammlung mit allerlei persönlichen Erinnerungsstücken und offiziellen Dokumenten. Am schönsten sind die zahlreichen alten kolorierten Filmplakate, die den strahlenden Berghelden zeigen mit seinem Was-kostet-die-Welt-Lächeln: »Berge in Flammen«, »Der Berg ruft« oder »Der Feuerteufel«.

Wegen seines überdimensionierten Egos ist Trenker aber nicht nur Leni Riefenstahl in die Fänge geraten, sondern wäre beinahe auch den Nationalsozialisten in die Falle gegangen. Nicht unbedingt wegen ideologischer Übereinstimmung. Trenker war nie ein Nazi, aber um ein Haar hätte er eine männliche Leni Riefenstahl werden können. Er roch gerade noch rechtzeitig den Braten und wollte sich dann doch nicht vor den Karren der Blut-und-Boden-Ideologen spannen lassen. Das wiederum nahm ihm die braune Clique natürlich sehr übel.

Hitler befand die heroischen Trenkerfilme, die vorher so großen Anklang gefunden hatten, mit einem Male für »wurmstichig«, und Goebbels ächtete ihn als »Schuft und vaterlandslosen Gesellen, den man hinhalten und dann erledigen müsse«. Vergebens wies Trenker nach dem Krieg darauf hin – die Büchse der Pandora hatte Trenker schon vorher geöffnet, als er keine klare Stellung gegen das Regime bezog. Zehn Jahre lang konnte er in Deutschland nicht mehr drehen.

Unser Set fürs Interview war fast fertig eingerichtet. Die Kameras postiert, die großen Sonnenreflektoren auf unsere Gesichter fokussiert, die Tonangel schon ausgefahren. Jetzt kam Anja, zuständig für unsere Maske, für die letzten Korrekturen. Ferdinand Trenker lachte: »Das hätte der Luis nie erlaubt. Ich lass mich doch nicht anmalen wie fürs Theater, hatte er gesagt, als er bei seiner ersten Rolle zur Maske sollte.«

Trenker war als Bergführer und Helfer angetreten und wurde vom Fleck weg engagiert. Bald war er Hauptdarsteller, Regisseur und Produzent.

Wettergegerbt und sonnengebräunt, wie er war, brauchte er auch keine Maske wie andere, die von des Gedanken Blässe angekränkelt waren und daher dringend eine künstliche gesunde Gesichtsfarbe benötigten. Trenker hat den Freilichtfilm, den »Film ohne Schminke«, hoffähig gemacht. Er wollte keine »Maske« im Gesicht, er wollte er selbst sein. Echt sein. Er wollte echte Klettertouren, keine fingierten, und wollte echte Natur, keine Kulissen. Doch sosehr Trenker auch bei allen seinen Filmen die realistische Natürlichkeit in den Mittelpunkt stellte, erschuf er doch wieder eine Kunstwelt der Berge. Und nicht die Wirklichkeit neu.

Ferdinand Trenker, sein Sohn, der sich auch einmal als Filmemacher versucht hat mit einem Dokumentarfilm über die Entwicklung des Skilaufens in den Alpen, ließ sich brav nachpudern wie ich.

Immerhin, dachte ich mir, habe auch ich mich noch nie doubeln lassen, obwohl meine Aktionen wie Gleitschirmfliegen, Schluchtenlift und Hubschrauberrettung weit weniger spektakulär waren als die waghalsigen Szenen von Luis Trenker.

Persönlich habe ich Luis Trenker nie kennengelernt. Aber bei den Aufnahmen zu »Melodien der Berge« hatte ich dennoch zum ersten Mal Gelegenheit, mit ihm zu sprechen. Auf ganz spezielle Weise, über Raum und Zeit hinweg. Es war auf der Seiser Alm, die Trenker so sehr liebte.

Die Seiser Alm ist nicht nur die größte Hochalm Europas, sondern bis heute einer der schönsten Almböden der Alpen. Auch wenn sie im Sommer von Touristen überschwemmt wird, saugt dieses einzigartige Naturparadies mit ihrer Großzügigkeit und Weite alle ihre Gäste auf wie ein Schwamm. Sie verschwinden in ihrer verschwenderischen Natur. Nur der Eingang zur Seiser Alm mit ihren Lokalen und Hotels ist ein alpines Ballungszentrum, die laute Schleuse in eine in sich ruhende Natur. Weiter hinten, Richtung Langkofel und Plattkofel, ist das Reich der Saltner, der Almhirten, die dort für das Wohlergehen der Kühe, Ziegen und Pferde sorgen.

Einer dieser Pferdeflüsterer ist Norbert Rier aus Kastelruth, der Kopf der Kastelruther Spatzen. Wer ihn einmal wie ich auf der Seiser Alm in seiner blauen Schürze inmitten seiner Haflinger erlebt hat, der weiß, wo sein Herz am heftigsten schlägt und wo die Tankstelle für seine Seele ist.

Auch Oswald Sattler ist überzeugter Almbauer auf der Seiser Alm. Und Luis Trenker war als Bub in den Sommermonaten als Hüterbub auf der Seiser Alm. Deswegen hatten wir uns für meine Begegnung mit Luis Trenker diesen Ort ausgesucht. Denn die Seiser Alm war für Trenker seit den Kindertagen ein Naturparadies. Ich konnte mich noch erinnern an seine Erzählungen von den furchtbaren Gewittern, die er dort erlebt hat, die seinen Respekt vor den Gewalten der Natur und seine Ehrfurcht vor der Schöpfung begründeten. An seine enthusiastischen Schilderungen der betörend bunten Blumenwiesen, die in allen Farben des Regenbogens strahlten. Das taten sie auch an diesem Nachmittag. Es war ein leuchtend schöner Sommertag.

Unser Platz war nahe der legendenumwobenen Hexenbänke beim Puflatsch. Rechts von uns der Schlern, ein markantes Wahrzeichen Südtirols, gut zu sehen, wenn man auf der Autobahn nach dem Brenner durchs Eisacktal fährt. Vor uns die weit geschwungene Hochfläche der Seiser Alm und am Horizont der Langkofel, Trenkers Bergideal.

Bei den Hexenbänken also. Mein Gespräch mit Luis Trenker hatte allerdings nichts mit Magie zu tun, abgesehen vom magischen Zauber der Seiser Alm. Die Schlernhexe, die dort in manchen Nächten ihr Unwesen treiben soll, ließ sich an diesem hellen Nachmittag nicht blicken.

Wir hatten nämlich lediglich elektronischen Kontakt, führten sozusagen ein fiktives Gespräch, dank der Technik vollkommen unabhängig von Orten und Jahren. Dafür hatten wir uns aus den Stunden und Aberstunden der Sendungen »Luis Trenker erzählt« des Bayerischen Fernsehens bestimmte Passagen herausgesucht. Dann überlegte ich mir ein paar passende Fragen dazu.

Die schönste Stelle kam zum Schluss, und sie ist für mich

der Inbegriff von Luis Trenker. Er erzählt von einer Bergtour mit seinem Vater. Auf dem Gipfel angekommen, er-
mahnt ihn sein Vater zu höchster Vorsicht in den Bergen.
Und Luis erinnert sich gut 60 Jahre später voller Inbrunst
und Pathos, in die sich unfreiwillige Komik einschleicht
und die uns als Kind immer schon begeistert hat: »Auf-
passen, Bub! Der kleinste Fehler ... und du bist ein Leben
lang tot.«

Luis Trenker hat sie alle überlebt. Bis heute.

Man mag über Luis Trenker denken, was man will, er hat
Alpenfilm und Alpenfernsehen geprägt und dabei beiden
wichtige Impulse gegeben. Im Mittelpunkt standen bei ihm
die »heroischen Alpen«, am liebsten mit ihm selbst als Helden. Es ging ums Bezwingen, ums Bezwingen der Berge,
der Gefühle, des Schicksals. Und alles war mindestens so
hoch, schön und gewaltig wie sein Grödner Heimatberg,
der Langkofel. Auch wir machen mit unseren »Melodien
der Berge« Alpenfernsehen. Und natürlich machen wir uns
auch immer wieder Gedanken darüber, welches Bild der
Berge wir zeigen, welche Alpensicht wir vermitteln wollten.

Da war es ein Moment von feiner Ironie, dass ich etwa
zeitgleich mit dem Beginn meiner musikalischen Reisen
in die Berge in eines der Defregger-Häuser ins ehemalige
Künstlerviertel am Münchner Englischen Garten gezogen
bin. Ich hatte den Namen Defregger schon einmal gehört,
konnte aber nichts Genaues damit verbinden, bis ich der Sache nachging. Franz von Defregger war als Bauernsohn in
Osttirol geboren worden. Ende des 19., Anfang des 20. Jahrhunderts war er einer der erfolgreichsten Maler der Münchner Schule um Karl von Piloty und wurde wegen seiner
Erfolge in den Adelsstand erhoben. Er war der Erste, der
Motive aus dem bäuerlichen Alltagsleben der Tiroler Berge

sowie dramatische Szenen aus dem Tiroler Freiheitskampf von 1809 in den Mittelpunkt seiner Bilder rückte. Seine Bilder tragen Titel wie »Sennhütte«, »Wilderer«, »Zitherspieler«, »Tischgebet« oder »Wallfahrer«, und sie sind von einer solchen malerischen Genauigkeit und künstlerischen Tiefe, dass der Betrachter sich direkt in die Szene hineingezogen fühlt und glaubt, selbst dabei zu sein. Es ist mir immer ein Vergnügen, sie zu betrachten, denn ihre Protagonisten sind, selbst wenn gelegentlich ein wenig Spott mit im Spiel ist, mit Herzenswärme und Humor gezeichnet. Als erster Genremaler der Alpen bewies Defregger so viel Meisterschaft, dass ihm sein Ruhm sogar zeitweise einen eigenen Saal in der Berliner Nationalgalerie eintrug. Defregger war ein Geschichtenerzähler der Berge, er zeigte künstlerisch gestaltete Alltagsszenen und schuf damit auch einzigartige Zeitdokumente. Damit prägte Defregger für eine ganze Generation das Bild der Alpen und ihrer Bewohner.

Längst macht sich jeder sein eigenes Bild von den Bergen, das aus unendlichen Facetten zusammengefügt ist, selbst erlebten oder vorgefertigten. Die einen sehen sie mit künstlerischen Augen, andere verklären sie als heiles Naturparadies und wieder andere empfinden sie als Abenteuerort oder attraktive Freizeitregion. Auch wenn wir mit unserer Sendung keine künstlerischen oder aufklärerischen Ansprüche verfolgen, sondern »nur« unterhalten und berühren wollen, so war es mir von Anfang an wichtig, die Alpen nicht nur als hübsche Kulisse für eine Fernsehsendung zu gebrauchen. Ich war neugierig zu erfahren, wie die Menschen leben, wie sie feiern, was sie bewegt, welche Ideen sie in sich tragen. Und da zeigten sich in den Themen und Motiven plötzlich starke Berührungspunkte mit den Bildern Defreggers, die ich gesehen hatte. Wie Defregger wollte ich einen Ausschnitt aus der Lebenswirklichkeit der Menschen in den Bergen zeigen, auch in ganz normalen Alltagssituationen.

Am schönsten war es immer, wenn ich als Gast eingebunden wurde in die Szene, zu der ich wie zufällig dazustieß. Meine Rolle als Moderator ist es, als Reisender neue Welten zu entdecken. Natürlich komme ich gut vorbereitet dazu, denn bekanntlich »sieht man nur, was man weiß«. Es ist dabei kein Zufall, dass es meist ganz »normale« Menschen sind, die in unseren Sendungen im Mittelpunkt stehen, und nicht Titelträger oder Honoratioren, Politiker oder Prominente. Letztere vor die Kamera zu holen, ist keine Kunst, sie sind es gewohnt. Ihre Professionalität birgt aber auch die Gefahr der routinierten Langeweile. Spannend wird es, wenn Menschen mit ungewöhnlichen Biografien, die eine besondere Leistung erbracht oder eine spezielle Begabung haben, eine Region charakterisieren und repräsentieren. Mit ihrer Sprache, ihrer Tracht, ihrem Brauchtum, ihrem Handwerk, ihren Lieblingsgerichten, mit ihren Überzeugungen und Sehnsüchten.

Als Moderator versuche ich immer, dieses Besondere herauszukitzeln. Das Bild der Berge, das wir mit unserer Sendung vermitteln, ist darüber hinaus bestimmt durch großartige Naturaufnahmen, die auch mich immer wieder in Staunen versetzen, wenn ich schließlich die fertige Sendung sehe. Allen voran die Flugaufnahmen mit ihrem einzigartigen Blick auf die Alpen, die sonst allenfalls den Könnern unter den Kletterern vorbehalten bleiben. Sie zeigen komprimiert in wenigen Minuten die ganze Größe und Gewalt, die ganze Schroffheit und Schönheit, die ganze Kühnheit und Komplexität dieser mitteleuropäischen Erdfalten.

All diese Aufnahmen verdichten sich in meinem Kopf zu einem großen Bild von in Stein komprimierter Energie, und wenn ich malen könnte, dann würde mein Bild der Berge vielleicht ähnlich ausfallen wie das von Fritz Comployer aus dem Stubaital. Ihn haben wir bei einer Freiluftmalerei im Malerwinkel Herzeben mit seinen alten Holzhäusern vor der Stubaier Bergwelt beobachtet: Mit kräftigen, kantigen Strichen zeichnete er seine Heimat auf dem schmalen Grat zwischen konkreter und abstrakter Malerei als wilde und anheimelnde Bergwelt zugleich.

Zu den spektakulären Bildern der Natur, mit Flugaufnahmen oder mit sorgfältig gewählten Drehorten, kommt ein weiterer wichtiger Aspekt hinzu: »Melodien der Berge« ist trotz der dominierenden volkstümlichen Musik, die so etwas nahelegen könnte, keine Sendung mit Klatschmaschinen-Rhythmus und Gute-Laune-Verpflichtung bei Stimmungskanonen. Mir geht es in erster Linie um Stimmigkeit und nicht um Stimmung, ich möchte den Blick weiten auf Natur, Kultur und Geschichte und nicht verengen auf künstliche Holzhüttenarchitektur und Fröhlichkeitshäppchen.

Aus diesem Grund waren wir mit unserer Sendung die Ersten, die konsequent in die großartige Natur der Bergwelt gegangen sind. Dafür haben wir auch in Kauf genommen, dass die Produktionsbedingungen nicht immer ganz leicht waren. Das Wetter konnte einem ebenso einen Strich durch die Rechnung machen wie versperrte Bergstraßen, lange Anfahrtswege und fehlende Anschlüsse. In Partschins bei Meran haben wir einmal drei Stunden auf den Moment gewartet, in dem in einem azurblauen Himmel die eine, einzige Wolke im ganzen Vinschgau endlich über dem Ort verschwand. Im Ötztal hatten wir fast eine Woche Regen ohne einen einzigen Blick aufs Hochgebirge. In Osttirol blieb die Schranke zum wunderbaren Almboden mit dem schönen

Namen Innergschlöß beim Großvenediger trotz Drehzusage eisern zu. Man empfahl uns eine Anfrage im Ministerium. Das hätte drei Tage gedauert. Also sattelten wir auf Pferdefuhrwerke um. Im Zillertal gab unser Übertragungswagen mitten auf der Bergstraße mit Getriebeschaden auf. Von den vielen Flugzeugen, Motorrädern, Traktoren und Rasenmähern nicht zu reden, die jede Moderation von der Akustik her zu einem Glücksspiel machen.

Um nicht mehr abhängig zu sein von den Wechselfällen der Realität, gründete Hollywood seine Traumwelt der Studios. Wir wollten die Alpen aber nicht als Studiokulisse, sondern als lebendige Natur. Selbst die Musikclips zwischen den Geschichten, die wir erzählen, haben als Kulisse die Bergwelt der Sendung. Was die Musik angeht, so scheiden sich die Geister. Auch mir gefällt nicht jeder Titel in unserer Sendung. Und ich höre oft klassische Musik, Jazz oder Rock. Es gibt aber viele Menschen, die gerne volkstümliche Musik hören. Übrigens weit mehr als diejenigen, die sogenannte »echte Volksmusik« bevorzugen. Man könnte lange darüber diskutieren, wie dieses »echt« definiert wird. Spielen die volkstümlichen Musikanten etwa »falsch«? Alle, die ich kennengelernt habe, sind hervorragende Musiker und beherrschen auch das klassische Repertoire der Volksmusik. Sie haben sich aber entschieden, eine Musik zu machen, die bei vielen Menschen ankommt, und verdienen ihr Geld damit. Das ist ihr gutes Recht, und keiner sollte darüber die Nase rümpfen.

Die volkstümlichen Musikanten sind meist weit weniger volksdümmlich, als ihre kulturbeflissenen Kritiker meinen. Ich würde mir da weniger Berührungsängste und Engstirnigkeit unter den Kritikern wünschen. Wir jedenfalls zeigen Hütten und Paläste, hohe Berge und enge Täler, Hochkultur und Bauernwelt, Nord und Süd, jung und alt, warum nicht auch volkstümliche Musik und Volksmusik? Mir gefällt Volksmusik auch sehr gut.

Ein gutes Beispiel für die seltsamen Verwerfungen bei der Musik der Berge war der »Stanglwirt« in Going. Dieses Haus ist heute überall bekannt als Promihotel und Schicki-Micki-Gasthof und in den Klatschspalten zu Hause. Es ist ein Ort für Partys des Jetset und sich für keinen Marketing-Gag zu schade. Auf der anderen Seite ist es ein traditionsreiches Wirtshaus in Familienbesitz, eine alte Poststation und ein sehr geschmackvolles Hotel mit ökologischen Grundsätzen. Die Familie Hauser, der das ganz Anwesen gehört, pflegt den schönen Brauch der Hausmusik, und seit Jahrzehnten ist das alte Haus Schauplatz eines beliebten Sänger- und Musikantentreffens.

Mich faszinierte diese Familiengeschichte hinter dem glitzernden High-Society-Hotel, und ich wollte zeigen, wie die längst weltläufige Familie ihren Zusammenhalt nicht zuletzt im gemeinsamen Musizieren findet. Das ist mir leider nicht gelungen, denn die Familie weigerte sich, in einer Sendung mit volkstümlicher Musik mitzuwirken, obwohl Hansi Hinterseer und andere Stars der Szene beim »Stanglwirt« ein und aus gehen. Ich habe trotz ausgedehntem Briefwechsel bis heute nicht verstanden, warum. Die Familie wäre bei mir mit Sicherheit auf eine seriösere Weise einem großen Publikum präsentiert worden als mit den seichten Society-Events des Luxushotels. Die Hausers waren im Übrigen beileibe nicht die einzigen Verweigerer. Hinter vorgehaltener Hand habe ich dann schon das eine oder andere Mal gehört, man habe einfach Angst, dumm angemacht zu werden von Musikantenkollegen, und wolle auch nicht ausgeschlossen werden. Gruppendruck und soziale Ächtung sind nicht nur in den Bergen bekannte Phänomene. Aber vielleicht ist das nur ein Gewöhnungsprozess, und die Unvereinbarkeitsbeschlüsse der sogenannten »echten Volksmusik« verschwinden eines Tages von allein.

An meine Rolle als Moderator einer Alpensendung mit volkstümlicher Musik musste auch ich mich erst gewöhnen. Anfangs fiel es mir sogar schwer, mich selbst im Fernsehen zu sehen. Selbst- und Fremdwahrnehmung stimmen ja bei vielen Menschen nicht überein. Und ich hatte Mühe, mich daran zu gewöhnen, Projektionsfläche für die Zuchauer zu sein, die ihr eigenes Leben, ihre Sehnsüchte, Hoffnungen, Erinnerungen und Erfahrungen auf die Sendung und ihren Moderator übertragen. Im Positiven wie im Negativen. So wie das wohl bei den meisten Sendungen der Fall ist. Die Reaktionen kommen dabei nicht nur von älteren Zuschauern, sondern von allen Altersschichten, schließlich sind wir ein Programm für dir ganze Familie.

Und längst habe ich das schöne Gefühl, in die eine oder andere Familie aufgenommen worden zu sein. Klar geworden ist mir das vor einigen Jahren bei Dreharbeiten in Garmisch-Partenkirchen. Ich stand in Partenkirchens Prachtstraße, der Ludwigstraße, etwas abseits am altehrwürdigen »Posthotel«. Die Straße lag träge und leer in der heißen Sommersonne an diesem Samstagnachmittag. Von Ferne sah ich gemächlich einen Radler kommen. Er war in Partenkirchner Tracht mit Gamsbarthut und offensichtlich auf dem Nachhauseweg von der Garmischer Trachtenwoche. Er war schon im Seniorenalter, und sein etwas wackeliger Fahrstil ließ auf ein paar Maß Bier schließen, die er mittags getrunken hatte. Der stattliche Mann auf dem alten Rad blickte mich mit ausdruckslosem Gesicht unentwegt an, als er näher kam. Es arbeitete offensichtlich in ihm, aber er wusste nicht, wo er mich schon einmal gesehen hatte. Da, plötzlich, als er fast schon vorbei war, platzte es aus ihm heraus: »Ja griaß di, Micherl«, sagte er mit dröhnendem Bass und leicht schwerer Zunge, als ob ich schon lange zur Familie gehören würde. Und fuhr ungerührt weiter. Da wusste ich, dass ich es nicht nur in die Wohnzimmer geschafft hatte, sondern auch in die Herzen mancher Menschen.

Für meine Zuschauer bin ich nur noch »der Michael« und werde mit »Du« angesprochen, wie es in meiner Sendung üblich ist.

Meine erste Begegnung mit meinen »Fans« hatte ich in einer Münchner Trambahn. Ich stieg an einem Sommervormittag am Max-II-Denkmal unterhalb des Maximilianeums in einen Großraumwagen der Linie 19, um zum Stachus zu fahren. Der Wagen war um diese Uhrzeit fast leer, und jeder Neuankömmling war den prüfenden Blicken der Mitfahrer ausgesetzt. Eine ältere Frau sah mich lange an. Dann sagte sie: »Ich kenne Sie. Sie sind vom Fernsehen, Sie lachen immer so nett.« Das sagte sie natürlich nicht genau so, in Hochdeutsch, sondern in einem wunderbaren, leicht vergilbten Müchnerischen Schriftdeutsch: »I kenn Sie. Sie san vom Fernseh. Sie lachan imma so nett.« Ich war völlig verblüfft und wusste nicht, was ich erwidern sollte. Schlagfertig ist man ja bekanntlich immer erst hinterher. Also sagte ich einfach: »Ja.« Und ich lächelte nett. Die Frau in der Trambahn hatte mich verwirrt. Lachte ich im Fernsehen zu viel? War ich etwa einer dieser Dauergrinser, die aus jedem Blödsinn noch eine frohe Botschaft machten? Seither muss ich bei vielen Auftritten darüber nachdenken, ob ich jetzt wieder nett lache. Denn »der nette Moderator« wäre ja ein vernichtendes Urteil. Ein Lächeln ist zwar immer nett, aber ein nettes Lachen kann auch leicht blöd aussehen. Ein diabolisches Lächeln nie. Ein fieses Lächeln auch nicht. Ich musste mir aber eingestehen, dass mir ein diabolisches oder fieses Lächeln nun einmal nicht gegeben ist. Immerhin kann ich ganz gut aufgesetzt lachen. Ein guter Freund von mir hat mir dieses unechte Lachen, hinter dem sich stets ein wenig Zynismus verbarg, immer sofort um die Ohren gehauen mit der trockenen Bemerkung: »Falsches Lachen.« Das reichte, damit ich sofort aufhörte. Ich nahm mir vor, in Zukunft immer zumindest gewinnend zu lächeln und ab und zu ein Siegerlächeln zu testen.

Ich begann stärker auf meinen Auftritt vor der Kamera zu achten, denn die Zuschauer achteten auf die Details, das zeigten die Zuschriften. Und sie waren mir durchaus nicht immer so wohlgesonnen wie die ältere Dame aus der Münchner Trambahn.

Als vor einigen Jahren die siegreichen bayerischen Olympioniken von den Winterspielen in Lake Placid zurückkehrten, war ich für das Bayerische Fernsehen als Willkommensreporter am Münchner Flughafen. Ich habe lange überlegt, was ich anziehen sollte und mich für einen dicken Winterpullover entschieden, auf dem auf der Brust die amerikanische Flagge prangte. Das war ein schwerer Fehler, wie sich ein paar Tage später zeigen sollte. Da erreichte mich ein erboster Brief eines Zuschauers an den Intendanten, warum ich als Vertreter Bayerns diesen Kotau vor den USA mache. Wer kein Bayer sei und dies auch zeige, habe im Bayerischen Fernsehen nichts verloren.

Was von mir als nationenverbindendes Symbol in sportlichem Sinne gedacht war, wurde vom Publikum offenbar als Vaterlandsverrat gedeutet. Ich musste an Dürrenmatts Stück ›Des Teufels General‹ denken, das im Dritten Reich spielt und das ich in der Verfilmung mit Curd Jürgens gesehen habe. Darin gibt es einen genialen kleinen Monolog des Generals Harras, in dem er einem jungen Offizier, der mit seiner fehlenden »Reinrassigkeit« hadert, die Leviten liest:

Da war ein römischer Feldherr, schwarzer Kerl, der hat einem blonden Mädchen Latein beigebracht. Dann kam 'n jüdischer Gewürzhändler in die Familie. Das war 'n ernster Mensch. Der 's schon vor der Heirat Christ geworden und hat die katholische Haustradition begründet. Dann kam 'n griechischer Arzt dazu, 'n keltischer Legionär, 'n Graubündner Landsknecht, ein schwedischer Reiter ... und ein französischer Schauspieler. Ein ... böhmischer Musikant. Und das alles hat am Rhein gelebt, gerauft, gesoffen, gesungen und ... Kinder jezeugt. Hm? Und der Goethe, der kam aus demselben Topf, und der Beethoven, und der Gutenberg, und der ... Matthias Grünewald. Und so weiter, und so weiter ... Das war'n die Besten, mein Lieber. Vom Rhein sein, das heißt: vom Abendland. Das ist natürlicher Adel. Das is Rasse. Sei'n Sie stolz drauf, Leutnant Hartmann ...

Das gilt natürlich nicht nur fürs Rheinland, sondern auch für die Alpen. Vielleicht sollte man allen, auch den musikalischen, Vertretern der reinen Lehre diesen Monolog als Nachtlektüre empfehlen. Nicht um solchen Wahnideen wie Rassenlehre und Ariertum vorzubeugen, das hat sich hoffentlich endgültig erledigt, sondern um daran zu erinnern, wie vielfältig und bunt, wie reich und überraschend das Leben ist. Und wie langweilig die Monokultur.

Sogar die möglichen körperlichen Folgen meines vollen Einsatzes bei den Dreharbeiten zu »Melodien der Berge« haben einige meiner Zuschauer beschäftigt. »Ja, wie bleibst denn du so schlank?«, haben schon viele meiner Zuschauer erstaunt ausgerufen, als sie mir einmal persönlich begegnet sind. »Du wirst doch immer eingeladen, und immer sieht man dich beim Essen und Trinken.« Diese durchaus respektvolle Bemerkung beruht allerdings auf zwei Denkfehlern. Erstens bin ich nicht wirklich schlank, ich habe keinen muskulösen Waschbrettbauch, wie es heute gang und gäbe ist, sondern bin meistens nur vorteilhaft angezogen. Relativ schlank bin ich nur gemessen an den Mengen, die ich vor der Kamera vorgesetzt bekomme. Der zweite Denkfehler liegt darin, anzunehmen, dass ich tatsächlich alles essen und trinken würde, was da dann immer so vor mir steht. In der Vorstellung meiner Zuschauer sitze ich anscheinend den ganzen Tag auf einer herrlichen Hütte, schnabuliere die erlesensten Köstlichkeiten und lasse mir dazu Wein oder Bier schmecken. Die Wirklichkeit sieht leider anders aus. Kaum ist die Szene abgedreht, werden die kulinarischen Köstlichkeiten vor meinen Augen wieder abgeräumt, das Set wird abgebaut, und es geht zum nächsten Drehort. Und ganz ehrlich, ich wäre auch oft gern sitzen geblieben bis zur blauen Stunde, um jede Sekunde und jedes Schmankerl zu genießen. Ich schmunzele deshalb immer, wenn ich höre, wie unsere kulinarischen Geschichten im Gedächtnis bleiben. Und ich bin froh darüber, dass wir es offensichtlich geschafft hatten, bei den Zuschauern die Sehnsucht zu kitzeln, sie emotional zu berühren und freilich auch ein wenig Neid zu wecken! Beim Essen und Trinken konnte eben jeder mitreden und war bei der Sache. Es war aber mehr als die Nahrungsaufnahme allein. Es war jener magische Moment, der einen den Alltag vergessen und ganz in das unbeschwerte Gastmahl mit Freunden eintauchen lässt. Und deshalb habe ich gerne auch oft mit einem leisen Seufzer gehört: »Ach, wie gern wäre ich da dabei gewesen.«

Ein schönes Beispiel für Wahrheit und Drehkunst beim

Fernsehen erzählte mir schmunzelnd Franz Graf Spiegel-feld, als ich ihn auf seinem Schloss in Schenna besucht habe. Dieses Schloss bei Meran ist eines der bedeutendsten Schlös-ser in ganz Südtirol. Es wurde vor rund 750 Jahren erbaut und war im Besitz einer ganzen Reihe namhafter Tiroler Adelsfamilien. Berühmt wurde es als Residenz des österrei-chischen Erzherzogs Johann, des Grafen von Meran, und es wird bis heute von seinen Nachkommen bewohnt: Johanna Gräfin von Meran und ihrem Mann Franz Graf Spiegelfeld.

Wie der große Ahnherr ist auch die heutige Familie sehr menschenfreundlich und vielseitig, sie öffnet ihr Haus Besuchern und der Graf persönlich führt charmant und mit Witz durch das sehenswerte Haus. Eine Besichtigung des Schlosses lohnt übrigens nicht nur wegen des unterhalt-samen Grafen. Es bietet auch Einblicke in adelige Prunk-räume vergangener Jahrhunderte, es beherbergt die sehens-werte Waffensammlung von Erzherzog Johann sowie die größte private Andreas-Hofer-Sammlung mit seiner Wiege und dem einzigen zu Lebzeiten gemalten Porträt. Außer-dem betreiben die Schlossherren ein gut besuchtes Wirts-haus und widmen sich dem Apfelanbau.

Die Verbindung Graf und Apfelbauer gefiel mir, und wir dachten uns eine hübsche kleine Szene aus, in der ich auf einem Spaziergang durch einen Apfelgarten »zufällig« den Apfelbauern und seine Frau bei der Arbeit treffen sollte. Natürlich duzte ich dann beide, so wie es auf dem Feld und in über 1000 Metern Höhe üblich ist. Erst im weiteren Ver-lauf der Szene sollte sich herausstellen, wer da wirklich vor mir stand, und ich lud beide als kleine Wiedergutmachung für meinen vermeintlichen protokollarischen Fauxpas zu einem Essen ein, das Sternekoch Alfons Schuhbeck zube-reitete. So hatten wir uns die Geschichte ausgedacht.

Nach der Ausstrahlung der Sendung kamen viele Besucher ins Schloss, die die Sendung gesehen hatten und den Grafen darauf ansprachen; unter ihnen eine ganz begeisterte ältere Dame: »Also, dass Sie den Herrn Harles grade im Apfelgarten getroffen haben. So ein Zufall! So ein Glück möchte ich auch mal haben. So ein Zufall!«

Leben und Tod

Es war ein Septembertag im Jahre 2003 mit einem Morgenlicht, das klarer nicht sein konnte. Gestochen scharf erhoben sich schon bei Tagesanbruch die Dolomiten mit dem sagenumwobenen Rosengarten am Horizont. Auf halbem Weg dorthin lag unser heutiges Ziel: Welschnofen. Seltsamer Name. Genauso wie das benachbarte Deutschnofen. Verlief hier die Grenze zwischen den Deutschen und den »Welschen«, den Südländern, denen es der Überlieferung nach zu misstrauen galt? Und was sollte das Ofen im Namen?

Toni Mahlknecht, die betagte Welschnofner Bergführerlegende, mit der wir in einem Gasthof verabredet waren, hatte die Antworten auf meine Fragen. Getrennt wurden die Ortsnamen nach dem »Deutsch-« und dem »Welsch-« und »-nofen« stand für neu, also für eine neue Rodung oder Ansiedlung. Die Namen der Orte bewahrten tatsächlich die Erinnerung an eine historische, aber längst der Vergangenheit angehörende Sprachgrenze. Die neuen Siedler kamen aus dem nahen Fassatal und sprachen rätoromanisch und damit für die anderen Neuankömmlinge, die Bajuwaren unverständlich, »welsch« eben, wie das bis weit in die Neuzeit hinein genannt wurde. Im Kauderwelsch, dem wirren Durcheinanderreden, hat sich das Wort ebenso erhalten wie im Rotwelsch, der Gauner- und Vagantensprache des Mittelalters.

Bis heute hat sich das Rätoromanische in Form des Ladinischen in einigen Tälern vor allem der Östlichen Dolomiten bewahrt, und die rund 2000 Jahre alte Sprache und Kultur wird zäh verteidigt. Ein geradezu typisches Merkmal der Alpentäler: das Beharren auf der eigene Kultur, den eigenen Traditionen, den sprachlichen und kulturellen Eigenheiten. Das Eggental gehörte aber schon lange nicht mehr zu den ladinischen Kernländern. In Welschnofen sprach man deutsch, ein gepflegtes Südtiroler Bergdeutsch.

Welschnofen und Deutschnofen sind die Hauptorte des Eggentals und des dazugehörigen Hochplateaus östlich von Bozen. Es ist eine von Wiesen und Wäldern eingesäumte, reich gegliederte Kulturlandschaft. Wie in einem Amphitheater reihen sich die Gebirgsketten ringsum aneinander: im Osten der Schlern, der Rosengarten und der Latemar; im Süden der Zanggen, das Schwarz- und Weißhorn; von Westen nach Norden über dem Etschtal das Mendelgebirge und dahinter die Viertausender des Ortlermassivs bis hin zu den Ötztaler und Stubaitaler Alpen.

Toni Mahlknecht sollte uns in diesem alpinen Theater an die schönsten Flecken führen. Schließlich kannte er sich in seiner Heimat aus wie in seiner Westentasche, denn er hatte sein Leben lang Gäste durch diese Bergwelt begleitet und war nun bekannt für seine Diavorträge, in denen er landauf, landab von seinen alpinen Taten berichtete. Aber auch vor dem Leichtsinn in den Bergen warnte. Und genau darüber wollte ich mehr von ihm wissen. Wir wollten mitten im sagenumwobenen Rosengarten ein Gespräch führen über Ausrüstung und Vorbereitung für Bergtouren. Denn der Tod war bei Berg- und Klettertouren ein ständiger Begleiter, es ging im Hochgebirge immer ums Überleben.

Toni war ganz in seinem Element und sprühte vor Lebenslust. Endlich war wieder richtig was los, so wie früher, als er die berühmten Gäste hatte und die großen Touren ging. Mit einem verschmitzten Lächeln reihte er Anekdote an Anekdote: die vom dicken deutschen Industriellen, den er trotz heftigen Widerstands mit allerlei Tricks doch noch auf einen Latemargipfel gehievt hatte und der ihm sein Leben lang dankbar war; die vom deutschen Fernsehregisseur, für den er immer eine ganze Flasche Schnaps im Rucksack haben musste für die Hüttengaudi nach dem Gipfelsieg; und die von dem dummen Weibsbild, das ihn mit ihrem aufmüpfigen Getue so lange nervte und alle in Gefahr brachte, bis er sich mit einer kräftigen Ohrfeige den nötigen Respekt am Berg verschaffte. Hinterher verstanden sie sich natürlich wieder prächtig. Wie hätte man dem Toni auch lange böse sein können? Mit Toni auf Tour zu gehen, musste wirklich sehr kurzweilig sein.

Sein Handy klingelte. Es war seine Frau Rosa. Sie wollte wohl wissen, wo er denn wieder so lange blieb. Wahrscheinlich war er immer unterwegs, und sie, die arme Ehefrau, musste ihr Leben lang auf ihn warten, bis er von seinen Exkursionen heimkehrte. Aber ganz so war es keineswegs, wie sich bald herausstellen sollte. Als Toni aufgelegt hatte, sagte er, Rosa lasse mich ganz herzlich grüßen, sie versäume keine Sendung der »Melodien der Berge«. »Ja, wenn der Michael kommt, dann habe ich nichts mehr zu melden«, grinste Toni. Ich war etwas überrascht. Ich wusste nicht, dass unsere Sendung, die ja nur in Deutschland ausgestrahlt wurde, auch in Südtirol beliebt war. Ich bedankte mich für die Grüße und fragte der Höflichkeit halber weiter nach Rosa. Toni schwärmte von seiner Frau wie ein frisch Verliebter.

»Sie hält die ganze Familie zusammen und kümmert sich um alle. Na ja, sie hat auch ein Leben lang gearbeitet.«

»Was denn?«, wollte ich beiläufig wissen und erwartete die übliche Geschichte vom Leben einer Bergbauersfrau am steilen Hang.

»Sie war Hebamme.« Ich blickte ihn überrascht an. Hebamme? Ich war sofort fasziniert. Hebamme in der Südtiroler Bergwelt in einer Zeit, als es kaum geteerte Straßen gab und die Menschen auf den entlegenen Bergbauernhöfen im Winter oft tagelang von der Außenwelt abgeschnitten waren. Diese Geschichte wollte ich hören.

Ich bat Toni, seine Frau zu fragen, ob sie nicht zu einem Gespräch mit mir über ihr Leben und ihren Beruf vor der Kamera bereit wäre. Am nächsten Tag telefonierte ich mit Rosa. Sie hatte eine weiche und warme Stimme, die aber zugleich sehr bestimmt und sicher war. So wie eine Grundströmung in einem Gewässer, das einen weich umspült, dem sich zu widersetzen aber großen Kraftaufwand erfordert hätte. Diese Frau wusste offensichtlich genau, was sie wollte, und lebte wahrscheinlich gemäß dem klassischen Motto: verbindlich im Umgang, aber hart in der Sache. Ich sagte ihr, was ich gern von ihr geschildert bekommen wollte, und sie war sofort bereit, das auch vor der Kamera zu erzählen. Also verabredeten wir uns für den nächsten Tag.

Als wir am vereinbarten Treffpunkt ankamen, saß sie auf der Holzbank vor dem Bauernhof ihrer Nichte auf dem Regglberg und wartete. Das mächtige Haus hätte schöner nicht stehen können – auf einer Hügelkuppe der Hochebene zwischen Bozen und den Dolomiten mit dem Rosengarten zum Greifen nah. Rosa saß gelassen da wie die alte Medizinfrau eines Naturvolkes und strahlte Ruhe aus. Sie konnte offensichtlich warten, ohne das Gefühl zu haben, etwas zu verpassen. Vom ersten Augenblick an erinnerte mich Rosa an meine Mutter, die damals noch lebte. Der Grund lag nicht darin, dass beide ähnlich betagt waren. Meine Mutter Paula war weit in den Achtzigern, Rosa nicht sehr viel jünger. Es gab auch keine große äußere Ähnlichkeit. Die Gemeinsamkeit zwischen der Hebamme und meiner Mutter war von anderer Art. Es war die Ausstrahlung, die innere Energie und zugleich diese gelassene Ruhe von Rosa, die mich unwillkürlich Parallelen zu meiner Mutter ziehen ließen. Auch meine Mutter war ihr Leben lang berufstätig gewesen. Mit 19 Jahren hat sie ihre erste Stelle als Lehrerin in einer Zwerggrundschule angetreten, mit allen Jahrgängen in einem Raum. Als Heimatvertriebene musste sie in Bayern ganz neu beginnen und hat bis zu ihrer Pensionierung die Schulanfänger unterrichtet. Sie hat fünf Kinder auf die Welt gebracht und großgezogen. Sie war nicht sentimental, sondern sehr pragmatisch und immer bereit, neuen Herausforderungen zu begegnen. Anders hätte sie ihr enormes Pensum als Mutter, Lehrerin und Familienoberhaupt auch gar nicht bewältigt. Im Alter erinnerte sie mich an eine Schildkröte: Die Haut wurde auf schöne Art und Weise runzelig, ihre lebenslange Agilität wich langsamen Bewegungen, durch ihre reichen Erfahrungen wirkte sie gut gepanzert gegen die Wechselfälle des Lebens, aber für ihr Innenleben hatte sie sich bis zum Schluss eine große Weichheit und Wachheit bewahrt.

Diese Art von innerer Stärke hatte sich offensichtlich auch Rosa in ihrem Leben erworben. Sie war einfach da, ganz selbstverständlich. Und von dieser Präsenz ging ein verführerischer Sog auf mich aus. Ich wollte daran teilhaben, ein Stück davon abhaben. Ich fühlte mich augenblicklich wohl in ihrer Gegenwart.

Das ist mir in den Bergen immer wieder begegnet, viel öfter als anderswo: Menschen, die sehr bei sich und in sich waren. Weit mehr als die Junkies der modernen Konsumgesellschaft, zu denen auch ich mich zählte. Einer von denen, die dem Glück hinterherjagten, weil sie denken, hinter der nächsten Biegung, da liegt das Gelobte Land.

Doch diese moderne Jagd nach dem Glück erinnerte fatal an die Geschichte vom Hasen und Igel. Man konnte noch so schnell laufen und gelangte doch nie ans Ziel. Denn hinter jeder erfüllten Sehnsucht tat sich ein neue auf, jede erjagte Beute verlor schnell an Glanz und Strahlkraft beim Blick auf das nach wie vor Unerreichte. Unzufriedenheit stellte sich ein, schließlich boten sich jeden Tag, jede Stunde, jede Minute neue Verlockungen. Doch im unendlichen Konjunktiv zu leben, ist dem Wohlbefinden nicht gerade zuträglich. Wie aber den Sirenenklängen der schönen, bunten Welt entgehen und zu jener inneren Stärke finden, sich davon nicht beeindrucken zu lassen?

Mir fiel die Geschichte von der Taufe meines Sohnes Danilo ein, damals an einem schönen, sonnigen Frühsommertag. Alle Gäste festlich herausgeputzt. Schließlich ging es in die St.-Anna-Klosterkirche, die erste Rokoko-Kirche in Altbaiern. Alle waren hochgestimmt, es gab etwas zu feiern. Die Taufe. Aber warum eigentlich? Hatte sich jemand Gedanken darüber gemacht, warum getauft wurde? Nun, wenigstens einer hatte sich gut vorbereitet auf die bunte, in der spirituellen Vorbildung sehr heterogene Taufgesellschaft: Pfarrer Peter Bleeser, ein Freund der Familie, der sich augenzwinkernd als »Bodenpersonal Gottes« bezeichnete. Bei ihm waren wir uns sicher, dass es keine langweilige Zeremonie der Floskeln und alten Hüte werden würde. Ich ahnte allerdings nicht, dass ich an seine Predigt bis heute denken würde.

»Die Taufe«, sagte er, »will den Täufling dem Teufel entreißen.« Der Teufel. Hatte der nicht längst abgedankt und ausgedient in der modernen, aufgeklärten Gesellschaft? War das nicht ein Relikt des finsteren Mittelalters, das der Papst vergeblich als Drohkulisse für die unfolgsamen Schäfchen reaktivieren wollte? Worauf wollte Peter Bleeser hinaus?

»In der griechischen Übersetzung ist der Teufel der *diabolos,* der große Zerstreuer, er bringt Verwirrung und alles durcheinander. Christus dagegen ist derjenige, der den Menschen innere Sammlung geben kann. Die Taufe will den Menschen also zu sich selbst kommen lassen.« Das fand ich einen schönen frommen Wunsch für meinen Sohn, und ich musste unwillkürlich an einen anderen Namen für den Teufel denken, an Satan. Und plötzlich traten mir Satellitenschüsseln vor Augen, die ihre Funktion in großen Lettern aufgemalt hatten: Sat-An. Satan. War die von den christlichen Parteien forcierte Ausweitung der Fernsehsender etwa gar des Teufels? Hatte der Teufel, der Satan, der *diabolos*, angesichts der aberwitzigen Flut des über Satellit bis in die letzten Winkel verstreuten Fernsehens nicht leichtes Spiel als »großer Zerstreuer«, als »Durcheinanderbringer«? Waren wir alle in diesem Sinne nicht schon längst außer uns und dem *diabolos* verfallen? Hatte das Böse nicht längst schon unbemerkt die Herrschaft im banalen Gewand der Mattscheibe übernommen? Als meschugge machende Dauerberieselung? Und welche Rolle spielte ich in diesem teuflischen Plan? Als Kind der Fernsehgeneration und als Fernsehmacher, der dem Affen auch noch Zucker gab?

Ich fragte mich, was passieren würde, wenn ein paar Tage lang jede Art von Fernsehen, jede Art von Radio oder Medienberieselung komplett ausfielen und die Menschen sich wieder mit sich selbst beschäftigen müssten. Würden sie auf die Straße laufen und eine Revolution anzetteln? Würden sie sich gegenseitig die Köpfe einschlagen, weil sie es verlernt haben, miteinander zu reden? Würden sie erst mal in tiefe Depressionen verfallen wegen der großen Leere und Stille, die sie empfinden?

In den Bergen mache ich zwar aktiv Fernsehen, aber ich schaue oft tagelang nicht in die Glotze. Die Natur, die Landschaft, die Ausblicke, die Wolken und die Luft sind weitaus spannender, selbst an Regentagen. In den Bergen stellt sich bei mir nach kurzer Zeit ein Gefühl von Ruhe und Ausgeglichenheit ein. Der Atem fließt ruhiger. Der Blick wird steter. Die Seele atmet auf.

Rosa und ich schauten mit Wohlgefühl über die ausdrucksstarken Dolomitengipfel, sie wiegte sanft das Neugeborene des Bauernhofes in einer Wiege vor uns und fing an zu erzählen.

Als sie Hebamme wurde, da gab es auf dem Land fast nur Hausgeburten. Aber die Häuser standen nicht nur in den Dörfern des Hochplateaus, sie klebten oft hoch oben am Berg, irgendwo im alpinen Niemandsland. Auch dorthin machte sich Rosa auf den Weg, wenn es Zeit war. Bei Wind und Wetter, bei Regen und Sturm und im tiefsten Winter war sie oft stundenlang zu Fuß unterwegs, immer wieder in unwegsamem Gelände. Sie hatte ihr Ziel, ihre Aufgabe: Sie wollte, dass das neue Leben gesund das Licht der Südtiroler Welt erblicke. Sie schilderte mir dramatische Geburten auf den einsam gelegenen Bergbauernhöfen, berichtete von den Familien mit zehn, zwölf, vierzehn Kindern und mehr, die sie alle zur Welt gebracht hatte, sie sprach offen über die vielen Totgeburten und die hohe Säuglingssterblichkeit. Ihr ganzes Leben ging es immer um alles. Um Leben und

Tod. Manchmal auch um ihr eigenes, wenn die Naturgewalten ihr bei den Einsätzen im Gebirge gar zu stark zusetzten. Da war kein Platz für Sentimentalitäten oder Selbstmitleid, für Unentschiedenheit oder Unverbindlichkeit. Rosa war klar, und diese Klarheit und Stärke verströmte sie. Es war wie ein unterschwelliger Rhythmus des Lebens selbst, der sich seinen Weg bahnt durch alle möglichen Irrungen und Wirrungen. Ich bin überzeugt, dass dieses Trommeln in der Natur stärker zu spüren ist als in der versiegelten Zivilisation.

Auf meinen Reisen durch die Alpen habe ich auch immer wieder die Erfahrung gemacht, wie die Berge einen Menschen berühren. Sie lassen einen nicht kalt oder lau. Sie verlangen eine Entscheidung, ein Entweder-oder. Nicht gesagt, dass es immer gut ausgeht. Nicht am Berg und nicht im Tal. Die Selbstmordrate in den engen Bergtälern ist sehr hoch, auch wenn nur hinter vorgehaltener Hand darüber gesprochen wird und offizielle Statistiken tabu sind. Wenn auf manche Hänge den halben Winter kein Sonnenstrahl fällt, dann spüre ich schon aus der Ferne den Trübsinn, der auf der Seele lasten muss. Auf der auch im Winter sonnendurchfluteten Hochebene um die Seiser Alm, in Kastelruth, Völs und den Nachbarorten, setzen schon wieder erheblich weniger Menschen ihrem Leben ein Ende als zum Beispiel in Gröden. Die Enge der Täler tut ein Übriges – tagein, tagaus eingesperrt zwischen den Bergflanken. Hinzu kommt der hohe soziale Druck in den Tälern, der Reibung erzeugt und Neid und Zwietracht sät. Gerade wenn sich die Lebensumstände ändern und die einen zu Geld kommen und andere nicht. Neid, Missgunst und üble Nachrede sind an der Tagesordnung, auch wenn nach außen der Schein der heilen Bergwelt gewahrt wird.

»In Kitzbühel sind sie dir sogar die Schulden neidig.« Der Spott geht auch dort hausieren, wo man sich mondän gibt.

Das Gespräch mit Rosa, der Hebamme, war längst zu Ende, aber wir saßen noch eine Weile zusammen und redeten weiter über Leben und Tod. Und sie gab mir noch einen Tipp, um die Magie dieser Region auf mich wirken zu lassen: das nahe gelegene St.-Helena-Kirchlein. Und das lohnt jeden Umweg! Am schönsten ist die etwa einstündige Fußwanderung von Deutschnofen durch Wiesen und Wälder mit dem ständig seine Gestalt wechselnden Rosengarten als Panorama im Hintergrund.

St. Helena ist ein besonders schöner Ort mit körperlich spürbarer spiritueller Ausstrahlung. Schon in vorchristlicher Zeit diente der Hügel als Kultstätte. Heute steht dort ein 700 Jahre altes festes Kirchlein mit dicken Mauern und einem reichen Innenleben: wunderbar leuchtenden gotischen Fresken der Bozner Schule aus dem 15. Jahrhundert mit Szenen aus dem Alten und Neuen Testament. Es lohnt sich auch, sich für ein paar Minuten der Ruhe auf die Bank bei der Kirche zu setzen und den Panoramablick auf Latemar, Rosengartenmassiv und Schlern wirken zu lassen, bis einen die die älteste Glocke der Region aus dem Jahr 1400 wieder ins Dasein zurückruft. Wenn man dann Hunger und Durst verspürt, wird man vom alten Bauernhof gleich nebenan unter dem herrlichsten Blumenschmuck auf das Wunderbarste verköstigt.

Den Rosengarten habe ich dann mit Toni am nächsten Tag besucht. Wir standen im Fels nahe der Kölner Hütte und blickten über halb Südtirol. Besonders eindrucksvoll gegen Norden die spitzen Vajolet-Türme. Kein Wunder, dass Toni diese Felsen so oft durchstiegen hat, das Gefühl der Erhabenheit durchströmte uns in doppeltem Sinne.

Schließlich standen wir auf mythischem Boden, der zum Schattenreich zwischen Tag und Nacht verklärt wurde. Und als es dämmerte, erzählte mir Toni in seinen Worten die uralte Sage vom Zwergenkönig Laurin, der dort den schönsten Rosengarten der Welt hatte.

Trotz seiner unermesslichen Schätze aus der Tiefe der Berge war er nicht zufrieden. Zu seinem Glück fehlte ihm die bildhübsche Prinzessin Simhild, die er kurzerhand entführte. Gotenkönig Dietrich von Bern entriss Laurin aber seine schützende Tarnkappe und nahm ihm damit seine Macht; er befreite die Prinzessin und zerstörte die Rosenpracht des Zwergenkönigs, den er in den Berg verbannte. Nicht bei hellem Tag und nicht bei finsterer Nacht – so sein Fluch – sollten in Zukunft Laurins Rosen blühen. Doch er hatte die Dämmerung vergessen, und so leuchtet bis heute der nackte Fels des Dolomit-Gebirges in den Abendstunden wie einst die Rosen im Reich des Zwergenkönigs Laurin.

Sein Anblick in der blauen Stunde ist wohl das schönste Schauspiel Südtirols. Mehr an sagenhafter Pracht und magischem Zauber zugleich gibt es kein zweites Mal in den Alpen.

Der legendäre Zwergenkönig Laurin und seine Schätze erinnern nicht von ungefähr an die überall im Alpenraum verbreiteten Sagen der »Venedigermännlein«. Die Überlieferung beschreibt sie als kleine südländische Menschen, die mit geheimem, alchemistischem Wissen die Edelmetalle der Berge aufspürten und ausbeuteten; sie waren die Schatzfinder und Schatzhüter der Alpen.

Die Suche nach den Schätzen der Berge war tatsächlich der Grund für die Besiedelung der Tauerntäler in den Zentralalpen vor 4000 Jahren. Die Venedigergruppe ist reich an Mineralien und Edelmetallen.

Die älteste Verhüttung der Alpen wurde in der Nähe von Brixlegg gefunden und stammt aus dem frühen vierten Jahrtausend vor Christus. Der Kupferabbau führte in den folgenden Jahrtausenden zu einem blühenden Handel, was die reichen Grabbeigaben in der Urnenfelderzeit um 1000 vor Christus beweisen. Das damalige Handelsnetz reichte von der Nordsee bis zum Mittelmeer. Kurz danach wurde in der Nähe von Villach, in Bleiberg, das dem Ort seinen Namen gebende Schwermetall abgebaut. Die Bleivorkommen in den Kalkfelsen bestimmten von da an das Gesicht und die Geschichte des dunklen Bergtales. Und die war für die Menschen von Bleiberg voller Elend und Katastrophen, wie sie für viele Bergbaugemeinden der Alpen typisch ist. Den Gewinn mit den Schätzen aus dem Erdinneren machten andere. Das feine Leben der Herren wurde mit dem Siechtum und dem frühen Tod der Bergleute erkauft.

Heute ist Bleiberg ein Heilbad mit warmen Quellen, der Bleiabbau ist nach fast drei Jahrtausenden vor gut einem Jahrzehnt eingestellt worden. In den Berg einfahren aber kann man immer noch mit der längsten Holzrutsche Europas. Unten gibt es ein Labyrinth von rund 260 begehbaren Stollen mit Tausenden von Kilometern. In der »Terra Mystica« wird den Besuchern dort unten die Geschichte des Bergbaus sinnlich vor Augen geführt. Für Kinder gibt es eine eindrucksvolle multimediale Reise durch die Erdgeschichte als ein ständiges Werden, Vergehen und Wiederentstehen. Leben und Tod in den Bergen sozusagen in Gesteinszeit, nicht in kurzer menschlicher Lebenszeit. Denn erst das Verschwinden des Urmeers ließ die Alpen erstehen und mit ihnen alle Schätze der tropischen Vegetation der Urzeit versteinern. Und das langsame Ausbeuten der Edelmetalle und all der anderen Bodenschätze hat das

Leben, wie wir es heute auf dem Globus führen, erst ermöglicht.

Enge Stollen führen dorthin, wo einst hart geschuftet wurde, und ohne unseren kundigen Führer Michael Grafennauer, selbst noch jahrelang Bergmann und Sohn eines Bergmannes, hätten wir uns rettungslos verlaufen. Dann kniete ich mit ihm in einer kleinen Zeche und versuchte bei mattem Kienspanlicht mit Hammer und Schlägel das Gestein abzubauen, so wie es die Hauer über Tausende von Jahren hinweg getan haben. Zwölf bis 14 Stunden mussten die Knappen schuften. An sechs Tagen in der Woche. Und pro Schicht kamen sie nur zwei bis vier Zentimeter voran.

Der Tod war ein ständiger Begleiter. Auch dann, als mit Dynamit gesprengt wurde und der Presslufthammer, mit dem die Bohrlöcher für die Sprengladungen geschaffen wurden, unter Tage Einzug hielt. Am besten gefielen mir die kleinen Bagger, die mit Pressluft arbeiteten und die wie lustige Kinderspielzeuge aussahen. Dass auch der Umgang mit ihnen Knochenarbeit bedeutet, merkte ich, als ich mit ihnen für die Kamera das Gestein wegschaffte.

Die Dreharbeiten in den feuchten, finsteren Stollen wurden zu einem Fest für unseren Kameramann Claus Esser. Als Licht setzender Kameramann ist er bei uns vor allem für die sensiblen Lichtstimmungen in den Innenräumen der Alpen verantwortlich, für die Hütten und Stadel, für die Stuben und Kammern. Ihm gelang es immer, mit dem Licht jene Verführung zu zaubern, die bei jedem Betrachter, mich selbst eingeschlossen, sofort den Wunsch aufkommen ließ, in diesem Raum sein zu wollen. Auch wenn er in Wirklichkeit und ohne die raffinierte Beleuchtung viel nüchterner war. Licht beim Drehen bedeutete eben nicht, das konnte ich bei Claus lernen, das schlichte Hellmachen einer Situation, um die Dreharbeiten schnell hinter sich zu bringen, wie es leider mancher Instant-Kameramann handhabte. Claus setzte das Licht als zusätzliche Sprache ein, die der Situation Tiefe und Spannung verlieh und die Zuschauer in ihren Bann zog. In den Katakomben von Bleiberg lieferte er sein Meisterstück. Wie er mit Farben und Vorsätzen die Gänge in geheimnisvolle Lichträume verwandelte, das war die wahre Terra Mystica.

Die Silbe »Hall« in Reichenhall, Hallein oder Hallstatt ist nichts anderes als das althochdeutsche Wort für Salz. Es galt als das weiße Gold der Berge, um das erbitterte Auseinandersetzungen geführt wurden. München zum Beispiel verdankt seinen Aufstieg der Salzsteuer, die an der Isarbrücke erhoben wurde, nachdem Heinrich der Löwe im Jahr 1156 den alten Isarübergang bei Oberföhring, der den Freisinger Bischöfen unterstand, abbrennen ließ.

Auch Bergsalz ist ein Schatz, der erst durch den Untergang und Tod eines Naturzeitalters entstehen konnte. Salz ist für den Menschen lebenswichtig und hat deshalb auch im Leben und Brauchtum gerade im Alpenraum immer eine wichtige Rolle gespielt. Salz und Brot zu teilen, ist seit jeher Sinnbild der Gastfreundschaft und steht für Wohlstand. Aber auch für das weiße Gold der Berge mussten die Bergleute früher im Schweiße ihres Angesichts schuften.

Auch Tiroler Steinöl ist ein Erbe des Urmeers, und ein heilsames dazu. Die im Ölstein vorkommenden Wirkstoffe stammen von vorzeitlichen Meerestieren und Pflanzen. Als das Meer versiegte, häuften sich auf dem ursprünglichen Meeresboden zahlreiche Sedimentschichten auf. Der Druck, der dabei auf diese organischen Verbindungen herrschte, war gewaltig und bewirkte die Umwandlung in Steinöl.

Hauptwirkstoff ist der im Steinöl natürlich gebundene Schwefel.

1902 entdeckte Martin Albrecht diesen besonderen Ölschiefer, der heute noch im Bächental, einem Seitental im Karwendelgebirge, nahe dem Achensee auf 1500 Meter Höhe bergmännisch abgebaut und zu Tiroler Steinöl verarbeitet wird. Seit dieser Zeit erzeugt die Familie Albrecht aus Pertisau Tiroler Steinöl am Achensee. Und es war wie ein eindrucksvolles alchemistisches Experiment, als uns Hermann Albrecht an eine unscheinbare Fundstelle führte und dann mit seinem Feuerzeug den Stein entzündete.

Das tropfenweise gewonnene Tiroler Steinöl wird gefiltert, destilliert und weiterverarbeitet zu milden Pflegemitteln für Haut und Haar oder verwendet als altbewährtes Hausmittel für den schmerzenden Bewegungsapparat bis hin zu rheumatischen Beschwerden.

Ob Salz oder Silber, Blei oder Kupfer, Gold oder Zink – das Innere der Berge ist voll von Schätzen, die den Tod eines Erdzeitalters als Voraussetzung hatten. Dabei sind die Alpen selbst erdgeschichtlich noch im jugendlichen Alter und einem ständigen Werden und Vergehen unterworfen. Das wird sichtbar an den schroffen Felswänden, den scharfen Graten und an den tiefen und steilen Tälern mit unausgeglichenem Gefälle. Das Wechselspiel von Hebung und Abtragung durch Gletscher, Flüsse, Frost und Sonne formt die Alpen bis heute. Vor allem die Kraft des Wassers zeigt diese immerwährende Veränderung – am eindrucksvollsten in den sogenannten Klammen der Berge, also den tief eingeschnittenen Wasserläufen.

Die Gilfenklamm bei Ratschings in der Nähe von Sterzing ist einer dieser beinahe unheimlichen Orte. Mit seinen überhängenden Felsen und seinen tosenden Wassern zieht er den Wanderer magisch in seinen Bann. Über 175 Meter stürzt sich der kleine Ratschingser Bach dramatisch in die Tiefe, und seit über 100 Jahren kann man dieses immerwährende Naturschauspiel auf einem schwindelerregenden Pfad mitten durch die Klamm aus nächster Nähe erleben. Bei meinem Abstieg dröhnte, tobte, prasselte und zischte es, dass ich mein eigenes Wort kaum verstand. Manchmal konnte ich beim Blick in die dunkle Tiefe den spiegelnden Boden nur erahnen, das mystische Zwielicht trübte meine Wahrnehmung. Geheimnisvoll schimmerten Becken und Kessel. Mal war ich eingehüllt von Sprühregen und dem gewaltigen Donnern des in die Tiefe stürzenden Wasserfalls. Dann sah ich das Wasser wie eine Rakete aus einem engen Felsloch herausschießen. Moos kroch dem feuchten Bach überall entgegen und machte den Weg glitschig und tückisch. Brachiale Naturgewalt und die eigenwillige Schönheit einer feuchten Zwischenwelt verbinden sich in der Gilfenklamm auf faszinierende Weise. Ein Gang durch die Gilfenklamm mutet an wie ein kleines Purgatorium, eine Art Waschgang für die Seele.

Was dort vom Wasser unablässig blank geschliffen wird, ist übrigens eine Preziose der Natur: reiner, fast weißer Marmor.

Am sichtbarsten zeigt sich die Veränderung der Alpen derzeit beim ewigen Eis, den Gletschern. Die in Tirol Ferner genannten Eiszungen erscheinen heute noch mächtig, ihre Kraft schwindet jedoch.

Seit Beginn der Industrialisierung bis 1980 verloren die Gletscher etwa ein Drittel ihrer Fläche und die Hälfte ihrer Masse. Seither hat sich das Abschmelzen aufgrund des Klimawandels und der Erderwärmung dramatisch beschleunigt. Die berühmte Pasterze an der Nordostflanke der Großglockners – immer noch der größte Gletscher der Ostalpen – hat seit Mitte des 19. Jahrhunderts um beinahe die Hälfte abgenommen. Überall in den Alpen ist das ähnlich. Zwar werden im Sommer auf vielen Gletschern einzelne Stellen mit Matten abgedeckt, aber das ist angesichts der fundamentalen Veränderung nichts als eine kurzfristige kosmetische Korrektur für den Pistenbetrieb.

»Klimakatastrophe – so a Schmarrn«, meinte in seinem kernigen Berchtesgadener Bayerisch Georg Hackl, als wir zusammen mit seinem Freund, dem Lederhosenmacher Engelbert Aigner, in der engen Stube der Bindalm im Naturschutzgebiet der Ramsau hockten, weil es draußen mitten im Hochsommer kalt war und heftig regnete. »Früher war's auch schon mal warm. Das hat's scho immer geben.« Da hatte er zwar recht, und neuere Forschungen bestätigten sogar, dass es in der Erdgeschichte sogar eine Zeit ohne Gletscher gegeben haben muss. Allerdings war die Erderwärmung damals nicht hausgemacht durch den Menschen. Deshalb widersprach ich ihm heftig. Er ließ sich aber nicht beirren. Und so entwickelte sich auf der Berghütte bei Flaschenbier ein munteres Streitgespräch über die Zukunft des Lebensraums Alpen.

Die Gletscher der Eiszeit prägen mit ihren ungeheuren Kräften das Bild der Alpen und Voralpen bis heute. Sie schufen ein neues Antlitz der Erde mit Graten und Karen, mit Tälern und Flüssen, mit Seen und Endmoränen. Das gerade stattfindende Sterben der Gletscher ist aber weit mehr als der Abschied von den hübschen weißen Glitzerflächen des Hochgebirges. Die Folgen könnten ebenso dramatisch wie weitreichend sein. Gletscher sind nämlich lebenswichtige Trinkwasserreservoirs, die dann verloren gingen. Wassermangel in weiten Bereichen der Alpen wäre eine logische

Folge, mit allen Konsequenzen auch für Regionen, die ihr Trinkwasser aus den Tiefen der Berge beziehen wie München. In Gletscherregionen entspringen viele große Flüsse, wie Rhein, Aare und Rhône. Das stärker abschmelzende Gletschereis wird möglicherweise zu Hochwasser und Überschwemmungen führen.

Aufgrund der Klimaerwärmung besteht zudem die Gefahr, dass auch der gefrorene Boden in der ausgedehnten Permafrostregion über 2000 Metern auftaut. Die Hänge verlören an Stabilität; Felsstürze, Schutt- und Gerölllawinen wären die Folge.

Auch für die Tier- und Pflanzenwelt hätte das unabsehbare Folgen. Wissenschaftler schätzen zum Beispiel, dass etwa ein Viertel der 400 endemischen, also ausschließlich in einer bestimmten Region vorkommenden, Pflanzenarten vom Aussterben bedroht sind.

So diskutierten wir hin und her, stritten über Dramatisierung und Verharmlosung und malten uns aus, welche Folgen das Verglühen der Gletscher denn nun wirklich haben würde. Als wir später in die Sonne nach draußen traten, die vom Regen satten, dunkelgrünen Wiesen der Alm und die Berggipfel der Berchtesgadener Nationalparks sahen, da wurde es zwar auch mir tatsächlich schwer, an die nahe Apokalypse der Alpen zu glauben. Aber das Werden und Vergehen der Berge vollzieht sich schließlich nicht von heute auf morgen.

Charakterköpfe

Ich war wieder einmal auf Rechercherreise. Zusammen mit Frank Johne suchte ich in und um Kitzbühel nach dem Besonderen, dem Charakteristischen, dem Außergewöhnlichen, wie immer, wenn wir Themen für unsere Sendung brauchten. Ich war, das wagte ich gar nicht laut zu sagen, zum ersten Mal in meinem Leben in Kitzbühel. Im berühmten, mondänen, legendären Kitz, wo doch *tout le monde* sich ein Stelldichein gab. Wo sich Stars und Sternchen gute Nacht sagen. Noch nie Hahnenkamm, noch nie Shoppen in der Schickimicki-Metropole der Alpen.

Als ich nun zum ersten Mal durch das große Tor in die Hinterstadt schritt, schwante mir sofort, dass ich einen Fehler gemacht hatte. Kitzbühel wirkte auf mich wie eine augenschöne Stadt auf der Höhe der Zeit. Die Altstadt mit ihren bunten, verschiedenfarbigen Häusern strahlte eine heitere Gelassenheit aus. Die vielen Cafés und Gasthäuser verstärkten diesen freundlichen und offenen Eindruck eines großen, gemütlichen Wohnzimmers. Kitzbühel hatte mich gleich beim ersten Besuch für sich eingenommen. Auch wegen des imaginären Laufstegs fürs Sehen und Gesehenwerden, der direkt durch seine Mitte führt. Da wird Einkaufen zur sublimierten Form des Exhibitionismus, und die Demonstrationen in den Edel-Stores, wer heute wieder nicht aufs Geld schauen muss, ersetzen dem stillen Beobachter im Caféhaus jeden Theaterbesuch.

Unser Besuch im Tourismusamt war allerdings nicht sehr ergiebig. Dort wollten sie uns genau dieses Ambiente der VIPs als Drehkulisse schmackhaft machen, die exquisiten Edelboutiquen, die feinen Absteigen, die Restaurants der Reichen und Schönen, das ganze glatte, moderne Schaufenster, das uns aber nur des Amüsements wegen interessierte und das vor allem nicht zu unserer Sendung passte.

Ein Tipp aber machte uns hellhörig. »Richtung Aurach, da gibt's einen, der hat jede Menge Oldtimer. Salvenmoser heißt er.« Das wollten wir uns ansehen, und wir ließen uns den Weg erklären. In Kitzbühels schöner, ruhiger Hinterstadt tranken wir noch einen Cappuccino und riefen zur Sicherheit an bei Herrn Joseph Salvenmoser, ob er auch da war. Er war wenig begeistert von unserem Vorhaben und raunzte herum, dass er volkstümliche Musik nicht leiden könne. Aber schließlich erklärte er sich dazu bereit, uns zu treffen. Sein Haus sei ganz einfach zu finden: Auf der Straße nach Aurach, von Kitzbühel aus Richtung Süden, sollte es links abgehen. Es klang wirklich einfach. Aber wir fuhren doch dreimal an der richtigen Abzweigung vorbei, dreimal telefonierten wir und verschoben unser Treffen auf später. Fast schon wollten wir aufgeben und das Thema abhaken. Gut, dass wir hartnäckig geblieben sind. Denn ab dem Moment unserer Ankunft nahmen die Überraschungen kein Ende.

Ich stellte mir unter Herrn Joseph Salvenmoser einen soignierten älteren Herrn vor, der sein Geld gemacht und seine Schäfchen im Trockenen hatte. Jetzt widmete er sich seinem Hobby, den Oldtimern. Entgegen kam uns aber ein schmaler, jungenhafter Dandy mit zerzausten dunkelblonden Haaren, gut aussehend und aufreizend selbstbewusst. Ein nicht mehr ganz junger Alain Delon der Berge mit einem leichten spöttischen Lächeln auf den Lippen. »Servus, ich bin der Seppi.« Er beäugte uns misstrauisch mit schief gelegtem Kopf. »Das ist mir gar nicht recht, wenn ich jetzt plötzlich der große Oldtimer-Spezialist sein soll. Ich mach doch gar nicht so viel mit den Autos. Die stehen nur da, weil bei mir Platz ist.« Er führte uns in eine große Halle, die einen ganzen Flügel des modernen Anwesens einnahm, das wie ein alter Dreiseithof gebaut war. Eng an eng standen dort Sportwagen-Oldtimer, einer schöner als der andere. Wir staunten nicht schlecht und waren hellauf begeistert.

»Da bastelt eigentlich mein Freund dran rum. Ich hab selber nur zwei alte 911er.«

»Ja gut«, meinte ich. »Es muss ja kein Interview sein. Aber könnten wir uns nicht wenigstens einen der alten englischen Sportwagen ausleihen für unsere Filmaufnahmen?«

Er war immer noch zögerlich, aber schon deutlich zugänglicher.

»Hhmm«, nuschelte er, »das könnten wir schon machen. Müsst's euch halt einen aussuchen.« Er fasste sich an die rechte Seite unterhalb der Leber und stöhnte.

»Hast du Schmerzen?«, fragte ich.

»Es is nix«, meinte er, zog sein verwaschenes T-Shirt hoch und entblößte nicht nur seinen sehnigen Waschbrettbauch, sondern auch ein großes Pflaster. »Ich bin grad am Blinddarm operiert worden. Und das zwickt noch a bisserl.«

Ich blickte ihn fassungslos an. »Und die Ärzte haben dich einfach so gehen lassen?«

»Na ja, nicht gerade einfach so, aber was soll ich im Krankenhaus?«

Mit seiner lakonischen Lässigkeit und seinem entschlossenen Gesichtsausdruck erinnerte er mich plötzlich an Steve McQueen, der den Streifschuss, den er gerade bekommen hatte, mit Nonchalance überspielte. Er hatte eine geradezu sinnliche Präsenz und würde sich sicher auch als Schauspieler auf der Leinwand gut machen.

»Kommt's mit, ich zeig euch mal, was ich eigentlich mach. Ich bin nämlich Glasbläser.«

»Bitte was? Glasbläser?« Das ging für mich zu schnell. War das etwa noch so ein halbes Hobby?

»Ja, ich bin schon mit dem Österreichischen Staatspreis ausgezeichnet worden. Ich hab das Rochelt-Schnapsglas erfunden. Kennt ihr das?«

Und ob ich es kannte. Und ich konnte es nicht fassen. Rochelt war einer der renommiertesten Tiroler Produzenten von Edelbränden, der mit seinen hochwertigen Produkten die in den Achtzigerjahren grassierende Grappahysterie langsam abgelöst und die Obstbrände der Alpen salonfähig gemacht hat.

»Du meinst das Glas mit der leichten Bauchwölbung und dem nach außen gebogenen schlanken Hals?«

»Ganz genau«, sagte er. »Mundgeblasen, enormes Aroma, ein absolutes Spitzenglas«, beurteilte Gault Millau das berühmte Rochelt-Glas, mit dem er die Trinkkultur der Alpendigestifs revolutioniert hatte.

Unser vermeintlicher Autobastler war also in Wirklichkeit ein erfolgreicher Kunsthandwerker. Wir verließen die Halle und gingen über den Hof auf ein kleines Atelier zu. Ein überschaubarer Arbeitstisch stand in der Ecke, und auf den Tischen und Vitrinen waren seine Kreationen ausgestellt. Feine, elegante Schöpfungen aus Glas, kristallklar und mit schönen farbigen Legierungen.

»Ich mache jedes Wein- und Schnapsglas frei vor der Lampe, wie wir das nennen. Es ist also jedes ein individuell geblasenes Unikat.«

Der Unterschied zu den industriell nach Einheitsform produzierten Gläsern war offensichtlich. Keines war wie das andere. Unregelmäßigkeiten als Qualitätsmerkmal, Fehler als Zeichen der Einzigartigkeit und Unverwechselbarkeit. Wie beim Menschen.

Ich dachte an unseren Philosophieprofessor Horst Aulitzky, der uns die Lust am Denken beigebracht hat. »Und wer von euch glaubt, er habe keine Neurosen, der ist hier der Chefneurotiker«, sagte er einmal. Seither liebe ich meine Neurosen. Das heißt freilich nicht, dass jede Verbesserung sinnlos wäre.

Auch Seppi experimentierte so lange mit den Rohstoffen, bis er mit der Qualität zufrieden war. »Meine Gläser sind extrem hitzebeständig und immun gegen den berüchtigten ›Glasfraß‹ in der Geschirrspülmaschine.« Das lag an dem extrem harten Borosilikatglas, das er verwendete und das zu färben ihm als Erstem gelungen war.

Die Farben strahlten mit einer stillen Intensität, sie leuchteten gleichsam von innen heraus in irritierend schönen Nuancen. Die farblosen Gläser waren manchmal geradezu aufregend »formschön«. Ich fand, dieses etwas altertümliche Wort passte gut. Kein Wunder, dass Joseph Salvenmoser als Glaskünstler auch schon den 1. Preis der französischen Sommelier-Vereinigung gewonnen hatte und seine Glasobjekte bei Ausstellungen in Wien, München, Paris, New York, Brüssel und Los Angeles für Aufsehen sorgten und zu begehrten Sammlerstücken geworden sind.

Seppi grinste: »Und sie sind ziemlich bruchsicher.« Er nahm zwei große, bauchige Bordeaux-Gläser und reichte mir eines davon. »Also, stoß an, aber richtig.« Ich stieß an, aber es war ihm natürlich viel zu zaghaft. Er holte aus und krachte mit seinem Glas gegen meines. Ich sah die Gläser schon in tausend Splitter zersprungen, aber stattdessen erfüllten herrlich mehrtönige, harmonische, fast sphärische Klänge den Raum. Als die Glassymphonie langsam verhauchte, nahm Seppi eine seiner Glaskugeln und ließ sie auf den Tisch fallen. Elegant federte sie zurück. Verblüfft blickte ich ihn an. Das freute ihn sichtlich. Magier und Tausendsassa waren wohl seine liebsten Rollen. Und er spielte gerne mit dem Feuer, in jeder Hinsicht, nicht nur beim Schmelzen des Glases.

»Warum macht ihr denn nichts über Drachenfliegen. Das würde mir am besten gefallen.«

Ich war gar nicht mehr überrascht über die neue Volte unseres Besuches. »Gern. Aber warum sollten wir?«

»Weil ich Weltmeister im Drachenfliegen bin!«

Jetzt wusste ich es: Seppi war ein Verrückter. Einer von denen, die elegant und lustvoll auf dem schmalen Grat zwischen Genie und Wahnsinn balancierten. Mit dem österreichischen Drachenflieger-Nationalteam hatte er alles gewonnen, was es zu gewinnen gab, erzählte er uns. Auch von den Gefahren dieser Sportfliegerei. Einer seiner besten Freunde war vor nicht allzu langer Zeit tödlich abgestürzt. Und auch er selbst hatte mit dem ultraleichten und ultraschnellen Schirm aus derselben Produktion schon einen heftigen Unfall. Aber das schien er zu verdrängen. Ihn lockten schon die nächsten Herausforderungen.

»Ich könnte für euch die Streif runterfliegen.« Die Streif, das berühmteste Abfahrtsrennen der Welt vom Kitzbüheler Hahnenkamm, hatte Seppi schon einmal mit seinem Drachen spektakulär eröffnet. In atemberaubender Geschwindigkeit schoss er vor über 45 000 Zuschauern die Strecke entlang, schneller als jeder Skifahrer und immer nur wenige Meter über dem Boden. Wie ein Feuervogel zog er zwei lange Kondensstreifen hinter sich her, roten Rauch, der aus beiden Flügeln strömte. Mit dem berührungslosen Ritt über die Piste war er zwar nicht der Erste, als Lokalmatador aber wagte er es als Einziger, durch das enge Zieltor zu fliegen, er drehte vor dem berauschten Publikum eine Ehrenrunde und landete elegant im Zielauslauf. »Wir fliegen inzwischen auch jeden Sommer den Red-Bull-Cup.«

Ohne Sponsoring ging eben gar nichts mehr bei alpinen Events, die überall in den Bergen aus dem Boden schossen. Die Felsen und Gletscher alleine genügten längst nicht mehr als Attraktionen für ein reizüberflutetes Touristenpublikum. Unerschütterlich standen sie seit Jahrmillionen an der gleichen Stelle rum und bildeten eine längst bekannte Kulisse. Das Gebot der Moderne aber hieß: Neues, Verblüffendes, Überraschendes, Aufregendes. Nur durch Events, so die Überzeugung vieler Touristiker der Berge, ließen sich neue und neugierige Gäste anlocken. Als einsamer Gipfel dieser Eventindustrie gilt Ischgl mit seinen »Top of the Mountain«-Popkonzerten und anderen »Hier-tanzt-der-Bär«-Angeboten. Kitzbühel wollte da seinen mühsam aufgebauten und sorgfältig polierten Ruf als ultimativer In-Place der Alpen nicht verlieren. Schließlich waren dort einst die ersten Exzentriker daheim. Ein Engländer gründete gar einen Skiclub der Gamskitze. Heute müssen es schon sehr ausgefallene Highlights sein, wie der Golfabschlag vom Starthäusl der Streif, die luxuriöse Oldtimer-Ralley der Reichen und Schönen und eben Drachenfliegen von der Streif. Nun, Red Bull und Drachenflügel, das passte immerhin perfekt. Nur die immer wieder vorkommenden Abstürze ließen sich wohl nicht so gut vermarkten. Das berühmteste Skirennen der Welt aus der Luft und im Sommer. Etwas bizarr, aber durchaus reizvoll.

»Warum nicht«, sagte ich. »Einen Drachenflieger hatten wir noch nie. Und dann gleich einen Weltmeister.« Wir hatten angebissen.

Das gefiel ihm, dem Draufgänger und Abenteurer Seppi Salvenmoser. »Gut, dann trinken wir aber eine Marille drauf aus meinen Gläsern. Ich hab grad einen guten Brand da.« Er reichte uns die langstieligen Flöten ohne Fuß und schenkte ein. Auch sich.

»Du willst doch nicht jetzt einen Hochprozentigen trinken nach deiner Blinddarmoperation?«

Er grinste frech. »Das is gsund« – und stieß mit uns an und trank das Glas in einem Zug leer.

»Braucht's nicht noch eine schöne Frau für eure Autofahrt durch Kitzbühel und die Berge?«

Jetzt musste ich grinsen. Dass Seppi mit schönen Frauen gut konnte, war vom ersten Moment an klar. »Das wäre nicht schlecht«, sagte ich. »Du kennst sicher jemand?«

»Nehmt die Simone. Die ist geborene Kitzbühelerin und eine echte Schönheit.«

»Und wer ist diese Simone?«, wollte ich wissen.

»Das is meine Frau.«

Und weil wir an diesem Nachmittag Freunde geworden waren, gab er uns auch noch seinen weißen 911er Porsche Cabriolet als Dreingabe für die Filmaufnahmen. Damit seine Frau mich auch standesgemäß durch die schöne Kitzbüheler Bergwelt chauffieren konnte, wenn er sich heldenmütig wie Ikarus vom Hahnenkamm-Gipfel stürzen konnte, um uns auf unserer Fahrt zu treffen.

Ein »Kitzbüheler Original« ganz anderer Art ist Franz Prader. Er ist nun wirklich der soignierte ältere Herr, als den ich mir den Seppi Salvenmoser anfangs vorgestellt hatte. Er ist ein Hosenschneider, wie es ihn heute nicht mehr gibt. Vom Scheitel bis zur Sohle ein in Ehren ergrauter Gentleman mit ausgesuchten Manieren und einem kleinen wissenden Lächeln um Mund und Augen. Oder sollte ich sagen, ein mit allen rhetorischen Wassern gewaschener Meister des Small Talks, dem sich schwer etwas abschlagen lässt.

»Geh, Maria, bring den Herren einen Kaffee«, sagte er in seinem gepflegten Tiroler Hochdeutsch, und damit war der Handel eröffnet, so wie seit Urzeiten in allen Basaren dieser Welt. Wie jeder Krämer pries er seine Ware über den grünen Klee, aber vergaß nie, uns, seine Gäste, mit der Schönheit seines Tuchs mit einzuwickeln. Das Prinzip des »Kleider machen Leute« hat mir vorher und nachher niemand schöner erklärt. Ich jedenfalls hatte ein dunkelblaues Sommersakko für jede Gelegenheit, einen leuchtenden Trachtenjanker im Kitzbüheler Grasgrün, zwei Trachtenhemden und ein paar edle, pflegeleichte Treter in der Tüte, als ich den Laden verließ. Ich war um viele Euros ärmer, hatte aber dennoch das schöne Gefühl, etwas gewonnen zu haben. Dabei hatten wir ihn nur besucht, um ihn zu fragen, ob wir ihn in unserer Sendung vorstellen dürften. Während wir uns zusammen die Drehsituation überlegten, schwatzte er wie nebenbei zwei weiteren Kunden, die den Laden betraten, ein paar Klamotten auf, ohne die sie, wie er überzeugend versicherte, kein weiteres anständiges Leben würden führen können. Sie lachten und sagten, so ginge es ihnen immer beim Prader. Dabei war der Patron alles andere als ein Dampfplauderer, der einem das Blaue vom Himmel herunterlog, wenn es nur dem Geschäft diente. In Alaska den Leuten Kühlschränke anzudrehen, nur um seinen Schnitt zu machen, das wäre nie sein Ding gewesen. Er war durch und durch Schneider, das war seine Passion und davon verstand er wirklich etwas. Der

Grundstoff seiner Geschichten aus Tausendundeiner Nacht war der Stoff. Er fühlte, er lebte Stoff. Er dachte in Schnitt, Fasson, Passform. Er wollte, dass seine Kunden gut aussahen, und hatte mit seinen fast 70 Jahren sichtlich noch seine helle Freude daran, jeden Tag im Laden zu stehen und den Leuten guten Geschmack zu verkaufen.

»Arbeiten ist für mich ein Lebenselixier«, meinte er. »Wenn ich die Freunde und Bekannten in meinem Alter anschau, die kümmern sich nur noch um ihre Wehwehchen. Wenn man nicht arbeitet, wie soll es einem da gut gehen? Unsere Eltern waren doch auch so. Die haben gearbeitet, solange sie konnten, bis ins hohe Alter. Mir fehlt nichts. Ich bin gern hier im Laden.« Und weiter drehte er seine einschmeichlerischen Wortpirouetten über Gott und die Welt und vor allem über die Stoffe, aus dem seine Träume waren. Sein wohltuendes Timbre kitzelte angenehm die Ohren. In dem durch die getönten Scheiben ein wenig abgedunkelten Raum schien die Zeit stillzustehen und die wilde Welt draußen zu bleiben.

Man hätte meinen können, das altösterreichische Judentum habe sich mit Franz Prader einen letzten Zeitzeugen geleistet, so weltläufig parlierte er durch den Nachmittag, hätte er nicht selbst freimütig davon erzählt, dass sein Vater mit den Nationalsozialisten sympathisierte. »Warum soll man darum herumreden. So war das damals.« Diese Ehrlichkeit machte ihn nur noch sympathischer. Sein Blick war offen und gar nicht selbstvergessen. Er stammte aus Südtirol, lebte seit über 35 Jahren in Kitzbühel, das ihm zu einer zweiten Heimat geworden war, die er über den Schellenkönig lobte. Die erste Heimat aber, sein Leben, das war sein Laden – und die Werkstätten mit einer Heerschar von Lehrmädeln, allesamt schon ausgezeichnete Meisterinnen ihres

Fachs, waren seine Welt. Er erklärte uns mit kenntnisreicher Begeisterung den guten Sitz von Hosen und den richtigen Schwung der Nähte, er nahm uns mit in die Stofffabriken Norditaliens, der Quelle und dem Mekka der *bella figura*, und er erzählte mit Lust Geschichten aus seinem eigenen Nähkästchen. »Die Romy Schneider habe ich sehr gern gehabt«, sagte er in seinem leisen, weichen Singsang, der einen einhüllte wie ein flauschiger Kaschmirpullover. »Sie hat sich Keilhosen zum Schifahren machen lassen, einen Hosenanzug, das war damals der letzte Schrei. Der Hansi Hinterseer war schon als kleiner Bub da, dem hab ich seine ersten richtigen Hosen gemacht. Und später natürlich was Eleganteres für seine Bühnenauftritte. Und der Sean Connery, der hatte wirklich Stil und Klasse.« Langsam, wie ein Staatsbesuch die Militärabordnung, schritten wir seine in Reih und Glied aufgereihte Bildergalerie ab. »Das ist Rock Hudson, der war ein lustiger Kerl, das da Robert Redford, Roman Polanski, Beckenbauer natürlich, Schwarzenegger ...« Und zu allen wusste er eine Geschichte. Alle waren sie hier gewesen in diesem geschmackvoll, aber einfach eingerichteten Schneiderladen.

Jetzt kam der Schnaps. Barack Palinka, milder Marillenbrand aus Ungarn, der Höhepunkt jedes Praderbesuchs, der über das bloße Kaufen und Bezahlen hinausging. Die letzte Feier des uralten Rituals von Feilschen und Handeln, von Probieren und Einschlagen. Der Handel, den wir mit dem Schluck Hochprozentigem besiegelten, war getätigt: der Handel mit Geschichten und Überzeugungen.

Ein unscheinbarer Laden an der Kitzbüheler Hahnenkammstraße – sozusagen in der Vorstadt und in einem wenig attraktiven, mittelalten Allerweltshaus, innen angefüllt bis unter die Decke mit Ware aller Couleur, das war in

Wirklichkeit der Sesam-öffne-Dich in eine andere, langsam untergehende Welt.

Das Heinrich-Kiener-Haus liegt auf 1800 Metern Höhe auf dem Hochgründeck bei St. Johann im Pongau im Salzburger Land. Er zählt zu den höchsten bewaldeten Bergen Europas und ist einer der schönsten Aussichtsberge Österreichs. Die leicht ausgesetzte Terrasse bietet einen herrlichen Blick über den Hochkönig, das Tennengebirge und die Tauernregion. Und an besonders klaren Tagen blitzt sogar der schneebedeckte Gipfel des Großglockner in der Ferne. Seit 1999 ist dort Hermann Hinterhölzl der Hüttenwirt, ein knorriger Typ mit ganz eigenem Schädel. Davor war er 22 Jahre lang Wirt im Matrashaus direkt auf dem Gipfel des Hochkönig. Das stählt und schärft den Blick fürs Wesentliche.

Hermann ist kein Wirt im herkömmlichen Sinn, dem es nur um die Herberge und Verköstigung seiner Wanderer geht. Hermann ist eine Legende unter den Hüttenwirten, dem es um ein naturnahes Leben auf dem Berg, um das richtige Leben im Einklang mit der Natur geht. Zum für alle sofort sichtbaren Beweis hat Hermann für unsere Filmaufnahmen seinen satellitenschüsselgroßen, selbst gebauten Solarkocher aufgebaut und uns auf die Schnelle ein Spiegelei gebraten. Ein Kocher, der zum billigen Energielieferanten in der Dritten Welt werden könnte. Und auch sollte, wenn es nach Hermann ginge. Denn überall sieht er die Natur bedroht, auch in den Alpen, auch in den Almhütten und Schutzhäusern. »Ich will mich ganzheitlich um Menschen, Haus und Umwelt kümmern«, erzählte er uns. Hermann ist kein besessener Ökoaktivist, vielmehr ist er erfüllt, geradezu beseelt von seiner Aufgabe. Die ganze Hütte und der ganze Berggipfel sind für ihn eine einzige ökologische Herausforderung. Der Strom wird nicht, wie in vielen Schutzhütten immer noch üblich, von einem Stromaggregat, sondern mit Solaranlagen, Fotovoltaikanlagen und einem Windkraftwerk erzeugt. Die damit erzeugte überschüssige Energie dann in Batterien gespeichert. Damit kann auch in Schlechtwetterperioden die Hütte gut versorgt werden. Im Winter wird die Hütte ständig beheizt, dies schützt sie vor starkem Ausfrieren. Mittels Solarluftkollektoren wird das Haus stets mit Frischluft versorgt. Im Sommer wird durch diese Anlage das Raumklima in Gaststube und Küche verbessert. Im Dachboden hat er einen 500-Liter-Hygienepuffer eingerichtet, der für Heißwasser sorgt. Auch den Küchenheizungsherd nutzt er als Energiequelle: Die überschüssige Wärme, die beim Arbeiten in der Küche entsteht, wird in den Puffer gespeist. Erreicht der Puffer die Höchsttemperatur, so geht die Wärme in den Heizkreislauf. Somit werden auch die Zimmer und Lager stets beheizt.

Dann gibt's noch eine »Grauwasseranlage«, in der die Abwässer aus Küche und Waschraum in sieben Stufen gereinigt werden. Kein Wunder, dass Hermann als Pionier unter den Hüttenwirten der Alpen gilt und dass er schon viele Preise gewonnen hat. Natürlich lässt sich das alles nachlesen im Internet. Dabei aber entgeht einem das Wichtigste: Hermann persönlich kennenzulernen.

Er sprüht geradezu vor natürlicher Energie, so wie seine Solaranlagen – es ist aber mehr ein langsames, nachhaltiges inneres Glühen, kein lautes Auftrumpfen wie beim Stroh feuer. Voller Stolz führte er mich bei meinem Besuch zu seinem gerade im Entstehen begriffenen Kirchlein oberhalb des Schutzhauses, das er erdacht und gebaut hatte als vierflügelige »Friedenskirche«, die es erst zu umrunden gilt, bevor man eintreten kann. Denn von den Pilgern zur Kirche auf dem Hochgründeck sollen in alle Himmelsrichtungen Signale des Friedens ausgehen.

Als Platz für den schindelbewehrten Holzbau hat er sich einen sogenannten »Kraftort« ausgesucht, und ich war mir sicher, dass Hermann die Energie, die von diesem Platz ausging, auch körperlich spüren konnte. Er wirkte auf mich trotz seines knorrigen Wesens wie eine durchlässige Membran für die Schwingungen der Natur. Und er wurde vielleicht davon so erschüttert, dass er gar nicht anders konnte, als die verschlüsselten Botschaften des Kosmos mit aller Kraft Wirklichkeit werden zu lassen.

Die Kirche war dem hl. Vinzent geweiht, dem Schutzpatron der Forstleute, und der Bergwald lag Herrmann auch sehr am Herzen. Er führte mich an die Abrisskante und zeigte auf die bewaldeten Hügel unter uns. Ein Sturm hatte wie mit einem Rasenmäher große Schneisen in den Fichtenbestand geschlagen. Es sah erbarmungswürdig aus.

»Das ist die natürliche Folge der Monokultur aus dem 19. Jahrhundert. Kein Bergwald hat je so ausgesehen. Das ist ein von Menschen falsch angelegter Baumgarten. Nur, um schnell Geld zu verdienen. Diese Monokultur rächt sich jetzt. Hier fehlt der erste Schutzwall aus Sträuchern und Laubbäumen, wie es seit Jahrhunderten üblich ist, um dem Sturm die Spitze zu nehmen. Und es fehlt der Wechsel von Laubbaum und Nadelbäumen, der den ursprünglichen Bergwald viel besser widerspiegelt. So hat ein Orkan leichtes Spiel mit den schwachen Fichten.«

Ich musste an die kahlen Kuppen des Bayerischen Waldes denken, die den legendären dunklen Tann dieses Urgebirges zwischen Bayern und Böhmen vielerorts wie ein erbarmungswürdiges Katastrophengebiet aussehen ließen.

Bäume waren umgeknickt und schon ganz verschwunden. Sie sahen wirklich krank aus, diese ausgedünnten Flächen, die dem Untergang preisgegeben schienen. Unwiederbringlich verloren wie die abgeholzten Wälder des Mittelmeeres oder vieler Alpenregionen. Der Sturm mit seiner Urgewalt hatte auch hier gewütet, und die Bäume hatten wenig Widerstand entgegensetzen können.

Die Öffentlichkeit hatte noch vor einigen Jahren als Grund für diesen Kahlschlag den sauren Regen, der die Bäume schädigte, betrachtet, sah inzwischen aber als Hauptursache den verheerenden Fraß des Borkenkäfers an. Sagten jedenfalls die Waldbesitzer und mit ihnen die Forstämter und die politisch Verantwortlichen. Er schwäche die Bäume von innen her, und ihn gelte es mit allen Mitteln, auch denen der chemischen Industrie, zu bekämpfen. Ich hatte keinen Anlass, daran zu zweifeln. Ich fand das Verhalten des Borkenkäfers auch abscheulich, denn er zerstörte den schönen Wald, den der so hoch da droben aufgebaut hatte. Aber war der Borkenkäfer, so klein da drunten, nicht auch Gottes Schöpfung und Ebenbild? War für ihn wirklich nur die undankbare Rolle des Teufels, des Zersetzers und Zerstörers vorgesehen?

Die Antwort darauf fand ich im Nationalpark Bayerischer Wald. Auch dort hatte erst der gemeine Rüsselkäfer unerbittlich gewütet und dann der Sturm. Einer der Ranger führte uns zu einer Stelle, die vor wenigen Jahren so schlimm betroffen war, dass ein Aufschrei durch den Wald ging und bis nach München hallte: Die Rettung des Nationalparks durch Bekämpfung des Borkenkäfers schien bereits beschlossene Sache. Doch die Nationalpark-Verantwortlichen und Naturschutzverbände leisteten Widerstand. Ein erbitterter Borkenkäfer-Krieg entbrannte.

Waldbesitzer am Randes des Nationalparks fürchteten um ihre Bäume und ihre Erträge, die Naturschützer um ihren Auftrag, der Natur mal nicht bei ihrer Regeneration ins Handwerk zu pfuschen, sondern sie sich selbst zu überlassen. Sie waren sicher, dass sie mit dem Borkenkäfer allein fertigwerden würde. Jetzt war gut zu sehen, wie sie das tat. Die Wunden waren verheilt, vor unseren Augen wucherte üppiges Grün in allen Schattierungen und Formen. Wir blickten in die Kinderstube eines natürlichen Bergwaldes. Kleine, kräftige Laub- und Nadelbäume standen da friedlich nebeneinander, das Unterholz war ein wuchernder Bonsai-Urwald aus Gräsern, Sträuchern und Jungholz.

»Den Borkenkäfer gab es schon immer. Er hatte die wichtige Funktion, die schwachen Bäume auszusondern. Einen starken Baum greift der Borkenkäfer nicht an«, erklärte mir der Ranger. »Dass jetzt so viele Bäume dem Käfer zum Opfer fallen, liegt an der Monokultur und an den Bäumen selbst. Als hier im 19. Jahrhundert schnell aufgeforstet werden sollte, hat man viele Bäume hierher geholt, die gar nicht gut passen. Die sind schnell in die Höhe geschossen, haben aber wenig Substanz in der Tiefe. Der Borkenkäfer ist also nur das Indiz dafür, was falsch gelaufen ist beim Bergwald in den letzten Jahrzehnten. Er ist der Weckruf für ein Umdenken. Wenn man den Borkenkäfer intensiv bekämpft, doktert man nur kurzfristig an einem Symptom herum. Uns im Nationalpark geht es aber um eine langfristige Gesundung des Bergwaldes.«

Auch Hermann, der Hüttenwirt, kämpft um einen starken, widerstandsfähigen Mischwald der Alpen. Mit Schülern pflanzt er regelmäßig Bäume, um die Artenvielfalt und die Schönheit des Bergwaldes zu erhöhen.

Keiner hat mir je so kundig und bewegt, so einfach und

einsehbar den Zusammenhang von Natur und menschlicher Hybris in den Alpen erklären können wie Hermann. Wer das selbst erleben will, der sollte sich aufmachen zu diesem zurückhaltenden Menschen, dem man den Ökofreak nicht ansieht. Denn er nimmt sich für jeden Zeit, der mit Neugier und Wissensdurst in seine Welt kommt. Er nimmt sich auch Zeit, um zur Gitarre zu greifen und die Disharmonien der Welt in musikalischer Harmonie aufzulösen. Rund zwei Stunden Aufstieg sind es nur, von welcher Seite man auch kommt. Aus jeder Himmelsrichtung führt ein Themenwanderweg nach oben: Der von Hüttau aus widmet sich der Meditation, der körperlich anstrengendste von Bischofshofen her nennt sich »Sport & Bergphysik«, von St. Johann her geht es um Geschichte, Geologie, und Natur und von Wagrein führt ein Musikwanderweg zum Heinrich-Kiener-Haus.

Und wer an Mariä Himmelfahrt, dem 15. August, Zeit hat, der bekommt hoch oben auf einer Wiese nahe des Gipfels, ein besonderes Schauspiel geboten: das »Hochgründeck-Ranggeln«. Das Ranggeln ist ein alpiner Kampfsport, von Ferne verwandt dem olympischen Ringen, nur viel archaischer und derber. Früher war das Ranggeln auf den Almen weitverbreitet als Kräftemessen der ledigen Burschen um den Titel des »Hagmoar«, des Stärksten der Starken. Natürlich auch eine Form des Hahnenkampfes um das schönste Weibchen weit und breit.

Der berühmteste Ranggler-Wettbewerb der Alpen ist das Gauderfest im Zillertal, das am ersten Maiwochenende in Zell am Ziller gefeiert wird. Früher winkte da als Siegprämie eine schöne Zillertalerin als Festbegleitung. Heute wird auch dort nur um die Ehre, um ein Preisgeld und um die Hagmoar-Fahne gekämpft. Unter den Augen des Schermtax, des Schiedsrichters, sind nur bestimmte Griffe wie etwa Hufer, Stierer oder Aufdrahn erlaubt. Ich habe sie mir zeigen lassen, sie aber nicht behalten. Dazu ging alles viel zu schnell, als ich von einem vierschrötigen jungen Ranggler wie eine Feder hochgehoben, durch die Luft gewirbelt und sanft auf den Boden geworfen wurde.

Beim echten Preisranggeln, das auf dem Hochgründeck eine über 100-jährige Tradition hat, fliegen ganz anders die Fetzen und krachen wirklich die Knochen. Das ist ein Spaß, der ernst genommen wird von den Teilnehmern. Das erwarten die Hunderte von Zuschauern auch, wenn sie schon den Weg aufs Hochgründeck auf sich genommen haben.

Schlierenzau muss man nicht kennen. Es ist ein kleiner Flecken im Tiroler Oberland, gut versteckt am linken Innufer, dem Ötztal genau gegenüber. Erreichen kann man es über Haiming, wenn man weiß, wo man langfahren muss. Aber warum sollte man nach Schlierenzau fahren? Es hat auf den ersten Blick wenig zu bieten außer den wilden Karstbergen des Tiroler Oberlandes links und rechts des Inns. Und die sieht man von der Autobahn besser. Auch der große alte, einfache Stadel ganz am Anfang von Schlierenzau wirkt wenig einladend. Und doch birgt er in seinem Inneren zwei Kammern voller Wunder. Es ist eine der reichhaltigsten und schönsten Sammlungen von alten Fahrrädern und Motorrädern in den Alpen. Es ist das Lebenswerk von Günther Raffl aus Haiming, einem kleinen, agilen Oberländler. Gelernt hat er Maschinenschlosser, »deswegen kann ich meine Maschinen auch alle selbst wieder instand setzen und reparieren«, und das Geld für seinen Lebensunterhalt verdient hat er sich bei der Bahn, »da konnte ich überallhin günstig fahren, wenn ich wieder ein Motorrad ersteigern wollte«.

»Das Rad der Zeit« hat er seine Ausstellung genannt, aber das Wort Installation würde es besser treffen. Denn nicht nur die Exponate atmen mit Dreck und Öl, mit verbeultem Blech und zerkratzter Farbe noch den Geist einer vergangenen Epoche, auch die Räume selbst sind eine Art Zeitmaschine mit wundervoller Patina. Zu den Exponaten zählen auch alte landwirtschaftliche Geräte, eine Schusterwerkstatt und eine alte funktionierende Schlosserei etwa aus dem Jahr 1800, die noch mit Transmissionsriemen betrieben wurde. Günther führte uns vor, wie mühsam und hochpräzise einst damit Metall bearbeitet wurde.

Das Sammeln war Günther nicht in die Wiege gelegt. Als er aber damit begonnen hatte, wurde er einer jener besessenen Sammler, die immer auf der Jagd waren und möglichst alles haben wollten, was in ihr Beuteschema passte: Zweiräder österreichischer Herkunft. So sind im Laufe der Jahrzehnte mehr als 60 Fahrräder und über 110 Motorräder aus dem Alpenraum zusammengekommen. Das älteste Fahrrad in seinem Schuppen ist ein originales Hochrad aus dem Jahr 1887, das zu besteigen mir schon von unten Schwindelgefühle bereitete, denn es überragte mich bei Weitem und hatte vor allem so dünne Reifen, dass ich vom bloßen Hinschauen umkippte.

Eines der Motorräder gefiel mir besonders gut, vielleicht, weil es mein nostalgisches Empfinden am meisten kitzelte: eine dunkelrote Puch aus dem Jahre 1948. Auf dieser Maschine durfte ich ein paar Runden durchs Ötztal drehen. Und es war ein herrliches Gefühl, auf diese Weise die Landschaft zu erkunden und sich dabei die frische Bergluft um die Nase wehen zu lassen. Vor einem halben Jahrhundert wäre diese Art der Bergfahrt der pure Luxus gewesen. Jetzt war sie lediglich eine wehmütige, inszenierte Reminiszenz.

Ich hatte eine dicke braune Lederjacke an, eine verschlissene Lederkappe auf dem Kopf und trug eine alte Motorradbrille. So fuhr ich in einem Dress los, der auch äußerlich den Fünfzigerjahren entsprach. Gemächlich zog ich die Berge hinauf, und es störte mich wenig, dass mich ein forscher Rennfahrer auf seinem Rad überholte, nicht, ohne mir ein Lächeln zu schenken, das zwischen Anerkennung und Arroganz schwankte. Ich roch die Tannen und den Duft der Wiesen, ich konnte mich in aller Ruhe umsehen, die herbe Landschaft des Hochgebirges auf mich wirken lassen und das Reisen in Zeitlupe genießen. Als ich die Maschine Günther zurückbrachte wie ein verlässliches Pferd in seinen Heimatstall, nahm ich zugleich etwas wehmütig Abschied von einer Zeit, als der Tourismus im Ötztal noch kein gefräßiger Moloch war, sondern eine Verheißung, ein Wechsel auf die Zukunft.

Wer jemals ein Original wie aus dem Bilderbuch erleben will, der sollte im Gasteiner Tal nach Toni Wallner fragen. Mit seinem dichten grauschwarzen Vollbart, der riesigen dicken Hornbrille, dem schwarzen breitkrempigen Hut und den Hosenträgern sieht er aus wie ein Waldschrat aus dem Wilden Westen, der sich in die Zivilisation verirrt hat. Toni ist Goldwäscher. Vor rund 600 Jahren war Goldwaschen im Gasteiner Tal ein bäuerlicher Nebenerwerb. Es gab Hunderte von Goldwäschern, und sie mussten auch Goldzinsen an den Herrn zahlen, wenn sie Seifengold durch Auswaschen des Flusssandes gewinnen wollten. Heute ist das Goldwaschen eine beliebte Touristenattraktion. Und Toni ist beleibe kein Waldschrat, sondern ein schlauer Charakterkopf, der weiß, dass seine Verkleidung bei seinen Gästen gut ankommt, vor allem bei den Kindern, denen er sensibel und mit Witz das Goldwaschen nahebringt. Und natürlich hat er die staatliche Lizenz zum Goldwaschen, auch wenn es bei ihm immer aussieht, als ob er in der Wildnis übernachte.

Ob eigenwillige Charaktere in den Alpen häufiger zu finden sind als anderswo, vermag ich nicht zu sagen. Ich bin aber überzeugt, dass die Berge schärfer profilierte Charakterköpfe ausprägen als das Flachland.

Wie den Hüttenwirt der Rübezahlhütte in Ellmau. Sie hat eine einzigartige Lage, auf dem Hartkaiser auf halber Höhe genau gegenüber den grauen Felsen des Wilden Kaisers. 1778 wurde die Rübezahlalm als Kössleralm erbaut und ist von jeher immer in Familienbesitz.

Die Hütte selbst ist ein lang gezogenes, geducktes Holzhaus aus massiven Stämmen und Balken, das einem das Gefühl vermittelt, auch im ärgsten Unwetter und strengsten Winter Sicherheit und Geborgenheit zu bieten. Innen gibt es eine alte originale Rauchkuchl aus den Zeiten, als das Haus noch eine einsame Viehalm war. Der Kuhstall ist heute die verzweigte Gaststube. Schweres Holzmobiliar, wohin man blickt. Grob bearbeitet, handgemacht. Holz ist die Leidenschaft des Hüttenwirts, des Gerhard Salvenmoser. Und zwar in großem Stil. Mit seiner Kettensäge bearbeitet er große Baumstämme so lange, bis daraus große Stelen mit sehr eigenwilligen Gesichtern geworden sind. Die Wanderwege am Hartkaiser rund um die Alm sind bestückt mit diesen hölzernen Riesen. Wahrscheinlich weiß Gerhard sonst nicht, wohin mit seiner Kraft.

Zusammen mit seinem Vater musste einst alles, was man zum Leben brauchte, in Kraxen auf dem eigenen Rücken zur Alm geschleppt werden. Als die Alm zur Jausenstation wurde, wurden zusätzlich alle Getränke und Speisen für die

Gäste zu Fuß den Berg hinaufgetragen und das Leergut natürlich wieder hinunter. Es gab keinen Strom, kein Telefon, nicht einmal fließendes Wasser. Die Familie schlief auf Klappbetten in der Gästestube, wenn die Gäste weg waren. Und auch dann, wenn sie manchmal lange geblieben sind. Das hat Gerhard gestählt, und das ließ ihn auch nie vergessen, welche strenge Bedeutung das Wort »buckeln« wirklich haben kann. Er hat mir das gelassen erzählt, mit einem Lächeln auf den Lippen, das nur der Melancholie wich, als er über seinen Vater sprach, den die Plackerei wohl irgendwann die Kraft zum Leben kostete.

Heute, mit den Annehmlichkeiten der Forststraße und den Transportfahrzeugen, sucht sich Gerhard den Ausgleich mit der Kettensäge und in ständigen Umbauten, Anbauten und Neuerungen in und um die Rübezahlalm. Den nötigen Horizont und Abstand hat er sich als junger Bursch in drei Jahren Namibia geholt. Ein Freigeist eben.

Heute ist die Rübezahlalm längst eine Promialm, nicht zuletzt durch die Fernsehsendung »Die Lustigen Musikanten« mit Marianne und Michel, die hier aufgezeichnet wurde und die die Alm einem breiten Publikum bekannt gemacht hat. Das macht aber nichts, denn Gerhard legt Wert darauf, dass jeder Gast gleich gut behandelt wird.

Der Kuss
der Lamafrau

Meine Tierliebe hält sich in Grenzen. Ich nehme schon mal eine schnurrende Katze auf den Arm, um ihr übers Fell zu streicheln, oder kraule einen Hund hinter den Ohren. Ein Schoßtier aber ist nichts für mich, und Schmusereien mit Tieren liegen mir schon gar nicht. Deshalb hätte ich mir nie träumen lassen, dass ich einmal ein Tier küssen würde. Noch dazu ein Lama. Na gut, ich habe es nicht so richtig geküsst, aber unsere Lippen haben sich bis auf Haaresbreite angenähert und – so gut wie berührt. Für alle anderen, die um uns herumstanden, und vor allem auch für die Kamera, sah es aus wie ein Kuss.

Lamas kannte ich vorher nur als unberechenbare Spucktiere aus Tierparks. Ich habe mich immer in sicherer Entfernung von ihnen gehalten. An diesem Tag aber, dem Tag des Lamakusses, zog ich Seit an Seit mit einem Lama durchs wilde Gaistal, das den großen Block des Wettersteinmassivs mit der Zugspitze im Norden von den karstigen Bergen der Mieminger Kette im Süden trennt. Bis heute konnte dieses Tal sich seine Ursprünglichkeit bewahren, weil es geradezu beschützt wird von einer ganzen Reihe hoher und Respekt einflößender Berge: unter anderem der Hohen Munde, dem Hochwanner, dem Predigtstuhl, dem Hochplattig und der Ehrwalder Sonnenspitze. Zu literarischem Ruhm gekommen ist das Gaistal vor rund 100 Jahren durch Ludwig Ganghofer, denn sein Bestseller »Das Schweigen im Walde«

Beim Textlernen vor dem Schlern, dem Wahrzeichen der Seiser Alm in Südtirol

Auf Motivsuche in
den Ötztaler Alpen
mitten im kargen
Hochgebirge

Zu Besuch bei
Reinhold Messner
auf seinem Schloss
Juval im Vinschgau

Mit zwei Berg-
führern im Banne
des Großglockners,
des höchsten Bergs
Österreichs

Begegnung mit
Extrembergsteiger
Karl Unterkircher
vor dem Langkofel –
drei Jahre vor seinem
tragischen Tod am
Nanga Parbat

Bei Dreharbeiten auf dem Almboden des Innergschlöß am Großvenediger in Osttirol

Moderation auf einem ausgesetzten Felsen des Wurmkogels in den Ötztaler Alpen auf über 3000 Metern

Großes Set für die Aufnahmen vor der Stöfflhütte auf der Walleralm im Wilden Kaiser

Das Handgleis für
die Kamera und die
»Angel« für den Ton
im Vordergrund,
Gasteinertal und
Hohe Tauern im
Hintergrund *(oben)*

Extremer Dreh
auf dem Stubaier
Gletscher *(Mitte)*

Alphornbläser,
effektvoll in
Szene gesetzt

Traumland Südtirol – Schloss Maretsch in Bozen

Sternekoch Alfons Schuhbeck von den
Südtiroler Stuben in München kocht in
Südtirol, auf der Fragsburg über Meran, auf
Ganz oben: Die Szene wird geprobt
Oben: Großer Aufwand für große Küche

Adelige Gäste:
Johanna Gräfin
von Meran und ihr
Mann Franz
Graf Spiegelfeld

Zum Reinbeißen:
Schwammerlknödel
à la Schuhbeck

Der Kopf der Kastelruther Spatzen, Norbert Rier,
bei seiner Lieblingsbeschäftigung: der Haflingerzucht
auf der Seiser Alm in Südtirol

Der Respekt ist
deutlich zu sehen:
mit einem Stein-
adler in der Greif-
vogelstation auf
Schloss Landskron
bei Villach

Mit der Kuh
auf Du und Du
in Osttirol

Im Gehege der
Japanmakaken
unterhalb von
Schloss Landskron
(oben)

Auf Lamatreck
durchs wilde
Gaistal im Wetter-
steingebirge *(Mitte)*

Ziegenfüttern in
Hinterglemm im
Salzburger Land

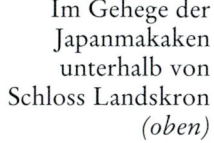

Mit den »Surfassl-
buam« und den
Wirtsleuten von
der Stöfflhütte auf
der Walleralm im
Wilden Kaiser

So entsteht der
berühmte Strohhut
des Großglockner-
dorfes Kals

Die Schuhplattler
von Villnöss vor
den Geisslerspitzen

Die Stubaier
Schuhplattler von
morgen bei ihrem
ersten Fernseh-
auftritt

Am Stahlseil über dem Abgrund: eine fingierte
Hubschrauberrettung aus den Felsen der Cirspitzen
am Grödnerjoch

Hallo, Heli, hier bin ich!

Mit meinem »Retter« Karl Unterkircher, der das Zeichen zum Hochziehen gibt

Wieder »Boden«
unter den Füßen,
auf den Kufen des
Helikopters

Die letzte Phase:
das Einsteigen

Auf der historischen Innfähre von
Kiefersfelden in Bayern nach Ebbs in Tirol:
auf zu neuen Ufern!

hat dieser Bergwelt ein Denkmal gesetzt. Seine Beschreibung des Gebirgstals zu Beginn des Buches aus dem Jahre 1899 ist alles andere als von gestern. Das Tal ist immer noch beinahe so wild und natürlich wie damals.

Als wir in gemächlichem Tempo schweigend durch die Stille des Bergwaldes nach oben zogen bis zu jener exponierten Stelle etwa auf halbem Weg vom Parkplatz bis zu unserem Ziel, Ganghofers Jagdhütte Hubertus, war ich ganz froh, den Roman vorher noch einmal zur Hand genommen zu haben. Mögen seine Geschichten auch etwas holzschnittartig, moralisch und heimattümelnd sein, und mag Ganghofer zu Recht als Kriegsjubler für Kaiser Wilhelm II. geschmäht worden sein, bei seiner Beschreibung der Bergwelt zeigt sich der Kern seines schriftstellerischen Könnens: die Alpen so sinnlich zu beschreiben, dass sie der Leser förmlich sehen, riechen und schmecken konnte, so, als ob er selbst diese Reise unternähme.

Zu Füßen der Straße zog sich ein schmales Hochtal mit fast ebener Sohle bis in weite Ferne, kaum merklich gewunden, eine einzige große Linie, gezeichnet von der weit ausholenden Hand des Schöpfers. Durch das lange Tal hin schlängelte sich die Geißtaler Ache, in eng gedrängtem Bette aus- und einbiegend um vorspringende Felsen und Waldecken, bald grünlich schimmernd bei ruhigem Gefäll, bald wieder blitzend in der Sonne und zersprudelt zu weißem Schaum ... Von dunklem Blau umschleierte Kare schneiden in den Leib der steinernen Riesen ein, und über die steilen Felsrippen klettern die Fichtenwälder empor als schmale Zungen und verlieren sich mit einsam vorgeschobenen Bäumen zwischen den Latschenfeldern, die um die Brust der Berge hängen wie eine grüne Samtverbrämung ...

Gegenüber diesem ernsten Bild des Schattens lag, von flimmerndem Glanz umwoben, die Sonnenseite des Tales. Grüne Wälder wechselten mit goldig überglänzten Almgehängen. Sanft verschwommen klangen die Glocken der weidenden Rinder von den Höhen, und auf den lichten Weideflächen erkannte man die zerstreuten Tiere der Herde als helle, bewegliche Punkte. Über den Almen lagen wieder die Wälder, aus denen sacht gerundete, nur selten von einer kahlen Wand durchschnittene Kuppen aufwärtsstiegen; und wie eine letzte steinerne Weltgrenze, stolz und steil, erhob sich über diese grünen Wellen der gezahnte, stundenlange Grat des Wettersteingebirges, im Glanz der Sonne wie ein goldenes Gebild erscheinend. Je weiter die Wand sich hinzog, desto blauer tönten sich die Felsen, sodass sie in der Ferne mit der golddurchwobenen Farbe des Himmels in eins zerflossen.

Genau so lag das Gaistal immer noch vor uns, an diesem sonnendurchfluteten Sommertag, genau so, wie es Ganghofer in Worte gefasst hatte. Es war Bergnatur in reiner Form, also wild und durcheinander und weitgehend sich selbst überlassen. Wären da nicht die Menschen, so wie wir, die ja keinen Fleck der Alpen sich selbst überlassen wollen. Das Gaistal jedenfalls gehört heute gerade wegen seiner relativen Unberührtheit als Wander- und Mountainbikeparadies zu den sehr berührten unberührten Tälern der Alpen. Heute aber war einer jener Tage, an denen wir ganz allein zu sein schienen. Unbehelligt von Natur- oder Freizeitsuchenden zogen wir einsam wie einst Ganghofers seelenvolle Helden unseres Weges. An einer ausgesetzten Stelle mit einem Wegkreuz und einer Ruhebank machten wir Rast und hingen unseren Gedanken nach.

Den schriftstellerischen Bewahrer des Echten, Wahren

und Guten in den Alpen, Ludwig Ganghofer, noch im Kopf, beäugte ich meinen exotischen Begleiter, der so gar nicht hierher zu passen schien. Taugte dieses Lama nicht geradezu zum Symbol dafür, dass ein zeitgeistiges *anything goes* nun endgültig auch die Alpen erreicht hatte? Was zum Teufel hatte das Andentier hier im Wettersteinmassiv in »unseren« Alpen zu suchen? Reine Geschäftemacherei? Weil die Zivilisation der Moderne immer neue Reize braucht? War es schlicht gerade in Mode? Ich betrachtete das Tier genauer.

Mit seinen langen, dünnen, ausgestellten Ohren, dem großen, nach vorn zulaufenden Kopf, dem langen, kräftigen Hals und dem zotteligen Fell hatte es eine unfreiwillig komische Ausstrahlung, fast wie eine Comicfigur. Ein Lama war kein besonders schönes oder gar edles Tier, wie ich fand. Es strahlte etwas sehr Eigensinniges und Eigenwilliges aus. Das wiederum passte zu den menschlichen Dickköpfen, von denen es in unseren heimischen Bergen auch viele gab. Aber wenn es schon so einen eigenen Kopf hatte, warum ließen die Menschen das Lama ihre Lasten schleppen – und ließen es nicht besser einfach in Ruhe? Franz Volgger, unser Führer und Lamazüchter vom Gerhardhof in Wildermieming, lachte nur, als ich ihm meine Skepsis offenbarte. Sie begegnete ihm fast täglich.

Und so erfuhr ich von ihm, einem Mitglied des Vereins der Tiroler Lamazüchter, erstmals das Wichtigste über Lamas. Bereits vor über 6000 Jahren, erzählte mir Franz, wurden Lamas aus den Wildformen domestiziert und zählen damit zu den ältesten Haustierrassen. Nur Ziegen und Schafe sind noch ältere Begleiter des Menschen. Lamas wurden seit jeher in ihren Ursprungsländern wegen ihrer weich gepolsterten Füße als Tragtiere verwendet. Deswegen lag es nicht nur für die immer zahlreicher werdenden Tiroler Lamafreunde auf der Hand, mit ihnen als Trageteire große Wanderungen zu unternehmen. Inzwischen zählen Lamatrecks überall in den Alpen, übrigens auch im Winter, zu den gefragten Freizeitattraktionen. Lamas können bis zu 25 Kilo Gepäck tragen; sie sind sehr trittsicher auch in unwegsamem Gelände und daher auch für anspruchsvolle Bergtouren in Höhen von über 4000 Metern bestens geeignet. Sie sind perfekt angepasst an die Lebensbedingungen im Hochgebirge. Sie sind genügsam, ausdauernd und vielseitig verwendbar. Schon zu Zeiten der Inkas waren Lamas die wichtigsten Nutztiere: Vom Fleisch über die Haut bis zum Dung wurde alles verwertet, die Wolle wurde zu Kleidung und Textilien verarbeitet. Im Königreich der Inkas waren die Lamas aber nicht nur die Lastträger für den ausgedehnten Handel, sie spielten auch eine große Rolle bei den religiösen und kulturellen Zeremonien.

Ich schloss die Augen, und in meinem Kopf zogen die in meiner Erinnerung gespeicherten Bilder der Anden vorüber. Die ersten Prägungen waren die Geschichten in den Mickymaus-Heften, in denen Donald zusammen mit Tick, Trick und Track ihre Abenteuer auf schwindelerregenden Pfaden im südamerikanischen Hochgebirge erlebten, mit treuen Lamas über Schluchten und Abgründe zogen und über sagenhafte, schwankende Hängebrücken. Später kamen die Bildbände und Fotografien über dieses ferne und fremde Gebirge hinzu, die dieses Bild der himmelstrebenden Felsen und grauen Wände über dem feuchten Dschungelgrün der Täler nur noch verstärkten.

Als ich die Augen wieder öffnete und mein Blick von der tief unter uns gurgelnden grünen Gaistaler Ache auf die kargen grauen Wände auf der anderen Seite fiel, mit dem Lama davor, da schoben sich über meine äußere Wahrnehmung die inneren Bilder, die ich mir von den Anden gemacht hatte. Und plötzlich fand ich es gar nicht mehr so befremdlich exotisch, dass da in den nördlichen Kalkalpen ein Lama stand und geduldig aufs Weitergehen wartete.

Warum, dachte ich mir, sollten Lamas nicht auch in den Alpen eine Heimat haben? Vielleicht werden sie einst zur alpinen Fauna dazugehören und nicht mehr wegzudenken sein, wie viele andere »Einwanderer«, die über die Jahrtausende hier heimisch wurden.

Alles fließt, alles wandelt sich, warum sollte der Lebensraum Alpen davon ausgenommen sein? Lange verschwundene Tiere wie der Bär, der Luchs und andere Beutegreifer kehren langsam wieder zurück, ermöglicht durch die Ausweisung von Schutz- und Ruhegebieten, in denen der größte Räuber der Erde, der Mensch, die zweite Geige spielen muss. Und überall in den Alpen werden Tiere angesiedelt, deren klassische »Heimat« ganz woanders liegt. Das Paradebeispiel sind die tibetanischen Yaks, die Reinhold Messner in Sulden am Ortler züchtet, ein anfangs in der Öffentlichkeit sehr kritisch begleitetes Vorhaben. Woanders werden Koberinder gehalten, Bisons oder schottische Highlander. Und Lamaschnitzel statt Schweinsbraten auf der Speisekarte sind auch längst keine absolute Rarität mehr, so wie man auch nicht nur auf dem Gerhardhof Alpaka-Socken statt der Schafwollstrümpfe kaufen kann.

Warum also nicht auch Lamas in den Alpen, schließlich sind sie schon um die halbe Welt gezogen. Vor vier Millionen Jahren wanderten Urformen der Lamas über die Beringstraße in den Mittleren Osten, wo sie sich zum einhöckrigen Dromedar und zum zweihöckrigen asiatischen Bactrian-Kamel entwickelten. Andere begaben sich nach Süden über die Panama-Landbrücke, um dann zum südamerikanischen Lama zu werden, wie wir es heute kennen. Und jetzt eroberten sie eben die Alpen, jener gegenüber den Anden relativ kleinen Erdfaltung in Mitteleuropa. Für Lamas, die dünne Luft und raues Klima gewohnt waren, bedeutete der Aufenthalt in der mitteleuropäischen Bergwelt wahrscheinlich so etwas wie Sommerfrische. Ich hatte jedenfalls den Eindruck, dass mein Lama den Ausflug ins Gaistal genoss, so wie ich.

Wir zogen weiter, und ich sog die frische, würzige Luft ein, in der sich die Frische des Wildbaches mit dunklen Aromen des Waldes und der milden Brise der Gipfelwinde, die zu uns herunterzogen, auf einzigartige Weise mischten. Es war noch früh am Tag, die Sonne wärmte sanft und angenehm wie eine flauschige Decke, die man sich in der Morgenkühle über die Schultern schlägt, und die ganze weite Welt lag in diesem engen Tal plötzlich zum Greifen nah vor mir. Mich durchströmte eine Welle von Glück. Das habe ich oft in der Natur erlebt, dass mein Körper unwillkürlich von einem Gefühl erfüllt wurde, das mit dem abgegriffenen Bild vom Einsseins mit der Schöpfung nur unvollkommen wiedergegeben ist. Es handelt sich dabei nicht etwa um einen beschaulichen Zustand von Ruhe und Ausgeglichenheit, sondern eine pulsierende, vorwärtstreibende innere Energie. Die pure Lust am Leben. Der offene Horizont als Verheißung, als Eldorado. Es war ein kleines, großes Gefühl von Unendlichkeit, von Unsterblichkeit. Es war eine Lust, die Ewigkeit wollte und doch nicht bekam.

Schließlich öffnete sich der Waldweg zu einem kleinen grünen Talboden, auf dem Ganghofers Jagdhütte stand. Ein stabiles vierflügeliges Haus aus verwittertem Holz und mit grünen Fensterläden, das sehr einladend aussah. Ich blickte mich um. Es war ein guter Ort, um über die Berge zu schreiben, denn das ganze Inventar der Romane Ganghofers lag sozusagen direkt vor der Haustüre von »Hubertus«. In dieser Jagdhütte seien in mondhellen Nächten viele von seinen Meisterwerken entstanden, raunt man sich kennerhaft zu. Mit Sicherheit war es die exotische Partyzone des Modeschriftstellers. Das in der Bergeinsamkeit gelegene Heim Ganghofers war um 1900 ein beliebter Treffpunkt der damaligen Künstlerprominenz. Denn die Alpen wurden gerade von der Oberschicht als schickes Freizeitvergnügen entdeckt. Gäste Ganghofers waren Hugo von Hofmannsthal, Richard Strauss, der Sänger Leo Slezak und das halbe Burgtheaterensemble. Zu Ganghofers Freunden, die es als Ehre empfanden, ins Gaistal eingeladen zu werden und dort rauschende Feste zu feiern, zählten Johannes Brahms, Johann Strauß' Sohn, Rainer Maria Rilke, Gerhard Hauptmann, Thomas Mann und Kaiser Wilhelm II. Heute ist das Haus musealer Tempel der Ganghoferjünger.

Für uns war es an der Zeit, uns zu stärken. Als Franz, unser Führer, in seinen Umhängebeutel griff, um das Lama für seine Trekkingtour zu belohnen, stieß es ein lang gezogenes »Hummm« aus, das mich entfernt an das Muhen einer Kuh erinnerte. Das sei ein Ausdruck von Genuss und Wohlbefinden, erklärte mir Franz, im Gegensatz zum hellen Wiehern, das als Stress- und Alarmsignal zu verstehen gewesen wäre.

Das Schmankerl, das sein Herr in die Hand nahm, glich einer dunklen, daumengroßen Presswurst und war so etwas wie ein Powerriegel für Lamas. Franz grinste und forderte uns auf, genau achtzugeben. Dann steckte er sich den Lamaleckerbissen zwischen die Zähne und näherte sich den mächtigen unteren Hauern, die aus dem Tiermaul ragten. Franz kam mit seinem Gesicht dem Lama immer näher. Ich mochte gar nicht hinschauen. Das Lama aber nahm den Riegel so sanft und gekonnt aus dem Mund des alpinen Dompteurs, als ob dieses Kunststück eine leichte Übung wäre. Franz lachte: »Das sieht schlimm aus am Anfang. Aber schau mal her.« Er zog die weiche Oberlippe des Tieres nach oben. »Lamas haben im Oberkiefer keine Zähne, sondern nur eine gut gepolsterte Gaumenplatte, und ihre Oberlippe ist vorne gespalten. Probiers doch mal selber.«

Ich war so aufgeregt, wie man es beim ersten Kuss zu sein hat. Nur – damals war's dunkel, es war kein Lama und es hat niemand zugesehen. Jetzt standen über ein Dutzend Menschen um uns herum, und zu allem Überfluss war zudem ein Kameraauge auf mich gerichtet. Aber ich glaube, ich habe mich tapfer geschlagen. So kam ich zu meinem ersten Lamakuss. Ich habe ihn überlebt. Lamas sind auch sonst sehr gutmütig und eignen sich als Therapietiere. Nur erwachsene Hengste verfügen über wirklich scharfe Zähne, die sie aber lediglich beim Kampf um das begehrenswerteste Weibchen einsetzen. Und natürlich können Lamaweibchen mit ihren Hufen rabiat werden, wenn sie um ihren Nachwuchs fürchten. Und: Nur wenn Lamas sich belästigt fühlen, spucken sie auf den Störenfried. Mit erstaunlicher Treffsicherheit. Menschen haben Lamas meist nicht im Visier. Lamas bespucken sich vor allem untereinander, um die Rangordnung zu verdeutlichen oder aufdringliche Artgenossen auf Distanz zu halten. Speichel wird dabei nur zur Warnung gespuckt. Wenn es ernst gemeint ist, wird halb verdauter Mageninhalt ausgespien, eine zähe, grünliche, übel riechende Masse. Sie sieht wirklich eklig aus, ist aber harmlos und, falls es zufällig doch mal einen Menschen treffen sollte, leicht abwaschbar. Mein Lama aber hat mich kein einziges Mal angespuckt.

Die ungewöhnlichste Begegnung mit exotischen Tieren in den Alpen war diejenige mit einem ganzen Affenclan. Affen kommen in den Alpen nicht vor – jedenfalls keine lebendigen. Als Motiv in der Lüftlmalerei, dieser alpinen Form der italienischen al-fresco-Malerei an den Hausfassaden, aber sehr wohl. Der schönste und bekannteste Affenzyklus ist seit dem frühen 17. Jahrhundert am Hirschenhaus in Berchtesgaden zu sehen. Dort wird den Menschen der Spiegel vorgehalten, indem ihre Schwächen und Laster von einer fein herausgeputzten Affengesellschaft parodiert werden.

Eine echte Affenpopulation hingegen gibt es seit einigen Jahren unterhalb der Festung Landskron bei Villach in Kärnten. Dort leben auf dem sogenannten Affenberg über 140 Japanmakaken in einem weitläufigen Gehege unter freiem Himmel. »Wissenschaftlich begleitet und unter artgerechten Bedingungen«, wie die privaten Betreiber betonen. Die Affen sollen sich so entfalten können, wie es dem Leben in Freiheit am nächsten kommt. Immerhin leben sie in einem sehr großen, lichten Wäldchen und unter klimatischen Bedingungen, die vergleichbar ihrem natürlichen Lebensraum sind.

Die Japanmakaken wären also gänzlich ungestört, wäre da nicht der Wissensdurst der Betreuer und der Forscher, die mehr von ihnen wissen wollen und dabei auch ihre Intimsphäre nicht aussparen. Zum Beispiel bei der von der Universität Wien durchgeführten verhaltensphysiologischen Untersuchung an pubertierenden Makaken-Weibchen. Und wären da nicht die vielen Besucher, über 100 000 im Jahr. Als besondere Attraktion werden bei den Führungen dann gern die schwimmenden und tauchenden Tiere gezeigt. Zumindest an dem heißen Sommertag, als wir die Makaken in ihrem Wohnzimmer besuchten, hatten sie sichtlich Spaß am Plantschen im kühlen Nass. Als Besucher durften wir uns im Affenkäfig ebenso frei bewegen wie die Affen selbst, und manchmal hätte niemand ganz eindeutig sagen können, wer nun wen beäugte.

Zumindest hat die exotische Population in dem umzäunten Wäldchen genug Auslauf und Platz, sich vor den neugierigen Blicken der Besucher auch mal zurückzuziehen. In die Freiheit aber darf der Weg dann freilich doch nicht führen. Der drei Meter hohe Drahtzaun ist oben vielfach gesichert, mit nach innen überhängenden, bewehrten Abweisern.

Ihre Neugier hat die Affen schon einmal das Weite suchen lassen, als das Gelände noch nicht so gesichert war. Das führte zu einem regelrechten Affenzirkus, den die Menschen, vor allem die Medien, in Kärnten und ganz Österreich veranstaltet haben auf der Suche nach den verschwundenen lebenden Attraktionen, mit Affenstandsmeldungen im Minutentakt. Schließlich ließen sich dann doch alle wieder einfangen und kehrten in ihre Gruppe zurück.

Makaken haben einen starken Familienzusammenhalt, ein ausgeprägtes soziales Verhalten und Rangordnungen. Die menschlichen Wärter betrachten sich ein wenig als Teil dieser Sozialordnung, denn sie kennen nicht nur jedes Mitglied der Affenfamilie mit Namen, sondern auch deren Vorlieben und Abneigungen, Verhalten und Stimmungen. Die wichtigste Regel, die wir wie alle Besucher mit auf den Weg bekamen: »Auf keinen Fall lang in die Augen schauen. Das fassen die Affen als Aggression auf.«

Wie schmal doch der Grat zwischen Liebe und Hass, zwischen Zuneigung und Aggression sein kann. Der Blick ist dafür ein zuverlässiger Gradmesser. Angestarrt will kein Mensch werden, angeschaut aber sehr wohl.

Gebissen hat mich ein anderes eigensinniges Lasttier: ein Esel. Heimtückisch. Von hinten. In den Hintern. Es war auf einem »Agriturismo«, also auf einem Erlebnisbauernhof in den welligen Hügeln Istriens, den letzten Ausläufern der balkanischen Voralpen. Der weitläufige Hof stand mitten in einer zauberhaften mediterranen Landschaft voller Ginster, Pinien und Zypressen. Die Luft vibrierte unter der südlichen Mittagssonne, die Zikaden schlugen in voller Lautstärke und ich hatte einen jungen Esel an einem rauen Strick, mit dem ich den Zuschauern die archaische Tierwelt in dieser einsamen, kargen, biblisch anmutenden Landschaft vor Augen führen wollte.

Esel hatten bereits in der Bibel ein hohes Renommee. Mit einem Esel gelang der Heiligen Familie nach Herodes' Fluch die Flucht nach Ägypten. Auf einem Esel ritt Jesus unter Hosianna-Rufen am Palmsonntag in Jerusalem ein. In allen Regionen Nordafrikas wurden wilde und domestizierte Esel als Götter oder Totemtiere verehrt, besonders in Ägypten, wo der Gott Seth mit einem stilisierten Eselskopf dargestellt wurde. Bis heute werden Esel in vielen Regionen der Welt als Reit- und Zugtiere verwendet. Als Packtiere sind sie enorm zäh und genügsam. Ein Esel kann viel länger als ein Pferd ohne Wasser und Nahrung auskommen. Esel sind wie geschaffen für die kargen, rauen, trockenen Gegenden rund ums Mittelmeer. Da es meist nicht viel zu Fressen gibt, ist die Milch der Eselsstuten für die jungen Füllen besonders nahrhaft, sozusagen Nektar und Ambrosia zugleich für den Nachwuchs. Kleopatra, die Schöne, wollte ihre Jugend erhalten, indem sie in Eselsmilch mit Honig badete.

Aber Esel gelten auch seit jeher als eigensinnig und starrköpfig. Und bei dem jungen Esel, den ich an jenem Tag hinter mir herzog, waren diese Gene offenbar besonders ausgeprägt. Er schien fast, als scheute er den Auftritt vor der großen Öffentlichkeit und wollte wieder zurück in die Anonymität seiner Weide. Er war offensichtlich mehr an Distelfressen und Spielen mit seinen Altersgenossen interessiert als am Repräsentieren seines Zuhauses.

Nur mühsam konnte ich dem störrischen Tier ein paar staksige Schritte abringen, dann stemmte es sich mir mit der ganzen Kraft seiner Vorderfüße entgegen. Es dauerte, bis ich ihn endlich am richtigen Platz am Set hatte. Ganz still stand das graue Vieh nun da, bis ich zu moderieren begann und der Esel spürte, dass ich meine ganze Aufmerksamkeit nun nicht mehr ihm widmete. Auf diesen Augenblick hatte er wohl nur gewartet.

Ich war auf das Objektiv der Kamera und meinen Text fixiert und bemerkte nicht, wie sich das verspielte Jungtier – plötzlich ganz leichtfüßig – hinter mich schlich und mir kräftig in den Hintern biss. Mein Aufschrei mitten im Wort verblüffte die Crew nur für einen Augenblick, dann brachen alle in Gelächter aus. Ich rieb mir die eine Backe und wollte dem Vieh trotz aller biblischen Assoziationen nun partout nicht auch noch in christlicher Nächstenliebe die andere Backe hinhalten. Es waren eher ein ziemlich feindseliger Blick und ein paar derbe Worte, mit denen ich ihn bedachte. Der Esel kümmerte sich nicht im Geringsten darum. Er stand wieder wie zuvor angewurzelt auf staubiger, rötlicher istrischer Erde und blickte stoisch geradeaus, als ob er kein Wässerchen trüben könnte. Ich war mir aber sicher, dass ich in seinem Eselsmaul ein verstecktes Grinsen entdeckte. Er hatte seinen Spaß gehabt. Ab da zeigte er sich ganz friedlich und umgänglich, und wir wurden noch richtige Freunde an diesem Nachmittag.

Nicht jeder Biss eines Tieres aber ist Stoff für eine Komödie. Es war 2006, im Jahr des »Sommermärchens«, im Jahr der Fußballweltmeisterschaft in Deutschland. Es war der Tag des Spiels gegen Schweden, des wohl schönsten Sieges der deutschen Mannschaft während der WM. Und die Sommersonne stand an diesem Tag auch in den Alpen an einem azurblauen Himmel wie im Märchen. Es war ein Traumtag. Es war der Tag, der für zwei Mitglieder unserer Filmcrew beinahe um Leben und Tod gegangen wäre.

Wir waren bei Dreharbeiten im Kaiserbachtal, ein mitten ins Herz des Kaisergebirges führendes Bergtal, das sich von der Griesenau bis zum Stripsenjoch erstreckt. Es ist ein tief eingeschnittenes Tal, das einen starken Zug ins Hochgebirge hat und sich nach oben hin verjüngt. Umrahmt von den wilden Zacken des kaiserlichen Kalkgebirges im Süden und dem milderen Gipfel des Zahmen Kaisers im Norden.

Als ich zum ersten Mal bei der Griesenau ins Kaiserbachtal einbog, da blieb mir fast die Luft weg. Es war wie im Kino in der ersten Reihe. Emotionale Erinnerung nennen es die Schauspieler, wenn sie in ihrem Inneren intensive Erfahrungen mit starken Gefühlen heraufbeschwören, die dann wiederum eine starke Präsenz sowie authentische Gestik und Mimik ermöglichen. Meine emotionale Erinnerung an den ersten Eindruck des Kaiserbachtals ist immer noch so stark, dass ich unwillkürlich zu lächeln beginne.

Mein Blick nahm Eindrücke über Eindrücke auf, und ich musste immer wieder von links nach rechts und zurück schauen, gebannt von diesem Cinemascope-Bergpanorama, das wie sich wie die Ränge eines Amphitheaters nach oben schraubte. Das Tal sog mich förmlich in sich auf wie ein Wasserstrudel oder eine Meeresströmung, und ich ließ mich lustvoll hineintreiben und die Blicke über die grünen Matten zu beiden Seiten immer weiter hinaufziehen in die weiß-grauen Kalkfelsen bis zum Stripsenjoch und darüber hinaus in den blauen Kaiserhimmel hinein.

Wir fuhren aber zunächst nicht mal bis zur Griesener Alm am Ende der mautpflichtigen Autostraße, von der aus die Wege in den Fels führten. Denn auf halbem Weg links lag unten in der sattgrünen Wiese eine geduckte kleine Hütte, deren Schornstein rauchte: Das war unser Ziel, eine alte Latschenkiefer-Brennerei. Wir wollten zeigen, wie aus den grünen Berglatschen das ätherische, gesundheitsfördernde Destillat wurde.

Mir hatte dieser Gedanke besonders gefallen, denn Latschenkieferbonbons gehörten zu meiner Kindheit. Bei Erkältungen und Halsschmerzen gab es bei uns daheim Latschenkieferbonbons. Mein Vater holte sie in München beim »Kräutersepp« in der Blumenstraße, dem ältesten Kräuterfachgeschäft Deutschlands, das bis heute einen Besuch wert ist. Noch immer umfangen einen tausend Gerüche beim Eintritt in das fast spartanisch eingerichtete Ladengeschäft und noch immer stapeln sich bis unter die Decke die großen runden Spanboxen voller getrockneter Kräuter und Essenzen, so wie ich es als Bub bei einem Besuch erlebt hatte.

Jetzt erfuhr ich zum ersten Mal von Ernst, dem Kiefer-Einsiedler im Kaiserbachtal – für den der Begriff lustiger Tiroler erfunden worden zu sein schien –, wie die Latschen eingemaischt und das in ihnen enthaltene Öl in einem Brennvorgang gewonnen wurde.

Es war eine rußige, dunkle Hütte, die dennoch Gastfreundschaft und Behaglichkeit ausstrahlte, was Ernst zu verdanken war, sozusagen dem guten Geist der Sommermonate.

Die Verabschiedung von Ernst und von diesem heiteren

Ort alter Handwerkskunst wollten wir draußen drehen, mit Kaiserblick. Wir hatten alle die beste Laune, das Wetter war phantastisch, ein erfolgreicher Drehtag stand kurz vor dem Ende, wir freuten uns auf das Fußballspiel.

Mitten im Abbau des Filmsets schrie Anja Sauer, unsere Maskenbildnerin, plötzlich auf. Der Tonmann Maurice Conde wollte ihr gerade – übermütig wie immer – einen dunklen Wurm, den er in der Wiese vor der Hütte gefunden hatte, in den Rückenausschnitt stecken. Plötzlich schrien auch andere: Das ist eine Schlange! Wirf sie weg! Das ist eine junge Kreuzotter! Maurice riss die Augen auf und warf den tückischen Wurm in hohem Bogen ins Gelände.

Der Biss einer Berg-Kreuzotter ist beileibe nicht ungefährlich. Ihr Gift soll nämlich erheblich stärker sein als das der Flachländlerschlangen, behaupten jedenfalls die Einheimischen. Nicht zuletzt aus Furcht vor Schlangenbissen ziehen die Bergbauern schwere Stiefel an, wenn sie zur Mahd des hoch stehenden Grases in die steilen Hänge gehen, dort, wo keine Maschinen hinkommen. Und sie binden sich zusätzlich die Hosenbeine zu, wie Radfahrer das tun, damit nicht nur die Hose nicht in die Kette, sondern auch die Schlange nicht in die Hose kommt.

Der kleine Wurm aber, der sofort schlängelnd im Gras verschwand, war ja noch keine richtige Kreuzotter, das war ja noch eine Babyschlange gewesen, die man doch nicht ernst nehmen konnte. Dachten wir. Ernst, der lustige Latschenbrenner aus dem nahen Kössen, zollte seinem Namen plötzlich Respekt und belehrte uns eines Besseren. Das Gift der jungen Schlangen sei sogar richtig lebensbedrohlich. »Die Jungen sind noch viel giftiger. Bei denen muss der Biss schließlich hundertprozentig wirken, sonst verhungern sie womöglich. Deshalb ist das Gift hochkonzentriert.«

Wir schauten ihn alle fassungslos an, als er uns gerade ungerührt erklärte, dass Anja möglicherweise soeben knapp dem Tode entgangen sei. Zumal ein Biss in den Nacken etwas anderes ist als einer in den Fuß. Auch der fröhliche Maurice wurde merklich blass und sehr still, als er sich die möglichen Konsequenzen ausmalte.

Was so ein Kreuzotterbiss für Folgen haben konnte, erlebten wir ein Jahr später auf der Gruttenhütte am Wilden Kaiser. Das ist ein kühn an die Südflanke des Kaisers geklebtes, wetterfestes Haus mit einem herrlichen Blick Richtung Süden ins Leukental, nach St. Johann und zum Kitzbüheler Horn.

Die um 1900 erbaute Hütte ist neben der etwas tiefer gelegenen Gaudeamushütte einer der wichtigsten Ausgangspunkte für Touren ins Kaisergebirge. Liegt sie doch genau an der Grenze vom grünen zum grauen Kaiser, also gerade unterhalb der steilen Felsen aus Wettersteinkalk, dem Ziel der Begierde aller Kaisertreuen. Von dort aus geht es dann auf die vielen Schründe und Zacken dieser »Dolomiten des Nordens« bis hinauf zur Ellmauer Halt, dem mit 2344 Metern höchsten Gipfel des Kaisergebirges. Oder auf die zahlreichen ausgebauten Klettersteige wie den Jubiläumssteig oder den Kaiserschützensteig.

Direkt unterhalb der Hütte war das Brennholz für den Holzofen in der Küche gelagert, und als die hübsche schwarzhaarige Ines, die Bedienung aus Chemnitz, ein paar neue Scheite holen wollte, das griff sie buchstäblich ins Schlangennest und wurde von einer Kreuzotter in die Hand gebissen. Auf der Bissseite lief ihr Körper blau an, und sie erlitt einen allergischen Schock. Wäre sie nicht sofort mit dem Hubschrauber ins Krankenhaus gebracht worden, hätte sie den Biss vielleicht nicht überlebt. Noch ein halbes

Jahr später litt sie unter den Nachwirkungen des Giftes, das in ihren Körper gelangt war.

Vor Tieren, die sich bedroht fühlen oder ihr Revier verteidigen, sollte man sich grundsätzlich in Acht nehmen, auch wenn eine Begegnung mit ihnen nicht immer lebensbedrohlich sein muss. Etwas unangenehm aber kann das schon ausgehen, so wie bei unserem Regisseur Alfons Schön. Wir waren in St. Magdalena im schroffen Halltal auf halbem Weg ins karstige Karwendelgebirge. Ursprünglich war dort um 1440 ein kleines Kloster errichtet worden, das von einigen »Waldbrüdern« bewohnt wurde. Später übernahmen Nonnen die Einsiedelei in der Bergeinsamkeit über Absam auf rund 1300 Metern. Als eine reiche Witwe dem Ordenskonvent beitrat, ließ sie den Bau erweitern und eine neue Kirche bauen, die der hl. Magdalena geweiht wurde.

Bei Umbauarbeiten an den Gebäuden wurden vor wenigen Jahren Kacheln aus dem Jahre 500 v. Christus entdeckt, die eine uralte Besiedelung des Ortes belegen. Heute ist Magdalena ein zu Recht beliebtes Ausflugsziel, vor allem am letzten Sonntag im Juli, denn da findet der beliebte »Magdalena-Sonntag« mit Musik statt. Einkehren kann man aber das ganze Jahr über in der Jausenstation gleich bei der Kirche. Wobei Jausenstation weit untertrieben ist. Es ist ein echtes Almgasthaus in einer wildromantischen Bergwelt mit einer schmackhaften, weithin bekannten Küche. Sie orientiert sich an den Prinzipien der Slow-Food-Bewegung, verwendet also nur hochwertige, naturnah produzierte Rohstoffe und Lebensmittel.

Slow Food beziehen die Hüttenwirte, Susi und Peter Kerschbaumer, aber durchaus auch auf die Zubereitung. Sie sind der festen Überzeugung, dass der sorgsame Umgang mit den Lebensmitteln einfach seine Zeit braucht. Außerdem machen sie alles frisch nach der Bestellung, vor allem ihre berühmten Knödel. Und das kann dauern, wenn schon ein paar Gäste vor einem bestellt haben.

Wir waren etwas abseits der Wirtschaft bei Filmaufnahmen, im von einem kaum sichtbaren Elektrozaun gesicherten Revier der Schafe. Unser Regisseur stellte sich nach der langen Autofahrt diskret etwas abseits ins Gebüsch, um sein Wasser abzuschlagen. Was er nicht gesehen hatte, war der Schafbock, der sich von hinten auf leisen Sohlen näherte, um ihn auf die Hörner zu nehmen. Und was er vorne nicht gesehen hatte, war die dünne Elektroleitung, die durch die Büsche verlief. So kam's, wie es kommen musste. Zum Zusammenstoß vom Schafbock mit dem Allerwertesten von Alfons Schön. Das wiederum führte zu einer verhängnisvollen Kettenreaktion: Alfons Schön machte einen Satz nach vorne, sein Wasserstrahl traf die Leitung und der Strom fuhr ihm mit einem kräftigen Stoß in seine Eingeweide. Er stöhnte vernehmlich noch eine Zeitlang, wahrscheinlich um unser Mitleid zu erregen, was aber vergeblich war. Die ganze Crew amüsierte sich königlich über diese elektrisierende Pinkelpause. Und erst die Knödel der Kerschbaumers ließen unseren Regisseur das schadenfrohe Gelächter der Crew vergessen, das ihn weitaus mehr geschmerzt hatte als der Körper.

Weibliche Schafe und auch Ziegen sind dagegen brave, treue und anhängliche Tiere. Das weiß ich seit Kindertagen. Als ich etwa vier Jahre alt war, da wurde ich zum »Ziegenmicherl« in meiner Familie. Wir hatten uns eine Ziege angeschafft, die bald meine treueste Freundin wurde. Ich nannte sie Susi, fütterte sie, passte auf sie auf und ging mit ihr in der Aubinger Lohe spazieren. Sie immer brav an meiner Seite, als wäre sie mein Hund.

Daran musste ich denken, als ich im Stubaital bei der »Goaßkaslisl« war, bei Elisabeth Span auf ihrem Ziegenbauernhof bei Neustift, dem Kratzerhof. Wer weiß, vielleicht konnten die weit über hundert Ziegen meine Susi über Zeit und Raum hinweg noch an mir riechen und identifizierten mich sofort als Ziegenfreund. Denn als ich ihr Gatter betrat, stürmten sie auf mich zu wie auf einen alten Freund. Ich kenne die verborgenen olfaktorischen Fähigkeiten von Ziegen nicht, es lag aber vielleicht doch eher daran, dass das Erscheinen des Menschen mit der Fütterung eng verbunden war. Die Lisl hatte mir auch einen Eimer in die Hand gedrückt, bis oben voll mit Kraftfutter. Liebe geht eben durch den Magen, und immer, wenn wir Tiere bei den Dreharbeiten anlocken mussten, dann war die Futterfalle der effektivste Weg. Die Ziegen waren nur allzu bereit, mit Lust und Wonne in sie hineinzutappen. Sie folgten ihren Nüstern und scherten sich nicht um die Kamera. Sie waren neugierig, zutraulich, geradezu stürmisch in ihren Sympathiebezeugungen. Die Kleinen ließen sich problemlos auf den Arm nehmen und die Großen dorthin dirigieren, wo wir sie haben wollten. Ziegen hatten ihren Charakter seit meinen ersten kindlichen Erfahrungen offenbar kaum verändert.

Die »Goaßkaslisl« aus dem Stubaital war übrigens keine eingeborene Tirolerin, sondern stammte aus München, hatte sich erst in den Bauern und dann auch in die Ziegen verliebt. Ihrer Kreativität lässt sie bei der Verfeinerung der Ziegenmilch freien Lauf. Das Sortiment reicht von Almkas in Rotschmiere über Lindenholzasche-Käse mit Cognac und Käse in Urgesteinsmehl bis hin zu Gletscherkaserl mit Olivenpaste. Das ungewöhnlichste kulinarische Ereignis ist ein Goaßmilchschnaps. Milchig mild und rass, also recht kräftig, zugleich. Rund 50 verschiedene Sorten Käse aus reiner Ziegen-Rohmilch sind im Angebot, und wer den kleinen Verkaufsraum am Hof betritt, dem kitzeln trotz der Kühlung tausend Düfte die Nase.

Der Angriff des Steinadlers ist eine noch frühere Kindheitserinnerung als das Ziegenhüten – der Adler war die Hand meines Vaters, die im Sturzflug für eine Kitzelattacke nach unten sauste. Erinnerungsselige Gefühligkeit aber wollte sich nicht einstellen, als ich einem lebenden Adler zum ersten Mal Aug in Aug gegenüberstand. Als er mich nur einmal kurz anblickte, um mich in Sekundenbruchteilen zu taxieren, da löste dies bei mir unwillkürlich ein Gefühl des Unbehagens aus.

»Es ist so, als ob er in dich hinein- und durch dich hindurchschauen könnte. Das ist ein bisschen unheimlich. Mir ging es anfangs genauso«, meinte »Adlerflüsterer« Ernst König, der mit einem Steinadlerweibchen auf der behandschuhten Hand direkt neben mir stand. »Der Grund liegt darin, dass der Blick weit in die Ferne gerichtet ist.«

Ich musste an den Ratschlag eines Fotografen denken, der einmal Porträts von mir gemacht hatte. »Nicht direkt in die Kamera schauen, sondern ganz leicht drüber, als ob du am Horizont etwas suchst. Das gibt dem Blick Tiefe und etwas Rätselhaftes.« Ich hatte auch gehört, dass der leicht abwesende, betörende Blick von Hans Albers im Film nicht zuletzt seiner Kurzsichtigkeit geschuldet sein sollte und seinem kurzen Gedächtnis. Er las seine Texte nämlich von großen Tafeln ab, die neben der Kamera hochgehalten wurden und die im Filmjargon »Neger« genannt wurden. Sein Blick war also immer ein wenig in die Ferne gerichtet, was seinem Spiel Sehnsucht und Wehmut verlieh. Das Charisma aber, das Albers dabei verströmte wie die Sonne ihre Wärme, das allerdings kam aus dem Herzen.

Der Blick des Adlers dagegen war kühl, klar und kompromisslos. Aber nicht nur das sprichwörtliche Adlerauge, das eine bis zu achtmal bessere Sehleistung hat als das des Menschen, war für seine majestätische Erscheinung verantwortlich. Hinzu kamen der kühn gebogene Schnabel und der stromlinienförmige Kopf, fern jeder Gemütlichkeit oder Niedlichkeit. Ein Adler eignete sich nicht als Schmusetier, das war auf den ersten Blick klar. Es war eine nicht von Zuneigung, sondern von Respekt und Akzeptanz geprägte Partnerschaft, die der Greifvogel mit dem Menschen einging.

Das war nicht immer so. Steinadler waren über die Jahrhunderte in den Alpen ebenso gefürchtet wie bewundert. Da er auch relativ große Beute machte, wie Murmeltiere, Steinbockkitze oder Lämmer, wurde er verdächtigt, er schlage kühlen Herzens sogar kleine Kinder, die unvorsichtig auf einer Almwiese spielten. Kein Fall sei belegt, meinte mein Adlerfreund, aber bei manchen Ereignissen, wie dem Verschwinden von Kindern, ist es eben leichter, es dem Adler auf die Schwingen zu laden, als selbst in Erklärungsnot zu geraten. Nicht nur deswegen waren die Adler um 1900 in den Alpen beinahe ausgerottet. Sich eine erbeutete Adlerfeder an den Hut zu stecken, das galt auch etwas. Es war wie ein Übergehen von Kraft und Stärke des Greifvogels auf seinen Bezwinger.

Der Adler als König der Lüfte, der Herrscher über den blauen Azur, hat in allen Kulturen eine große Rolle gespielt. In der Antike war er der Vogel von Göttervater Zeus und damit Symbol für Macht und Sieg. Die Indianer verehrten ihn als heiliges Tier, das Mut und Kraft verleihen konnte.

Adler sind nach dem Löwen, der auch gern als König der Tiere bezeichnet wird, die beliebtesten Wappentiere. Der mythische Greif mit Adlerkopf und Löwenkörper war dann die Potenzierung von Kraft und Stärke. Bis heute zeigt sich der Adler als Wappentier in vielen Ländern, wie zum Beispiel als Weißkopfseeadler in den USA, als Kondor in den Staaten Mittel- und Südamerikas, in den arabischen Ländern als Adler Saladins, und Steinadler kommen im Wappen Tirols, Österreichs und Deutschlands vor.

Vom Steinadler gibt es durch gezielte Aufzucht und das gestiegene Bewusstsein für die Schaffung ungestörter Lebensräume für bedrohte Arten überall in den Alpen wieder ausreichende Populationen. Und es gibt zahlreiche Greifvogelstationen, die sich nicht nur um Zucht und Hilfe, sondern auch um die Popularisierung des Themas kümmern.

Eine der schönsten Arenen für die Beutegreifer der Alpen ist ganz oben auf Schloss Landskron bei Villach, oberhalb des Affengeheges. Bei unserem Besuch war nicht lange zuvor Nachwuchs geschlüpft, und das weißgraue Wollknäuel, das sich dereinst als Adel in die Lüfte erheben sollte, war beim Publikum der Flugvorführungen die Attraktion, obwohl es nur im Korb herumgetragen wurde.

Vom Leiter der Station, Franz Schüttelkopf, lernte ich ebenso wie die Zuschauer viel über den Umgang mit Greifvögeln. Für mich war es der Höhepunkt, als ein Steinadlerweibchen auf meiner Hand Platz nahm. Das Weibchen lässt sich vom Männchen gut an der Größe unterscheiden, denn das Männchen erreicht nur etwa ein Drittel der Körpergröße des Weibchens von rund einem Meter und wird deshalb Terzel genannt. Die gelben Klauen auf dem braunen Leder meines Handschuhs flößten mir noch mehr Respekt ein, als ich erfuhr, dass ein fester Griff des zu Recht Greifvo-

gel genannten Tieres meine Hand wie Butter durchschnei-
den würde. Adlerklauen knacken auch Schädeldecken, wenn
die Tiere es denn nur wollen. Von Franz lernte ich auch den
Trick, wie man den Adler dazu bringt, seine Schwingen aus-
zubreiten. Eine kleine Drehung des Handgelenks genügt,
um dem Adler Instabilität seines Rastplatzes zu signalisie-
ren. Instinktiv öffnet er seine Flügel, um sich in sein Element, die Luft, zu erheben. Mit einer Kraft und Energie, die
mich beim ersten Mal beinahe die Nerven verlieren ließ.

Das Pendant zum Adler, dem Schwingentier des Götter-
vaters Zeus, ist die gefiederte Begleiterin der Pallas Athene,
der Göttin der Weisheit: die Eule. Die Spannweite ihrer Flügel ist beeindruckend im Vergleich zu ihrer Körpergröße,
ihr Flug von einer beängstigenden Lautlosigkeit und ihr
Blick von einer undurchdringlichen Tiefe. All das habe ich
auf der in Südtirol einzigartigen Pflegestation für Vogel-
fauna in Dorf Tirol erfahren. Die Vogelexperten Florian
Gamper und Willy Campei kümmern sich dort um aufge-
fundene und verletzte Greifvögel, mit dem Ziel, sie wieder
auszuwildern.

Direkt beim Schloss Tirol über Meran gelegen, bietet das
Zentrum bei den Flugvorführungen auch ein wunderschö-
nes Panorama der Südtiroler Bergwelt. Dort hielt ich auch
zum ersten Mal das Wappentier der Philosophen auf meiner
Faust. Bis heute bin ich mir sicher, dass der Erkenntnisge-
winn noch kommen wird. Vielleicht sollte ich mich aber
statt an Hegel mehr an Till orientieren, der mit der Eule auf
der Schulter den Menschen den Spiegel vorhält und seinen
Spaß daran hat.

Sehnsuchtsland
Südtirol

Bleiche Berge, die im Abendrot sanft erglühen; Weingärten, die bis in die alte Handelsstadt Bozen hineinwachsen; die sonnenhelle Kurstadt Meran mit ihrer tropischen Vegetation; klares, fernwehsattes Herbstlicht; das Törggelen mit Wein, Speck und Schüttelbrot; die blühenden Apfelgärten und die alten Ansitze hoch oben am Hang: Südtirol ist für viele Menschen eine Traumlandschaft von paradiesischer Schönheit, ein wehmutdurchwehter Wundergarten. Es ist ein Land der Sehnsucht, das mit der Seele gesucht wird.

Mit unseren Sendungen aus Südtirol erzielen wir die höchsten Einschaltquoten. Und wenn mich Menschen auf die »Melodien der Berge« ansprechen, dann erinnern sie sich meist zuerst an eine meiner Wanderungen durch das kleine Land an der Südseite der Alpen, auch wenn wir gerade durch eine ganz andere Alpenregion gereist waren.

Woher rührt diese Faszination für Südtirol? Mir selbst war diese Begeisterung, diese Schwärmerei für die Dolomiten lange rätselhaft. Wenn ich in die Berge fuhr, blieb ich in Bayern oder wenigstens auf der Nordseite der Alpen. Und wenn ich in den Süden wollte, dann fuhr ich gleich »richtig« nach Italien, an den Gardasee oder an die Adria. Südtirol lag halt irgendwo dazwischen.

Erst im Laufe der Zeit lernte ich gerade diese scheinbare Schwäche als die große Stärke Südtirols schätzen und lieben. Südtirol, das hieß: noch in den Bergen, aber schon im

Süden. Noch im deutschsprachigen Tirol, aber doch schon im Belcanto Italiens. Das hieß: schneebedeckte Berge und sonnendurchflutete Täler. Herrliche Hochebenen und zerklüftete Gipfel. Einsame Wege und gastliche Höfe. Die Küche war nicht mehr so deftig und deutsch, sondern hatte schon einen Hauch von der Frische und Raffinesse Italiens. Es gab das Beste aus beiden Welten: die Speck- und Kasknödel Tirols und die Pastavielfalt Italiens. Der Kaffee duftete nach Venedig und Florenz, nach Mailand und Rom und nicht nach der braunen Brühe biederer bayerischer Büros. Vor allem aber war die Luft schon lauer und samtener, die Nächte milder, der Winter später dran. Hinzu kam dieses Licht des Südens, das vielleicht deshalb intensiver zu leuchten scheint, weil es gebrochen wird durch die grünen Matten, die grauen Felsen und die weißen Gipfel.

Je häufiger ich in Südtirol war, desto besser verstand ich, warum Südtirol als Klassiker der Sommerfrische galt, übrigens auch für die Italiener. Je häufiger ich in Südtirol war, desto besser verstand ich auch, dass dort jede Jahreszeit ihren unvergleichlichen Reiz hat: Im Frühjahr war das Land ein einziger Blütengarten, im Herbst ein einzigartiges Wanderparadies bis in den November hinein, ja, selbst die Winter ließen die Strenge des Nordens vermissen und boten den Skifahrern beeindruckende Bergpanoramen.

»Rauer Rock mit warmen Falten«, hat Kaiser Maximilian, der auch Graf von Tirol war, schon vor rund 500 Jahren diese Region charakterisiert, die dem »Land zwischen den Bergen« seinen Namen gegeben hat. Ausgangspunkt einer über 700-jährigen Erfolgsgeschichte Tiroler Identität ist nämlich Schloss Tirol oberhalb von Meran, heute ein spannendes, erstklassiges Museum seiner eigenen Geschichte.

Der starke Einfluss der Baiern in der Frühzeit wird nicht

verschwiegen. Sie waren es, die das Land urbar machten und christianisierten. Vielleicht ist es diese alte stammesgeschichtliche Verbundenheit, die so viele Menschen aus Bayern in das Land auf der Südseite der Alpen lockt. Schon das Wort Südtirol wirkt auf die meisten Menschen wie pure Magie, die ein Lächeln auf ihre Gesichter und Glanz in ihre Augen zaubert.

Auch für mich beginnt die fast schon sprichwörtliche Leichtigkeit des Seins, das *dolce far niente* des Südens, längst schon in Südtirol. Genauer beginnt sie dann, wenn auf der Fahrt durchs Eisacktal auf der linken Seite der Schlern am Horizont auftaucht, das Wahrzeichen Südtirols mit seinen zwei charakteristischen Zacken, der Euringer- und der ausgesetzten Santnerspitze. Sie waren nicht nur für mich zu zwei Symbolen der Sehnsucht geworden, sondern auch für meine Frau Heidrun, die jedes Mal wie von einem inneren Lächeln erfüllt »Der Schlern!« rief, wenn er in Sicht kam. Und in ihrem Ausruf schwang der ganze Reiz dieser Landschaft rund um die Seiser Alm mit, die meine Frau als Westfälin schon als Kind mit ihren Eltern kennengelernt hatte. Lange vor mir, der ich den Schlern doch fast vor der Haustür hatte und so oft achtlos daran vorbeigefahren war.

»Hinterm Brenner wird's schön«, das war das geflügelte Wort, wenn wir uns früher aus dem verregneten München aufgemacht haben, um uns endlich wieder einmal die Sonne auf den Pelz brennen zu lassen. Auch wenn die klassische klimatische Wetterscheide in den Zeiten des Klimawandels seine normative Kraft verloren zu haben scheint, denn das Wetter südlich und nördlich des Alpenhauptkamms ist längst nicht mehr so klar unterschiedlich wie es einst gewesen sein mag: Der gefühlte, der innere Übergang in eine schönere, in eine bessere Welt mit Überschreiten des Alpenhauptkamms hat nach wie vor Bestand. Und ich bin der festen Überzeugung, dass sich daran so schnell nichts ändern wird. Ich jedenfalls suche bei der Fahrt auf der Autobahn runter nach Sterzing bis heute unwillkürlich den Himmel ab nach dem Blau des Südens. Für uns Germanen bleiben der Brenner oder der Reschen oder der Felbertauern, bleibt der Alpenhauptkamm die Schwelle nach Arkadien.

Seit der deutschen Klassik ist eine Reise nach Italien Ausdruck von Bildung, und seit der Wirtschaftswunderzeit der Beweis des »Wir sind wieder wer«. Wie auch immer die Reise in den Süden motiviert sein mag, dahinter schimmerte der diffuse Wunsch nach einer Traumwelt, in der die lauen Lüfte wehen und die uns Menschen des Nordens von kalter Fron und rauer Pflicht erlöst. »Lösest endlich auch einmal meine Seele ganz«, diese Zeile aus Goethes Gedicht »An den Mond« könnte auch als Motto für seine italienische Reise stehen, die ihn aus der Enge Weimars in eine offenere Welt führte. Eine Reise in den Süden ist weit mehr als ein rein meteorologisches Phänomen. Es geht um die unterschwellige Sehnsucht nach dem Paradies.

Südtirol ist gegenwärtig ein solches Sehnsuchtsland par excellence. Es ist schön, es ist von einer immer wieder überraschenden Vielfalt, es bietet unwiderstehliche landschaftliche Reize, es ist gepflegt und es ist auf der Höhe der Zeit. Die Jahrhunderte während bittere Armut der Bauern der Berge ist nicht zuletzt durch das Geld, das der Tourismus ins Land geschwemmt hat, gemildert. Und durch das viele Geld aus verschiedenen politischen Richtungen, aus Rom, Wien, Bonn und Brüssel, das aus Südtirol in den letzten Jahrzehnten eine Vorzeigeregion machte. Das weitgehend friedliche Zusammenleben von Südtirolern und Italienern gilt als europäisches Vorbild gelungener Integration.

Das war nicht immer so. Bis in die Siebzigerjahre des vorigen Jahrhunderts hinein hat das deutschsprachige Südtirol einen erbitterten Kampf um die eigene Unabhängigkeit ausgefochten. Seit 1957 hatten fanatische Südtiroler die Loslösung der Provinz Bozen von Italien gefordert, Strommasten und Denkmäler gesprengt, Polizisten erschossen und Soldaten getötet. Diese »Bumser«, wie die Bombenleger verniedlichend im Volksmund genannt wurden, waren ebenso berühmt wie berüchtigt, und sie sahen sich ganz in der Tradition Andreas Hofers als Südtiroler Freiheitshelden.

Der italienische Staat ging anfangs mit aller Härte gegen die Untergrundkämpfer und Aktivisten vor. Er schickte über 20 000 Soldaten und Carabinieri in den Norden. Mehr als 150 Personen wurden verhaftet, manche von ihnen sollen die Vernehmungen nicht überlebt haben.

Die Unruhen hatten ihren Ursprung in der Teilung Tirols nach dem Ersten Weltkrieg und dem euphemistisch »Optionsprogramm« genannten Plan zur Italianisierung Südtirols. Mussolini wollte die deutschsprachigen Bewohner der heutigen Provinz Alto Adige mit der einem Diktator eigenen Brutalität assimilieren oder noch besser gleich ganz vertreiben. Das ging einher mit dem Verbot und der Abschaffung der deutschen Sprache, der deutschen Verwaltung und des Tiroler Brauchtums. Zudem sollten durch starke italienische Zuwanderung Fakten geschaffen werden. Der Druck, die eigene Sprache und Tradition, also die eigene Identität zu verleugnen, wurde so groß, dass sich 1939 beinahe 90 Prozent der Südtiroler für das Aufgeben ihrer Heimat entschieden.

Zum Glück kam es dann aber doch anders. Aus der Widerstandsbewegung gegen Faschismus und Nationalsozialismus entwickelte sich die Südtiroler Volkspartei, die bis heute das Land regiert. Vielleicht leuchtet Südtirol deshalb so hell, weil die dunklen Schatten der Geschichte in den Köpfen und Herzen noch nicht ganz verschwunden sind und die Menschen die historische Chance von Frieden und Wohlstand unbedingt nutzen wollen.

In den langen Jahrzehnten der Selbstbehauptung hat sich eine Art Südtiroler Eigenständigkeit gebildet, ein ausgeprägtes Selbstbewusstsein, ein Stolz auf die kleine Heimat südlich der Alpen, die vorher in dieser Form gar nicht vorhanden war. Das alte Durchzugsland versteht es im Übrigen, die Gunst der Stunde zu nutzen – nicht nur die Grenzen sind in Europa gefallen, sondern auch alte Ressentiments. Die Südtiroler empfangen ihre Gäste, woher sie auch kommen mögen, mit offenen Armen und heißen sie in jeder Hinsicht willkommen. Mit einer Freundlichkeit und Herzlichkeit, die nicht in allen Regionen der Alpen zu finden ist. Es gibt erstklassige Hotels, eine ausgezeichnete Küche, ein hervorragendes kulturelles Angebot, Geschichte zum Anfassen, gelebtes Brauchtum und nicht zuletzt das Geschenk einer faszinierenden Landschaft vom rauen Hochgebirge bis zum heiteren Voralpencharme. Und das Klima trägt sicher seinen Teil bei.

Als wunderbares Beispiel für die stürmische Entwicklung der Südtiroler Gastlichkeit, die Traditionen pflegt und sich der Moderne ohne Zeitgeist-Schnickschnack öffnet, habe ich das Hotel Hohenwart in Schenna kennengelernt, das im Jahr 2007 seinen 50. Geburtstag gefeiert hat. Auf alten Fotografien lässt sich gut nachverfolgen, wie aus der ersten kleinen Frühstückspension das heutige Gästeimperium, wie aus einem verträumten Bauerndorf ein bedeutender Ferienort wurde und warum der einstige »Verschönerungsverein« jetzt Tourismusverein heißt. Schenna zählt zu den meistbesuchten Orten in ganz Südtirol.

Im Buch zum Jubiläum schildert der umtriebige Senior-chef vom Hohenwart, immer noch ein Mann von Statur und Grandezza, den bangen Zauber des Anfangs: *Da saß ich nun und wartete. Es war Sonntag und ich war in der Tracht. Und wie ich so wartete, gingen mir allerlei Gedanken durch den Kopf. Wie wird das jetzt werden mit mir? Ich hatte bis jetzt ein schönes Leben gehabt, sonntags frei. Und jetzt dieses Haus – ich war ja noch jung und Junggeselle damals. Dann habe ich die ersten Gäste begrüßt und am nächsten Morgen Frühstück gemacht.«*

Damals war das Hohenwart ein kleines Haus mit Dusche und Toilette auf dem Gang, heute ist es ein großzügiges und modernes Hotel mit mehreren Häusern. Und doch ist es immer noch ein Familienbetrieb im besten Sinne. Zu dieser Familie gehören der Gründervater, Franz Mair senior mit seiner Frau Anna und die Kinder Christine und Sepp mit ihren Familien. Und es gehören die vielen Stammgäste dazu, die dem Hohenwart verbunden sind. Ich zähle mich in-zwischen dazu, obwohl ich erst ein paarmal dort war. Ich erinnere mich noch gut an meine Skepsis, als ich bei der ers-ten Anfahrt die großen Lettern des vollmundigen Slogans »Urlaub bei Freunden« auf der Hotelfassade sah. Meine Freundschaften suchte ich mir schließlich selbst aus, und meine Gefühle wollte ich mir nicht suggerieren lassen. In diesem Fall aber wurde ich eines Besseren belehrt. Die Herzlichkeit und Umsicht der Familie und ihrer handverle-senen Mitarbeiter, das lächelnde Zugehen auf die Gäste, das offene Ohr für alle Wünsche trug bei aller Professionalität tatsächlich immer das Angebot der Freundschaft in sich. Das ganze Haus war erfüllt von Liebe und Sorgfalt den Din-gen und den Menschen gegenüber. Vor allem auch den Kin-dern gegenüber, denn es war – schon ganz italienisch und gar nicht mehr deutsch – trotz des ausgesuchten Ambientes ein höchst familienfreundliches Hotel. Meine Kinder Danilo und Leonie wurden wie alle anderen jedenfalls als vollwertige Mitglieder der kleinen Gemeinschaft Hohenwart behandelt – von Hotelpersonal und Gästen.

Haus und Grundstück sind so etwas wie Schmuckstück und Schaustück, vor allem beim Blick in den heiteren Ziergarten voller Blumen, Obstbäume und Palmen und dann weiter hinaus ins Meraner Land. Vom Hohenwarter Hang aus sieht man wie vom oberen Rang eines Amphitheaters auf ein atemberaubend schönes Bühnenbild aus großartiger Kultur- und Naturkulisse. Gegenüber steht der mächtige Bau des fast 700 Jahre alten Schennaer Schlosses mit seinen großen rostroten Dachziegelflächen. Daneben finden sich die fast 1000 Jahre alte Pfarrkirche Mariä Himmelfahrt und das neugotische Mausoleum von Erzherzog Johann, bis heute Pilgerstätte für die zahlreichen Verehrer dieses »Wohltäters der Menschheit«. Auf der anderen Seite des Passeier Tales türmen sich die ersten Berge der Texelgruppe, einer fast unberührten Hochgebirgsregion. Weit unten leuchtet im Talkessel die Stadt Meran, umhüllt vom üppigen Grün einer fruchtbaren Natur.

Südtirol war für mich lange Zeit untrennbar mit Meran verbunden, mehr kannte ich nicht. Das lag an den Erzählungen meiner Mutter, die mir oft begeistert von der mondänen altösterreichischen Kurstadt vorschwärmte, so wie wiederum sie es in ihrer Kindheit von ihrer Mutter gehört hatte.

Meine aus dem Böhmen der alten k.u.k.-Monarchie stammende Großmutter mütterlicherseits war nämlich Ende des 19. Jahrhunderts in jungen Jahren mit einer »Herrschaft« aus Wien als Kindermädchen in der Sommerfrische in Meran. Die Stadt hat zwar längst den mondänen Glanz der Kaiserzeit verloren, als sich die gekrönten Häupter, die Künstler und Gelehrten, die Eintänzer und Glücksritter dort ein Stelldichein gaben. Die Erinnerung an die viel geliebte Sisi aber scheint noch wie ein guter Geist über dem geschützten Talkessel des Meraner Landes zu schweben. Stadt und Region haben ihr viel zu verdanken, denn sie war es, die Meran zu dem gemacht hat, was es heute noch immer gerne wäre. Überall wird sie beschworen: Es gibt einen kleinen Park mit der ätherischen weißen Statue einer verträumten Kaiserin, und eine der schönen Kurpromenaden entlang der Passer ist nach ihr benannt.

Wie sehr Sisi bis heute die Menschen bewegt, haben wir auch bei unseren Dreharbeiten erfahren, als wir die Sängerin Janet Chvatal, die Elisabeth aus dem Füssener König-Ludwig-Musical, in großer Robe in einer Kutsche auf der Kurpromenade vorfahren ließen. Die Begeisterung kannte kaum Grenzen, als ich zusammen mit Majestät über die Kurpromenade spazierte. Nie gab es einen größeren Menschenauflauf bei den »Melodien der Berge«. Es herrschte eine großartige Stimmung. Vor allem, als sie einen Vers der dichtenden edlen Kaiserin rezitierte, der auf das verhasste spanische Hofzeremoniell gemünzt war und in dem sie sich als bayersicher Wildfang zeigte, der auch der derben Sprache mächtig war:

»Zu toll wird endlich mir der Spaß,
Und nichts mehr soll mich hindern,
Ich drehe eine lange Nas
Und zeig allen den Hintern.«

Auch das nahe Schloss Trauttmannsdorff, Sisis Wohnsitz bei ihren Meraner Aufenthalten, wirbt mit der Kaiserin – als passionierter Blumenfreundin. Die Gärten des Schlosses sind vor einigen Jahren als floraler Wundergarten neu angelegt worden und versammeln auf engem Raum Blumen und Pflanzen aus aller Welt. Diese besondere Anlage mit ihrer ungewöhnlichen Architektur zählt zu den schönsten Gärten Italiens. Auch Südtirols heimische Flora ist in den Gärten vertreten, aber sie lässt sich in der freien Natur viel besser erleben. Auf dem Meraner Höhenweg zum Beispiel mit seinen herrlichen Ausblicken ins Land hinaus. Richtung Westen in den Vinschgau mit dem gewundenen Lauf der Etsch, die sich bei Sonnenschein wie ein silbernes Band bis zum Horizont zieht. Es ist das Tal der legendären Via Claudia Augusta, seit der Römerzeit mit dem Reschenpass als Alpenübergang eine bedeutende Nord-Süd-Verbindung. Auf der anderen Seite breitet sich das fruchtbare Meraner Land aus mit dem grünen Teppich aus Wein- und Apfelgärten. Das ist uralter Kulturboden, das spürt und sieht man auch auf dem Tisner Mittelgebirge, das zwischen Bozen und Meran liegt.

Überall leuchten zwischen dem Grün der üppigen Vegetation alte Burgen und Ansitze. Die Wehrburg bei Prissian zum Beispiel mit ihren weithin sichtbaren rot-weiß-roten Fensterläden, auf der wir mit Alfons Schuhbeck die kulinarische Hochzeit von Nord- und Südtirol gefeiert haben mit Pasta im Bergkäs, mit Kräutern der Alpen verfeinertem Grillfleisch und einem einmaligen Dessert aus *dem* Obst der Region, dem Apfel, der mit Zimt und Chilli und anderen exotischen Gewürzen in Folie auf den Grill gelegt wurde.

Als Schuhbeck in unserer Sendung für den Landeshauptmann von Südtirol, Luis Durnwalder, einen passionierten Jäger, aufkochte, wählte er Rehmedaillons als passende Delikatesse. Wir kochten auf der hölzernen Terrasse der Fragsburg, einem beinahe 400 Jahre alten Jagdhaus, das wie ein Adlernest am Berg oberhalb Merans schwebt – mit einem unvergleichlichen Panoramablick aufs Etschtal und die Bergwelt des Meraner Beckens.

Der Landeshauptmann ist eine Art Ministerpräsident; im Wort Hauptmann schwingt noch die militärische Befehlsgewalt mit, die er einst hatte. Die Waffen des Luis Durnwalder sind aber weit friedlicher – dabei durchaus wirkungsvoll. Er geht gekonnt mit Worten um und ist ein anregender Gesprächspartner. Als wir uns unterhielten, war er kaum zu bremsen in seiner Liebe zu seiner Heimat, er war sichtlich stolz auf sein Südtirol. Es war in seinen Augen ja auch beinahe wirklich »seines«, ist er doch bereits seit 1989 an der Macht. Was natürlich nicht jeder gerne sieht. Und damit er nur ja keine Stimmung im Volk verpasst, hat er gleich zu Beginn eine Bürgersprechstunde eingeführt, bei der einmal in der Woche ab 6 Uhr früh jeder ohne Voranmeldung zu ihm kommen kann.

Eineinhalb Stunden lang hat »der Luis« sein Ohr dann am Pulsschlag der Südtiroler und nimmt sich auch der einfachen Sorgen und Nöte an. Eine ziemlich einzigartige Einrichtung, um die Bodenhaftung nicht ganz zu verlieren. Denn es kommen da auch Menschen aus entlegenen Regionen des kleinen Landes, bei denen die stürmischen Entwicklungen der Erfolgsregion Südtirol kaum ankommen.

Das Schnalstal im Vinschgau gehört zu den landschaftlich noch ursprünglichsten Tälern in ganz Südtirol, zumindest im Sommer, wenn keine Heerscharen von Skifahrern das Tal durchpflügen auf dem Weg zum Gletscherskigebiet in Kurzras, sozusagen ganz hinten. Der Sommer ist die Jahreszeit, in der sich der stille Zauber dieses kargen, rauen Bergbauerntales entfaltet.

Bis vor wenigen Jahren stimmte einen schon die Zufahrt auf diesen wilden Charakter ein. Es ging auf einer abenteuerlichen kleinen Straße durch eine dramatische Schlucht mit überhängenden Felsen, dunklen Höhlen und Wildbachgischt. Das Schnalstal musste man sich erst verdienen in diesem straßentechnischen Fegefeuer. Heute geht es durch moderne, helle Tunnel, die in jedem ADAC-Test vordere Plätze belegen würden, auf der *Diretissima* hinein ins Hochgebirgstal. Und nur in manchen freien Kurven blitzt noch etwas von der alten Straße auf, so klein und eng an den Fels geklebt, dass sich unwillkürlich die Frage stellt, wie darauf jemals der Verkehr rollen konnte. Bei mir kommt dann immer ein Hauch Wehmut auf, dass diese letzten kleinen Abenteuer der Berge, auch wenn sie Zeit und Kraft gekostet haben, nun dem Fortschritt und der Effizienz gewichen sind. Auf den alten Wegen durch den Bergschlund ließ sich noch eine wohltuende Langsamkeit genießen. Die hellen Tunnel dagegen sind wie Symbole der Moderne, die auch in Südtirol Einzug gehalten hat.

Das Land wandelt sich in diesen Jahren vom überkommenen, ärmlichen, abgeschiedenen, traditionsverpflichteten Bergbauernvolk zur beweglichen, weltoffenen, sprachgewandten Gastgeberregion. Das Hocken, Bewahren und Verteidigen verliert sich langsam, und es wird jetzt mehr über den Tellerrand geschaut, Neues willkommen geheißen und sich selbst verändert.

Sichtbar wird diese Entwicklung geradezu paradigmatisch am Eingang zum Schnalstal. Da geht es links hoch zum Schloss Juval, das im 13. Jahrhundert auf einem prähistorischen Siedlungsplatz errichtet wurde und heute das Zuhause von Reinhold Messner ist, der wie kein Zweiter für das neue Südtirol steht. Der steile Umweg nach oben lohnt sich.

Denn es ist nicht nur ein wunderbarer Aussichtspunkt über den Vinschgau und seine Bergwelt bis hin zum Ortler, dem mit 3905 Metern höchsten Berg Tirols. Der ganze Ort atmet Messners Geist.

Der Extrembergsteiger und Weltenbummler hat den ehrwürdigen Südtiroler Ansitz nicht nur klassisch restaurieren lassen, er hat ihn um eine globale, fast universelle Dimension erweitert. Schloss Juval, Messners Vinschgauer Imperium, und das Pendant in Sulden am Ortler, höher gelegen und wilder, sind sozusagen Globalisierung »in gut«. Aus der ganzen Welt hat er Fauna und Flora, Kunst und manchmal auch Krempel mit in seine Südtiroler Heimat gebracht, das in seinen Augen Beste und Passendste für diese Höhenlage. Seine Reverenz an Tibet in seinem Bergmuseum in Sulden, dem Messner Mountain Museum, wirkte bei unserem Besuch weder aufgesetzt noch albern, es war weder Folklore noch Fremdenverkehrsattraktion. Sicher, es war ungewohnt, aber die tibetanischen Grunzochsen, die Yaks, passten eigentlich ziemlich gut in diese raue Bergwelt am Sulden. Und sein geduckter Buschenschank, die Einkehrmöglichkeit »Yak & Yeti« gleich nebenan, war ein veritabler west-östlicher Diwan: Auf der Speisekarte standen tibetanische Teigtaschen, *Momos*, neben Gerichten der heimischen Tiroler Bergküche.

Auch auf Juval fügten sich die auf den ersten Blick fremden Akzente gut ein in die gesamte Anlage. Dort ist der ferne Osten nicht nur in Gestalt von Himalaja-Zedern in den Innenhöfen gegenwärtig. In der Hauskapelle finden sich religiöse Symbole aus drei Jahrtausenden, die »Höhle der Erleuchtung« zum Beispiel oder das »Haus der Trolle und Gnome«. Reinhold Messner hat die umfangreichste Tibetika-Sammlung der Welt zusammengetragen, es gibt eine

Bergbild-Galerie über mehrere Etagen und eine Masken-sammlung aus fünf Kontinenten.

Der Schlossherr selbst ließ bei unserem Besuch etwas auf sich warten. Als er dann da war, zeigte sich Reinhold Mess-ner aber ebenso präsent wie eloquent und war ganz der Süd-tiroler Weltbürger mit weitem Horizont.

Mit einer gehörigen Portion Wut und Sarkasmus geißelte er die politische und gesellschaftliche Erstarrung nach der ewigen Herrschaft der Südtiroler Volkspartei, trotz allen wirtschaftlichen Aufschwungs. Mit echtem Herzblut pries er seine Heimat, um im gleichen Atemzug auf die vielfälti-gen Bedrohungen seiner Südtiroler Berge, der Alpen ins-gesamt und überhaupt des ganzen Planeten aufmerksam zu machen. Er drückte in seinen Worten aus, was ich zu meiner Verblüffung seinerzeit in der Schule gehört hatte, als wir uns über Umweltsünden und die düsteren Ressour-cen- und Umweltprognosen des Club of Rome ereifert hat-ten: Der Mensch hat gar keine spezifische Umwelt, die hat nur das Tier. Die Umwelt des Menschen ist die ganze Welt, und jedes scheinbare »Umweltproblem« ist immer ein Welt-problem. Wann es sich bemerkbar macht, ist nur eine Frage der Zeit.

Heute sei es fast schon zu spät, meinte Messner, die haus-gemachten Veränderungen auch in den Alpen würden epo-chale Ausmaße annehmen. Ich sah mich um und ließ den Blick über die Hunderte von Gipfeln schweifen, die fried-lich in der milden Nachmittagssonne vor uns lagen. Muss-ten wir tatsächlich bald Abschied nehmen vom sanften Al-penglühen? Würden in der globalen Klimaschmelze nicht nur die Gletscher zerrinnen, sondern auch die Felsen ver-brennen? Ich sah schon die Ökothriller über die felsige Wüste in der Mitte Europas vor mir, die Kriege ums Wasser, die Kämpfe um Nahrung. Und die Rache der Berge, deren Felsen in der Glut zerbarsten und zu Tal donnerten.

Da tat es gut, noch einmal einen Blick in eine andere Zeit zu werfen. Dorthin, wo die Veränderungen langsamer erfolgten und sich Enklaven eines traditionellen bäuerlichen Lebens bis heute erhalten haben.

In fast 2000 Metern Höhe stehen im Schnalstal seit einem halben Jahrtausend die Finailhöfe. Das war unser nächstes Ziel. Ob die Zeit dort wirklich langsamer vergeht, wie es auf der Schnalser Internetseite steht, mag jeder selbst beurteilen. Es ist ja die gefühlte Zeit gemeint, und ob sie sich dehnt wie Kaugummi oder verfliegt wie Rauch im Wind, das empfindet jeder sehr unterschiedlich.

Bei mir jedenfalls verstärkte sich das Gefühl der Entschleunigung, als wir auf der steilen Ostseite des kargen Schnalstales langsam den Weg nach oben krochen. Je tiefer ich in die Berge eindrang, desto mehr entspannte sich meine auf Termindruck und Perfektion getrimmte innere Hochleistungsmaschine, desto gelassener wurde ich. Je tiefer ich in die Berge eindrang, umso mehr hatte ich das gute Gefühl, allmählich von der Bildfläche zu verschwinden, wie eine Figur aus Friedrich Anis meisterhaft unspektakulären Romanen mit dem Kommissar Tabor Süden. Je tiefer ich in die Berge eindrang, desto mehr glaubte ich, niemandem mehr zur Rechenschaft verpflichtet zu sein, allenfalls mir selbst. Ich war einfach nur da, wo ich war, und hätte gar nicht schnell woandershin gekonnt. Wenn dann auch noch im Bergschatten das Handy keinen Empfang mehr hat, beginnen sich die auf Pflicht und Leistung geschalteten Hirnareale wie von selbst zu deaktivieren, und ich empfand das große Glück, einfach vergessen zu können. Es war aber nicht jene leicht debile Lethargie, die das zu lange Faulenzen in der Sonne am Meer hervorrufen kann. Ich war keineswegs dabei, zu verblöden, während es immer höher ging. Ich wurde im Gegenteil immer wacher und aufnahmebereiter. Es war nur eine andere Art von Aufmerksamkeit. Je mehr sich das zielgerichtete und ergebnisorientierte Denken abschaltete, umso mehr öffneten sich meine Sinne für die mich umgebende Natur. Ich sah mehr, ich hörte mehr, ich roch mehr und spürte mehr. Ich genoss es, dass diese sinnlichen Eindrücke mein Gehirn überschwemmten und meine Gefühle kitzelten. Wahrscheinlich war es diese intensive Naturerfahrung, die mich in den Bergen die Zeit anders empfinden ließ.

Als nach der letzten Kurve die Finailhöfe auftauchten wie eine Oase im Steilgelände, hatte ich das gewohnte Zeitgefühl bereits verloren. Wir begrüßten die zwei Schwestern, Hanni und Frieda, die den Hof gemeinsam bewirtschafteten. Hanni erzählte uns von den harten Wintern, in denen sie oft wochenlang von der Welt abgeschnitten waren. Wie stolz sie darauf waren, dass ihr Hof der höchste Kornhof in den Alpen sei, dass also nirgendwo noch weiter oben Getreide angebaut würde. Sie stammte aus einem Bergbauernhof oberhalb von Katharinenberg am Eingang des Tals und sagte fröhlich: »Ich bin ein echtes Bergmädel.« Sie bekannte sich zu ihrer Liebe zu Tirol und erzählte von den Zeiten, als ihr abgelegener Hof zum Refugium für verfolgte Südtiroler Patrioten wurde.

Die zwei Schwestern sangen für uns ein herzrührendes Liebeslied ihrer Heimat, dessen Echo die ganze Schnalser Bergwelt zu erfüllen schien. »Hoch droben auf der Alm, da gibt es einen Kleeplatz, da wohnt a herzigs Dirndl, das ist mein Schatz«, war der Refrain. Dann servierten sie uns Schnalser Nudeln und Schneemilch, und wir wollten gar nicht mehr weg von diesem fernen Ort bergbäuerlicher Zivilisation, der inzwischen von Hannis Enkel und seiner Freundin bewirtschaftet wird.

Zu den sehr nahrhaften Schnalser Nudeln braucht man Topfen, Mehl oder Kartoffeln, Salz und Butterschmalz. In einer großen Pfanne wird dann gut ein Kilo Butterschmalz zerlassen, bis es braun wird. Der durch ein Sieb gepresste Nudelteig kommt auf einmal hinein, die Pfanne wird mit einem Deckel zugedeckt, und bei mäßigem Feuer werden die Nudeln so lange hin und her gewendet, bis sie goldbraun ausgebacken sind. Noch in der Pfanne wurden sie von der Hanni auf den Tisch getragen.

Die Schneemilch war mit Zuckerwasser eingeweichtes und mit Zitrone beträufeltes Weißbrot, das mit ein wenig Milch und Sahne, Rosinen und Pinienkernen angerichtet wurde. Zum Trinken gab es frische, kalte Milch.

Oberhalb des Hofes weideten auf steilen Hängen ein paar Schafe, und die haben im Schnalstal eine im ganzen Alpenbogen einzigartige Geschichte. Seit vielen Jahrhunderten ziehen alljährlich Mitte Juni Schafe aus dem Vinschgau und vor allem dem Schnalstal über das 3019 Meter hohe und schneebedeckte Niederjoch. Ziel sind die alten Weidegründe in Nordtirol, bei Vent im hinteren Ötztal. Es ist ein archaisches Schauspiel, wenn die von Treibern, Hirten und Hunden begleitete riesige Herde von derzeit rund 3000 Tieren langsam ins Hochgebirge zieht.

Mühsam geht es nach oben, über steile Fels- und Eisrinnen und tückische Schneefelder. Nicht jedes Tier schafft den großen und gefährlichen Treck, es gibt immer wieder Unfälle, aber kein Schaf will zurückbleiben, alle drängen vorwärts in der für sie vollkommen ungewohnten Landschaft. Es ist, als ob über Schafgenerationen hinweg die Nachricht vom gelobten Venter Sommerland weitergegeben würde und alle, auch die neugeborenen Lämmer, wüssten, dass die ganze Mühsal am Ende belohnt wird.

Sie ziehen auch am Hauslabjoch vorbei, auf dem der weltberühmte Ötzi, der Mann aus der Jungsteinzeit, sein Ende fand. Warum der Jungsteinzeitmann vom Ötztal aus den gefährlichen Weg über das Joch suchte, ist umstritten. Da er aber gewaltsam ums Leben kam, nimmt man an, dass er auf der Flucht war. In beiden Tälern, die zu diesem Übergang der Alpen führen, wird diesem 5000 Jahre alten Ereignis längst aufwendig gehuldigt. Im ArcheoParc Schnals und im Ötzi-Dorf im Ötztal wird das Leben der Menschen in der Jungsteinzeit so authentisch wie möglich dargestellt, vom Feuermachen bis zum Brotbacken, von den Behausungen bis zum Bestatten, vom Bogenschießen bis zur Haustierhaltung der damaligen Zeit. Im Ötztal werden sogar Tierrassen nachgezüchtet, wie Auerochsen, Przewalzki-Pferde, Mangalitza-Schweine und Soay-Schafe, eine über 3000 Jahre alte Urform des Hausschafes.

Die Vinschgauer Schafe nehmen den Weg in den Norden der saftigen, kräuterreichen Weiden wegen auf sich. Das mittlere Vinschgau und seine Seitentäler geben im Sommer nicht mehr viel her an Futter, es ist die trockenste Region in Südtirol. Deshalb entstand dort ein ausgeklügeltes Bewässerungssystem von rund 600 Kilometern Länge: die sogenannten Waale, abgeleitet vom lateinischen *aqualis* (wasserartig). In einem weit verzweigten Netz von schmalen Rinnen und Gräben wurde das Wasser des Hochgebirges überall dorthin geleitet, wo es gebraucht wurde. Während der vergangenen 60 Jahre wurde viel in moderne Bewässerungstechnik investiert, aber einige Waale sind immer noch in Betrieb und werden gewissenhaft instand gehalten. Waalwächter oder Waaler haben dafür zu sorgen, dass die Wasserrinnen sauber bleiben. Sie verbringen den Sommer in ihren Bachwächterhäuschen und lauschen auf das beständige Geläute. Denn das ununterbrochene Klingen einer vom Wasser in Schwingung versetzten Glocke signalisiert den Fluss in den Trögen. Stille lässt jeden Waalwächter hellhörig werden, auch mitten im Schlaf.

Ganz in der Nähe von Schloss Juval lebt Maria, die einzige Frau unter den Waalwächtern. Sie ist nicht mehr ganz jung und wettergegerbt, und sie versicherte mir, sie genieße das Leben in der Natur. Die an den schmalen Wasserläufen entlangführenden Waalwege sind aber auch verwunschene Pfade durch eine üppige Natur des Halbschattens. Ideal zum ausgedehnten, abwechslungsreichen Wandern mit der ganzen Familie.

Die Schafe des Vinschgau gehen im September wieder auf Wanderschaft, wenn die Sommerfrische auf den saftigen Venter Weiden zu Ende geht. Die glückliche Heimkehr der Vinschgauer Schafe wird von jeher mit einem großen Hirtenfest gefeiert. Es gibt Schaffleisch vom Grill und Schnalser Krapfen, fröhliche Blasmusik und Schuhplatteln.

Im Schnalstal habe ich mich auch in der Kunst des Schaferscherens versucht. Denn die Wolle ist neben Milch und Fleisch das dritte Produkt des vom Mufflon abstammenden uralten Haustieres. Dazu werden die Vorder- und Hinterläufe zusammengebunden und das Tier auf eine Scherbank gewuchtet. Das Schaf dann ruhigzuhalten und die schwere Schere durch das feste und dichte Fell zu bekommen, ohne in die Haut zu schneiden, war gar nicht so einfach. Ich brauchte gut fünfmal so lang wie die geübten Schnalser Schafhirten. Ich tröstete mich mit dem Gedanken, dass es sich nicht lohnte, ein aussterbendes Handwerk zu erlernen. Selbst Schnalstaler Schafe werden längst elektrisch geschoren.

In grellem Kontrast zur Schnalser Bergeinsamkeit steht Bozen, das städtische Herz Südtirols, die geschäftige Handelsmetropole. Schon Goethe rühmte den berühmten Obstmarkt, der heute genauso malerisch und verführerisch ist mit seinem reichen Angebot an Früchten und Gemüse wie eh und je. Ab den frühen Abendstunden steht dann der erotische Verführungsreigen im Mittelpunkt, dann ist diese gefühlte Mitte der Stadt Ausgangspunkt der Amüsiermeilen der Bozner Jugend, die seit der Gründung der Freien Universität im Jahre 1998 frischen Wind in die ehrwürdigen Bozner Mauern bringen

Ein Bummel durch die alten Lauben mit den feinen Geschäften ist ein Muss in Bozen, und wenn Sie meinem Rat folgen, dann sagen Sie bitte Herrn Rizzoli und Herrn Seibstock die besten Grüße. Beide führen alteingesessene Südtiroler Handelshäuser, Rizzoli steht für Hüte und Schuhe und Seibstock für feinste Delikatessen. Bei Peter Seibstock habe ich erfahren, wie man ein handgemachtes Schüttelbrot von Industrieware unterscheidet – an den von der Handbearbeitung stammenden Mulden an der Unterseite und natürlich am Geschmack. Und das Ehepaar Rizzoli hat mich mit den Feinheiten der Bozner Sonntagstracht vertraut gemacht, die mit Zylinder und schwarzem Samt den ganzen Stolz und Reichtum der Bozner Bürger widerspiegelt.

Bozen liegt eingebettet in grüne Bergrücken, die den Blick in jeder Gasse nach oben ziehen. Zum Kohlern, dem Bozner Hausberg, führt die älteste Schwebeseilbahn der Welt, einst eine weltweit bestaunte Attraktion. Auf der anderen Seite geht es mit der längsten Personenseilbahn der Welt auf ein sonnenbeschienenes Hochplateau mit einer herrlichen Fernsicht bis zu den schroffen Gipfeln der Dolomiten: auf den Ritten. »Wer Tirol will übersehen, der besteige diese Höhen«, lautet das geflügelte Wort dazu.

Seit weit über vierhundert Jahren kommen die Bozner Patrizierfamilien in der heißen Jahreszeit zur Sommerfrische auf den Ritten oder leben gleich das ganze Jahr über in den prächtigen Landhäusern. Einst spielte hier die feine Gesellschaft Brigde und Tarock oder feierte ausgelassene Feste. Berühmtheiten aus ganz Europa reisten an, um an diesem unbeschwerten Reigen teilzuhaben wie Sigmund Freud, der es »göttlich schön« auf dem Ritten fand.

Der Ritten ist uraltes Kulturland, das schon in frühgeschichtlicher Zeit besiedelt war. Im Mittelalter, als das Eisacktal vor Bozen unpassierbar war, führte die einzige Verbindung nach Süden über den Ritten – die vielen Kaiserzüge nach Rom haben ihre steinernen Spuren hinterlassen wie die Kommende des Deutschen Ritterordens.

Der Reichtum des Rittens ist seine unverfälschte Natur. Bis heute gilt der Bergrücken vor Bozen als kleines Himmelreich: wegen seines milden Klimas, der oft atemberaubenden Aussicht und der Schönheit seiner harmonischen Landschaft. Er zählt ohne Zweifel zu den schönsten nicht hochalpinen Wandergebieten im Alpenraum. Eines der Rittner Wahrzeichen sind die Erdpyramiden. Der Legende nach sind es versteinerte Hexen, die für ihre Bosheit bestraft wurden, und ein wenig seltsam, fast unheimlich sieht dieser steinerne Wald auch wirklich aus. Die schlanken Pyramiden mit dem seltsamen Dach aus Stein sind Überbleibsel der von den Gletschern der Eiszeit aufgeschütteten Moränen. Und sie wären längst vom Zahn der Zeit zernagt, wenn die Türme aus Lehm nicht eine Platte aus Porphyr, also aus purpurfarbenem Gestein oder aus Granit, beschützen würde.

So eigentümlich diese Pyramiden auch sein mögen, sie sind nur eine geologische Randerscheinung gegenüber dem Traumgebirge der Alpen, den Dolomiten. Als Bleiche Berge genießt diese zerklüftete, gezackte Felswelt aus grauem Gestein einen geradezu legendären Ruf. Wer die Dolomiten nicht gesehen hat, der hat Südtirol nicht gesehen, habe ich im Hüttenbuch der Glatschalm unterhalb der Geislerspitzen im Villnösser Tal gelesen. Eine merkwürdige Faszination geht von dieser reich gegliederten Bergwelt aus, so fremdartig sie wirkt, so reizt sie doch zum Näherkommen und zum Erobern. Das liegt sicher an ihren je nach Lichteinfall und Witterung immer wieder neuen optischen Reizen. Das Wissen um die Entstehung dieser Berge erhöht aber darüber hinaus ihren Zauber noch erheblich. Denn die Dolomiten sind nichts anderes als versteinerte Korallenriffe, die sich aus den Tiefen des Urmeeres Tethys in Himmelshöhen emporgeschraubt haben.

Wie alles Leben auf der Erde sind also auch diese steinernen Zeugen der Urzeit dem Wasser entstiegen. Und wenn die Bleichen Berge sanft erglühen im Abendrot, dann sind in ihnen die vier Elemente vereint, die nach mittelalterlicher Überzeugung die ganze Welt abbilden: das Wasser des Urmeers, die Erde der Bergwelt, die Luft des Südtiroler Windes und das Feuer als Abglanz der Sonne.

»Magst an Schnaps?«

Vorher kannte ich das nur aus dem bayerischen Bauerntheater: der Gang des Großbauern zum kleinen Holzschränkchen, dem Schnapskastl neben dem Herrgottswinkel, aus dem er eine irdene Flasche und zwei kleine Becher hervorholte. Das war immer ein besonderer Moment, es galt, einen Handel zu besiegeln, einen Erfolg zu feiern oder einem Gast seine Aufwartung zu machen und seine Bedeutung mit einem Glas Selbstgebranntem zu würdigen. Jetzt stand ich selbst in so einer Bauernstube, und der Herr des Hauses, der Bauer und Bürgermeister von Söll, Hans Eisenmann, hielt ein Brett mit voll gefüllten Schnapsgläsern in der Hand für das gesamte Filmteam von »Melodien der Berge«. Wir waren auf einen kurzen Höflichkeitsbesuch gekommen, bevor wir mit unseren Dreharbeiten auf der Hohen Salve beginnen wollten.

Und nun das. Es war unser erster Drehtag, es war 9 Uhr früh. Ich trinke nicht sehr oft Schnaps. Manchmal nach einem üppigen Abendessen, aber niemals trinke ich am Vormittag Hochprozentiges. Und schon gar nicht vor dem Auftritt vor der Kamera. Ich sah mich verstohlen um. Es gab kein Entrinnen. Wir standen mitten in der Stube, der Hausherr an der Tür, dazwischen das große Schnapsbrett mit den vielen bis oben gefüllten Gläsern. Wir bedankten uns artig, sagten, dass wir wirklich nicht unhöflich sein wollten, dass wir das aber nicht annehmen könnten, dass wir ja gleich arbeiten wollten, dass wir praktisch nie Alkohol zu uns nähmen und so fort.

Hans, ein Mann von Charakter und Prinzipientreue, sonst wäre er nicht bis heute Bürgermeister, blieb völlig ungerührt. »Oan müassts scho trinken. Auf die Gsundheit.« Wir wanden uns in Erklärungen und Ausreden. Es half nichts. Das Brett stand unerschütterlich zwischen uns und der Tür. Wir ergriffen die Gläser und huldigten dem uralten Ritual des Trinkspruchs und wünschten uns allen Gesundheit, mit einem ganz kurz gesprochenen »Ges-« am Anfang des Wortes, das dann wie Xundheit klang.

Der klare Obstler putzte uns scharf den Rachen durch und fuhr in die Eingeweide. Wir husteten und stöhnten. Dann folgte der Flash in den Kopf. Mir wurde heiß. Der Schnaps hatte es wahrlich in sich.

»Is a Selbstbrennter«, meinte Hans mit sichtlichem Stolz. Der Selbstgebrannte war für einen echten Bauern der Berge ein Ausweis seiner Klasse. Meistens auch ein Spiegelbild seiner Seele. Hans war kantig, zäh und direkt. Und sein Schnaps war alles andere als weich, mild oder fruchtig. Wahrscheinlich war für ihn die Bezeichnung »hochprozentig« ganz wörtlich zu nehmen. Hoher Alkoholgehalt gilt beim Schnaps bis heute vor allem in manchen Bergregionen Tirols als Beweis von Güte.

Wir lobten das Feuerwasser wahrheitsgemäß als ungewöhnlichen Tropfen, der das Blut in Wallung zu bringen verstehe. Wir stellten die Gläser zurück auf das Brett, froh und glücklich, die Mutprobe überstanden zu haben, und klopften uns heimlich gegenseitig auf die Schulter. Doch wie es immer so geht, jede der momentanen Erleichterung geschuldete Nachlässigkeit wird bestraft. Flugs hatte Hans eine Flasche in der Hand und füllte die Gläser erneut auf.

»Schmeckt er euch? Dann trinken wir noch einen!«, freute er sich.

Das war meine erste, unvergessliche Begegnung mit der gehaltvollen Begrüßung auf Tiroler Art. Hans hatte es natürlich nur gut gemeint mit uns. Die Einladung »auf einen Schnaps« war Ausdruck von Höflichkeit und Wertschätzung. Und der Griff zum selbst gemachten Brand bedeutete schon fast den Ritterschlag, dem man sich dann aber auch als würdig zu erweisen hatte. Es war ein soziales Geschäft auf Gegenseitigkeit, der Alkoholgenuss stand dabei gar nicht im Vordergrund. Es ging nicht um das Trinken an sich, es ging um das »Miteinander-Trinken«. Es war die Feier des Augenblicks, des Innehaltens und des Zusammenhaltens. Ein Tiroler ohne Schnaps ist undenkbar, und es gibt immer einen Anlass zum Zuprosten und Anstoßen.

Unzählige Male hab ich auf meinen Reisen durch die Tiroler Bergwelt die Frage gehört: »Magst a Schnapserl?« Und meistens bleibt es dann nicht bei dem einen, so wie bei meiner Feuertaufe. Wäre ich in jeder Hütte, in jedem Bauernhaus, bei jeder Begegnung der obligatorischen Einladung zu einem Umtrunk nachgekommen, so wäre ich wahrscheinlich bald zur Schnapsdrossel geworden. Andererseits fiel es auch oft schwer, den Wunsch nach dem gemeinsamen Beschwören der Gesundheit durch die Aufnahme von flüssigem Obst abzuschlagen. Ich wollte schon einen Ratgeber verfassen über »50 Arten, den Schnaps abzulehnen, ohne den Spender zu beleidigen«.

Dabei weiß ich inzwischen, welchen Genuss ein guter Obstbrand bedeuten kann. In sein Geheimnis wurde ich zum ersten Mal in der kleinen Brennhütte der Mittenwalder Gröblalm eingeweiht: Nur das beste, vollreife Obst verwenden, naturreines Quellwasser, einen guten Brennofen möglichst mit Kolonne, also mehrstufiger Destillation, und als wichtigste Regel: Ausschließlich den Mittellauf des Destillats nutzen, in dem sich die Aromen der Ausgangsstoffe am meisten verdichten, auch wenn der Ertrag geringer ausfällt. Dann gibt es auch kein Kopfweh wie bei den Fuselölen von Vor- und Nachlauf oder bei den Billigspirituosen mit Industriealkohol und Aromazusätzen. Echter Edelbrand kann also gar nicht billig sein.

Andererseits wird nicht jeder teure Schnaps so sorgfältig produziert wie bei den passionierten Brennern, die ich kennengelernt habe. Wir saßen nach dieser kleinen Lehrstunde am Ende der Dreharbeiten in der engen, gemütlichen Zirbelholzstube unseres Brennmeisters und probierten einen seiner edlen Tropfen nach dem anderen: Apfel, Birne, Zwetschge, Kirsch, Marille, Vogelbeere und so weiter. Niemals in meinem Leben habe ich in so kurzer Zeit so viel Hochprozentiges zu mir genommen ohne jedes flaue Gefühl im Magen oder Brummen im Kopf hinterher. Es war eben reine Natur, es war pures Lebenswasser, *l'eau de vie*, wie es zutreffend auf Französisch genannt wurde. Als wir in die milde Nachmittagssonne nach draußen traten, blinzelte ich beschwingt und vergnügt in die Welt.

Früher standen beim Schnapsbrennen in den Bergen nicht unbedingt die kulinarischen Qualitäten, sondern die möglichst große Ausbeute im Mittelpunkt. Nicht von ungefähr kam der Brauch, den Brand möglichst gut gekühlt und in einem Schluck hinunterzustürzen. Daher auch der Name »Schnaps« – es war genau die Menge, die man in einem Schluck »schnappen«, das heißt trinken konnte. Gebrannt wurde in den Bergen traditionell so gut wie alles, was nur genügend Zucker enthielt, um während des Gärprozesses in Alkohol verwandelt zu werden: Beeren, Früchte, ja sogar

Kartoffeln, Rüben und diverse Wurzeln wie der legendäre Enzian.

Der wird zumindest in Bayern als der Alpenschnaps schlechthin angesehen und gilt mit seinen wertvollen Bitterstoffen als überliefertes Heilmittel gegen Fieber, Magenbeschwerden, Müdigkeit. Appetitlosigkeit und seltsamerweise auch gegen Alkoholismus.

Der Siegeszug des Enzians in den bayerischen Alpen hatte auch damit zu tun, dass er lange Zeit billiger war als Bier. Gewonnen wird er nicht aus der schönen, tulpenförmigen, kurzstängeligen blauen Bergblume, sondern aus den Wurzeln des streng geschützten Gelben Enzians. Wir haben uns von Wurzelgrabern zeigen lassen, wie der Enzian unweit der Priesberghütte im Berchtesgadener Land auf den Bergwiesen mit großen Hacken noch mühselig gestochen wird wie früher.

Die alten »Schürfrechte« für die Enziangewinnung dort oben sind seit über 400 Jahren in den Händen der Familie Grassl aus Berchtesgaden und unterliegen strengen Regeln. Denn die Entnahme der Wurzeln in der freien Natur ist reglementiert. Nur alle sieben Jahre dürfen Enzianwurzeln am gleichen Ort gegraben und nur die dicksten Wurzeln vom Gesamtstock abgehackt werden. Der Rest kommt wieder zurück in die Erde. Heute ist die traditionsreiche Enzianbrennerei Grassl in Berchtesgaden ein modernes Spirituosen-Unternehmen, das mit wissenschaftlicher Beratung den Enzian auf Plantagen kultiviert, seine Produkte verfeinert und sie mithilfe modernen Marketings an den Mann und die Frau bringt.

Auf der alten Priesberg-Brennhütte aber wird das wertvolle Naturgut wie früher weiterverarbeitet, die Wurzeln von Hand klein gehackt, mit Bergquellwasser und Hefe vermengt und dann mehrere Wochen eingemaischt. Schließlich werden im Brennofen in zwei Durchläufen die anregenden Bitterstoffe herausdestilliert. Anschließend lagert der fertige Brand noch drei bis fünf Jahre in Eichenholzfässern im Felsenkeller.

Die geduckte Priesberghütte, malerisch im Bergwald an einer Kurve des Wegs durch die Berchtesgadener Bergwelt gelegen, ist im Sommer die Heimat von Hubsi, dem Berg-Brennmeister, und sie ist eine beliebte Rast- und Einkehrstation. Dem Werbeslogan von Grassl »Zeit lassen – Enzian trinken« wird dort oben am Berg ausgiebig gefrönt. Kaum ein Wanderer, der sich von dem urigen Holzambiente mit dem Enziancharme nicht einladen und auf eine kurze Einkehr verführen ließe. Und wenn Hubsi, der Lebenskünstler mit dem entspannten Lächeln um die Augen, dann noch mit seinem Oxnaugn-Trio musiziert, dann spielt Zeit tatsächlich keine Rolle mehr, der Enzian aber umso mehr.

Bei unserem Besuch besang er für ein vielköpfiges Publikum beschwingt und erinnerungsselig sein »erstes Räuscherl« und schenkte fleißig seinen »selbst gebrannten Gebirgsenzian« aus, damit keiner seiner Gäste zu kurz komme. Mit seinen Musikanten führt er auf seine Weise eine Tradition der Gastwirtsfamilie Grassl fort, die sich in schwierigen wirtschaftlichen Zeiten Anfang des 19. Jahrhunderts als Musikanten verdingte und sogar vor König Ludwig I. spielte.

Neben den Wurzelbränden wie Enzian, Bärwurz oder Blutwurz, denen besondere gesundheitsfördernde Wirkung nachgesagt wird, stehen heute die Obstbrände ganz oben in der Kunst der Brenner und der Gunst der Feinschmecker.

Einer der besten kleinen Erzeuger in den Alpen ist der Sepp Rieger vom Primushäusl am Wolfgangsee im Salzburger Land. Bei der renommierten Verkostung Alpe-Adria 2007 hat er mit seinem Edelbrand von schwarzen Ribisl, also Johannisbeeren, die Goldmedaille gewonnen, eine von zahlreichen Auszeichnungen, für die er in den letzten Jahren für seine konsequente Qualität belohnt wurde.

Das in üppigem Grün versteckte Primushäusl, ein alter Hofname aus der Römerzeit, liegt in Abersee gegenüber von St. Wolfgang inmitten einer fruchtbaren Landschaft. Verarbeitet wird von Sepp alles, was in seinen biologisch gepflegten Streuobstwiesen wächst und was er auf seinen Streifzügen über Almen und durch Bergwälder findet. Frisch und vollreif, wie es sich gehört. Jeder Stängel und jedes Blatt wird vor dem Einmaischen entfernt, damit nur die reine Fruchtessenz vergoren wird.

Wenn man Sepp so sieht, in der Krachledernen mit seinem fast kahlen Schädel, seinem dunklen Bart um das Kinn, klein und drahtig, sieht man ihm den sensiblen Brenner, der mit Fingerspitzengefühl den richtigen Dreh findet, um aus Schnaps einen Edelbrand zu machen, kaum an. Es war auch anfangs eher sein Hobby, das er dann zur Meisterschaft entwickelte. Seine Brotberufe sind Bauer und Jäger, seine Berufung aber das Brennen.

Mit verhaltenem Stolz ließ er uns seinen neuesten, ebenfalls mit Gold ausgezeichneten Schatz probieren: Vogelbeere. Schatz war in diesem Fall wörtlich zu verstehen, denn der Ernteaufwand für die kleinen Beeren des auch Eberesche genannten Baumes ist äußerst hoch und der Ertrag äußerst gering, für circa 1,5 Liter Edelbrand sind etwa 100 Liter Maische nötig. Das hat seinen Preis, noch dazu, wenn das Ergebnis jeder kritischen Prüfung standgehalten hat. Es war ein Verschnitt aus drei ganz unterschiedlichen Vogelbeerjahren, erklärte uns Sepp, denn jedes Jahr standen andere Aromaeigenschaften im Vordergrund. Er schenkte ein und dann kosteten wir den Tropfen wie bei einer Weinprobe. Das Destillat hatte fast Zimmertemperatur und einen Alkoholgehalt von weit unter 50 Prozent, damit die Frucht zu ihrem Recht kommen konnte. Schon die Riechprobe erfüllte die Nase mit betörenden, verwirrenden Aromen. Dann tranken wir in kleinen Schlückchen mit dazwischenliegenden Pausen, um die Geschmackssensoren des Gaumens immer neu zu stimulieren. Als Kommentar beließ ich es erst einmal bei einem dezenten »Mmmh«, denn ich bin kein professioneller Verkoster, der gern mit schwungvollem Expertendeutsch um sich wirft. Der Grundton der Vogelbeere, ihr eigenwilliger, scharfer Charakter, bestimmte diesen Edelbrand, das konnte auch ich herausschmecken, aber er kam mir viel angenehmer im Mund vor als alle Vorgänger, die ich bis dahin probiert hatte. Sepp half uns mit der sachverständigen Bewertung, die ich natürlich sofort für nächste Gelegenheiten speicherte. »Der Vogelbeerbrand hat eine feine Bittermandelnote und einen ausgeprägten, intensiven, lang anhaltenden Abgang. Oft ist der Geschmack etwas spitz. Der hier ist aber sehr weich. Das Aroma legt sich sozusagen sanft an den Gaumen und fährt nicht scharf in den Rachen.«

Während wir so Schluck für Schluck genossen, machte uns Sepp ein wenig mit der Frucht vertraut. Auch wenn die Vogelbeere nur etwa erbsengroß ist, so gehört sie doch zur Gattung der Apfelgewächse. Bei den Kelten zählte der Baum neben Apfel, Walnuss und Tanne zu den Lebensbäumen, und auch den Germanen war der Baum heilig. Die Naturheilkunde schreibt Blättern und Blüten eine besondere Heilwirkung zu. Getrocknet finden sie in Tees gegen Magenverstimmungen Verwendung. Auch bei Rheuma und

Gicht, bei Verdauungsbeschwerden und Hämorrhoiden sollen sie hilfreich sein. Und dann kam etwas, bei dem ich hellhörig wurde, denn das wusste ich nicht und konnte es sicher gut brauchen: Sänger und Redner schworen auf Vogelbeeren, um ihre Stimmbänder geschmeidig zu halten und einer Heiserkeit vorzubeugen. Als auf seine körperliche Fitness achtender Fernsehmoderator beschloss ich umgehend, eine Flasche Vogelbeergeist mit nach Hause zu nehmen, für alle Fälle. Der sollte, wie ich weiter erfuhr, auch bei Erkältungen, rheumatischen Beschwerden und Harnwegserkrankungen helfen und überdies den Stoffwechsel anregen. Offensichtlich eine Wunderpflanze. Ich war restlos begeistert.

Die gesundheitsfördernde Wirkung des Hochprozentigen wurde mir übrigens überall vor Augen gehalten, wo mir ein Stamperl angeboten wurde, ob es sich nun um Vogelbeere oder andere Brände handelte. Ist es nicht so bei aller Medizin, ob sie nun bitter schmeckt oder alkoholisch: Man muss nur daran glauben? Und trägt die gute Laune, die ein guter Schluck in geselliger Runde auslösen kann, nicht zum allgemeinen Wohlbefinden und damit mehr zur Gesundheit bei als missmutige Eigenbrötelei? Es kommt wie immer nur auf die Dosis an.

Wir haben dann den zweiten »Selbstgebrannten« des Söller Bürgermeisters übrigens auch noch getrunken, und immer, wenn wir uns wiedersehen, dann stoßen Hans und ich gern auf unseren ersten Umtrunk an. Natürlich mit einem kraftvollen »Xundheit«.

Nördlich des Alpenhauptkamms dominiert also bei der geselligen Alkoholaufnahme eindeutig das Hochprozentige. Vielleicht liegt es ja am Klima. Das Bier dagegen ist überall in den Alpen verbreitet, wirklich daheim ist es aber nur dort, wo die Tradition der bayerischen Braukunst das Sagen hat, in den bayerischen Voralpen und den benachbarten Regionen.

Eine fast 300 Jahre alte Familienbrauerei gibt es in St. Johann in Tirol, den Huberbräu, bei dem man das Bier sogar noch ganz wie früher am Freitag in eigenen Behältnissen holen kann. Der schlichte quadratische Bierturm der Brauerei mit seinen Bergblickstuben ist längst das zweite Wahrzeichen des Orts. Dort oben die Huber-Hausbiere zu probieren, mit Blick auf den Wilden Kaiser und das Kitzbüheler Horn, ist ein in jeder Hinsicht sinnliches Vergnügen. Trotz der Goldmedaillen für Helles und Hefeweizen mundete mir das Zwicklbier am besten, das gehaltvolle, unfiltrierte Kellerbier, das auch bei anderen kleinen Brauereien immer mehr in Mode kommt.

Noch schöner als mit Blick auf die Berge ist eine Bierverkostung allerdings direkt in ihnen, wie zum Beispiel auf der Walleralm. Sie liegt auf 1170 Metern Höhe nahe bei Kufstein auf einem Vorgipfel des Zettenkaisers ganz im Westen des mächtigen Kaisergebirgstocks und ist ein lohnendes Wanderziel in den Kufsteiner Bergen. Vom romantischen Hintersteiner See bei Scheffau ist sie relativ leicht und schnell zu Fuß in knapp zwei Stunden zu erreichen. Mit den üppigen Blumenwiesen im Frühjahr, dem erfrischenden Bergsommer und dem Fernsicht-satten Herbst ist die Walleralm eine freundliche grüne Oase für den Bergwanderer. Nicht zuletzt auch wegen der Einkehrmöglichkeiten wie der urigen Stöfflhütte, seit mehr als 350 Jahren ein almerisches Refugium, in dem das Musizieren dazugehört.

Der Seniorchef als passionierter Zugin-, also Akkordeonspieler, hat diese Tradition begründet, die seither sorgfältig gepflegt wird. Bei unserem Besuch spielten die »Surfasslbuam« auf, eine ganz junge Formation in Lederhose und Tirolerhut, die lässig das musikalische Erbe einer kraftvollen Volksmusik zelebriert und variiert mit einer Mischung aus überlieferten und selbst gebastelten Instrumenten. Der von ihnen gewählte Name »Surfasslbuam«, also Jauchefassbuben, passt zu ihrem frechen, fröhlichen Grinsen, das pure Lust am Musizieren und am Leben ausstrahlt. Dazu gehört auch die Lust aufs Bier nach getaner Arbeit, das bei unserem Zusammentreffen in atemberaubender Geschwindigkeit durch ihre Kehlen rann.

Auf der kleinen Terrasse der Stöfflhütte habe ich zum ersten Mal das »rote Öl« getrunken, eine rötlich schimmernde, süffige Bierkreation vom Bauernhofbräuhaus »Stöfflbräu« in Schwoich, der Bodenstation der Alm. Peter Bichler, der umtriebige Hausherr, der auch Highlandrinder züchtet, Schnaps und Whisky brennt, Musikabende und Übernachtungen anbietet, hat es zusammen mit einem bayerischen Braumeister erdacht. In seiner kleinen Schaubrauerei für den Hausgebrauch ist er immer auf der Suche nach neuen Geschmacksrichtungen, hat ein Hexenbier gebraut, einen Osterbock, Dinkel- und Roggenbier ausprobiert und sich sogar am Guiness versucht.

Auf der Alm wird alles serviert, was die ausgedehnte landwirtschaftliche Produktion hergibt – ausschließlich für den Hausgebrauch, der die Gäste des Hauses miteinschließt. Unübertroffen waren die frischen goldbraunen, saftigen Ausgezogenen mit Johannisbeermarmelade von Peters Mama, die ich nach der schmackhaften Kaspressknödelsuppe erst höflich ablehnte, weil ich einfach satt war. Danach aber leckte ich mir die Finger und war froh, dass meine Essenslust über die Ernährungsvernunft gesiegt hatte.

Auf einer Alm gibt es wahrscheinlich auch keine kulinarischen Sünden, außer der einen, Kostverächter zu sein. Hoch oben in der frischen Bergluft schmeckt es oft noch mal so gut. Erst recht, wenn die Aussicht das Vergnügen am Essen verdoppelt. So wie auf der Gampe Thaya im Ötztal. Das sind zwei geduckte, malerische Holzhäuschen auf der rund 2000 Meter hohen Gampealm in Hochsölden, einem uralten Rodungsgebiet, dessen seltsamer Name für ein Art Hochplateau steht. Thaya wiederum soll eine einfache Hütte genannt worden sein, in der einst Mensch und Vieh unter einem Dach geschlafen haben. Klein und gemütlich sind die Hütten der Gampe Thaya innen wirklich, mit ihrem warmen, alten Holz laden sie regelrecht zum Kuscheln ein. Auf der Terrasse aber weitet sich der Blick zum Himmelshorizont auf ein atemberaubendes Hochgebirgspanorama auf Dutzende von Dreitausendern der Stubaier und Ötztaler Alpen. Serviert wird auch hier nur, was die eigene Landwirtschaft oder befreundete Bauern aus dem Ötztal liefern. Spezialität sind die Granten, aromatische Hochgebirgs-Preiselbeeren, die vor allem als leicht säuerlicher, sommerlicher Saft eine herrliche Erfrischung sind.

Sonst ist die kulinarische Speisekarte ähnlich der anderer Almen nördlich und südlich der Alpen: Überall gibt es deftige Würste, kräftiges Fleisch, herzhaften Käse, Gemüse und Früchte der Saison, ein kerniges Bauernbrot. Auf der Gampe Thaya war das Angebot aber weit umfangreicher, denn die Gampealm ist nicht nur im Sommer ein beliebtes Ausflugsziel, sondern liegt im Winter direkt an der Skispiste. Und die kulinarischen Erwartungen der Gäste sind auch in den Alpen gestiegen, auch über 2000 Metern. Deshalb gibt es auf der Hütte nicht nur eine moderne Küche, sondern ebenso eine ziemlich große und wechselnde Speisekarte lukullischer Tiroler Schmankerl. Nur die Klassiker bleiben immer gleich, deshalb sind sie in bunter Blumenschrift auf großen gestürzten Milchkannen vor der Hütte zu lesen: Kaiserschmarrn, Apfelstrudel, Selchfleisch, Tiroler Gröstl. Das ist Kitsch, der mit einem Augenzwinkern präsentiert wird und schon wieder schön ist.

Meist reicht nach einer ausgedehnten Bergtour aber schon ein einfaches Butterbrot, das nach Heißhunger und Kindheit schmeckt. Bis heute trage ich den Geschmack des Brotes mit mir, das dick mit der von mir selbst auf der Hoderloch Alm in Stubai im Holzfass geschlagenen Butter bestrichen war. Und immer noch denke ich an die köstlich frische, kühle Buttermilch an einem heißen Almtag im Zillertal. Wer als Wanderer die Einsamkeit des Almlebens sucht, der bekommt halt das, was es auf der Alm grade gibt: einen Käse, frische Milch und das, was von der Sennerin oder Almbäuerin gern gegessen wird und in der Speis, der Vorratskammer, vorhanden ist. So, wie es sich gehört. Eine Alm ist schließlich kein Wirtshaus.

In jedem Fall aber ist eine alpine Mahlzeit, wo auch immer sie eingenommen wird, deftig und herzhaft, auch wenn es nur eine Zwischenmahlzeit sein sollte, die meist auf einem großen Holzbrett serviert wird, damit die Tischnachbarn mitessen können. Deren Namen unterscheiden sich erheblich. Was im Schwäbischen Vesper heißt, ist in Altbayern die Brotzeit, in Österreich die Brettljause und in Südtirol die Marende. Hinter den unterschiedlichen Namen verbergen sich auch die verschiedenen regionalen Spezialitäten, die über Speck, Kaminwurzn, Pfefferbeisser, Presssack hinausgehen. Im Allgäu mit seinem berühmten, würzigen Bergkäse gibt es unvergleichliche Kässpatzen, zu einer bayerischen Brotzeit gehören Obatzter, Radieserl und Brezn, bei der aus dem slowenischen stammenden Jausn sogar Süßes wie der Kärntner Reindling, ein Napfkuchen, und bei der Südtiroler Marende darf ein würziges Vinschger Laib ebenso wenig fehlen wie Schüttelbrot und Wein.

Südtiroler Wein wird auch in anderen Regionen der Alpen geschätzt. Zum Beispiel im ältesten noch bestehenden Weinhaus Österreichs, das überraschenderweise in Nordtirol liegt: Es ist das »Auracher Löchl« in der Römerhofgasse in Kufstein am Innufer unterhalb der Festung. Wenn ein Gasthaus fünf Jahrhunderte überdauert, dann hat es allein dadurch schon historische Dimensionen. Der gute Ruf des »Auracher Löchls« lockte darüber hinaus aber seit jeher prominente Gäste an: Andreas Hofer, Luis Trenker, Arnold Schwarzenegger, Hansi Hinterseer und viele andere wollten die besondere Atmosphäre der dunklen Stuben kennenlernen.

Der Legende nach hatte der Hausmusikant des »Auracher Löchls«, Paul Gantzer, dort in einer weinseligen Stunde die Eingebung zum Kufsteiner Lied, das danach seinen Siegeszug um die halbe Welt angetreten hat.

Den Namen hat das Lokal von der Kufsteiner Bürgerfamilie Auracher und einem langen Stollen, dem Löchl, das in den Festungs-Fels getrieben wurde, um ursprünglich Bierfässer auch in den Sommermonaten kühl lagern zu können. Es wurde dann Südtiroler Wein, der noch im 20. Jahrhundert vor allem die Münchner Ausflügler begeisterte, die nach ihren Bergtouren gern noch im »Auracher Löchl« zechten, bis der letzte Zug am nahen Bahnhof gen Bayern fuhr.

Später führte für Liebhaber Südtiroler Weine die Reise dann gleich direkt an die Quelle, dem uralten Rebgarten der Alpen, nach Südtirol.

Auf der Hochebene von Tisens zwischen Bozen und Meran liegt das prächtige Renaissance-Castel Katzenzungen.

Der rund 800 Jahre alte wuchtige Ansitz hat seinen größten Schatz unterhalb der gewölbten Steinbrücke zum Schlosstor: Die älteste und größte Weinrebe Europas. Gut 500 Jahre, also über ein halbes Jahrtausend, wächst sie schon dort und gehört damit zu den bedeutendsten Naturdenkmälern in ganz Südtirol. Ihr Name ist »Versoaln«, und der wird auf ihre Herkunft aus der Umgebung von Schloss Versailles in Frankreich zurückgeführt.

Und an einer sonnigen Hauswand im kleinen Ort Margreid an der Weinstraße im Südtiroler Unterland gedeiht seit 1601 die Margreider Urrebe und trägt seither ununterbrochen Trauben. Das klingt schon sehr nach Tradition, die Weinbaugeschichte in Südtirol ist aber tatsächlich noch weit älter, es heißt bis zu 3000 Jahre. Zur Römerzeit jedenfalls wurden die an der Etsch kultivierten Reben sehr geschätzt und am Kaiserhof getrunken.

Einer der ältesten Weinberge Südtirols soll St. Magdalena über Bozen sein, bis heute eine besondere Lage. Inmitten der Weinberge steht das uralte Kirchlein, das der Patronin der Winzer geweiht ist und dessen schlichter gemauerter Turm über das Bozner Becken leuchtet. Wegen seiner bedeutenden romanischen Fresken ist es einen Besuch wert, bevor es zu den Winzern zum Verkosten oder in die schönen alten Weinberge geht. Die zeigen sich noch so, wie es jahrhundertelang gang und gäbe war im Weinland Südtirols, als Pergolen. Dabei wurden die Rebgärten als Weinlaubengänge angelegt, um den über den Köpfen wachsenden Trauben in der kühleren Bergregion die optimale Sonneneinstrahlung zu ermöglichen. Entsprechend mühsam und aufwendig ist aber die Pflege und Lese, und die überhängenden Weingärten werden immer seltener – nicht zuletzt, weil das Klima sich verändert und es immer wärmer wird.

Ich habe diese Entwicklung der letzten Jahre mit Wehmut zur Kenntnis genommen, denn der ästhetische Reiz der Laubdächer mit ihren Halbschatten-Geheimnissen ist ungleich größer als der von in Reih und Glied stramm wie Soldaten stehenden Spalierreben. Ein Kuss unter Weinlaub und Reben ist doch an romantischem Potenzial nicht zu vergleichen mit der ungeschützten Umarmung auf einem von allen Seiten einsehbaren Weinberg. Und welcher Genuss ist das Schlendern im grünen Laubwald der Pergolen an einem heißen Sommertag gegenüber einem öden Spalierspaziergang?

Zu meinem Bedauern über den Verlust an Individualität im Gesicht der Weinberge, gesellte sich aber die Begeisterung über den Gewinn an Qualität der Südtiroler Weine. Der legendäre Ruf, den die Südtiroler Weine nämlich in den Sechziger- und Siebzigerjahren bei uns genossen, stand oft in krassem Gegensatz zu ihrer Klasse. Böse Zungen behaupteten, der Kalterer-See-Wein, der in großen Tankzügen über die Alpen transportiert wurde, habe keine einzige Rebe von nah gesehen. Und die Mengen, die damals über den Brenner flossen, hätten ausgereicht, um den Kalterer See selbst auszutrocknen. Kaltern, einer der Hauptorte an der Südtiroler Weinstraße, war seitdem in meinen Augen der Inbegriff von touristischem Nepp. Umso überraschter war ich, als ich bei meinem ersten Besuch ein malerisches, intaktes Dorf entdeckte, mit alten Gassen, zauberhaften Kellern und schon fast südländischem Flair, das keineswegs von Bustouristen überlaufen und von seichter Weinmusik zugedröhnt wurde.

Auch der Wein vom Kalterer See hatte sein billiges Image längst abgestreift und sich durch eine ganze Reihe hervorragender Winzer wieder internationales Renommee verschafft. Vollends gewann ich Kaltern lieb nach meinem Besuch im »Torgglkeller« und nach meinem Gespräch mit Paula Atz, der Seniorchefin. Der »Torgglkeller«, benannt nach einer über 200 Jahre alten Weinpresse, lag nicht weit von der gotischen Pfarrkirche, dessen originaler, gemauerter Kirchturm die Region beherrscht. Hinter einem efeubewachsenen steinernen Torbogen öffnete sich ein kleiner lauschiger Vorhof mit einem wunderbaren überlebensgroßen weißen Kruzifix vor einer schmalen hölzernen Außenstiege. In dem spätmittelalterlichen Gemäuer aus dem 16. Jahrhundert lag links eine kleine Remise mit alten Bauerngerätschaften und einem Lädchen, im dem alle kulinarischen Köstlichkeiten des Südtiroler Unterlandes feilgeboten wurden, Trauben, Äpfel, Marmeladen, Pilze. Davor ein schmiedeeiserner »Keschtnofen« in dem die Kastanien geröstet wurden, wenn Saison war. Rechts ging es dann in die Gasträume, vorbei an einer verführerischen Theke mit frischen Speisen und Getränken, in ein Labyrinth von Stuben, Terrassen und Kellern, in dem man sich fast verlieren konnte.

Es war ein Reisender aus Deutschland, der das Potenzial des Hauses als romantischem Sehnsuchtsplatz weinseliger Gäste erkannte. »»Ihr müsst hier Leute herholen und ihnen euren Wein und eure Früchte verkaufen‹, hat er gesagt, und ich dachte, der ist doch verrückt. Wir waren doch nur Bauern«, hat mir Paula unter dem Hauskreuz vom Beginn des nun fast schon legendären Kalterner »Torgglkellers« erzählt.

Seit 1871 ist das Anwesen im Besitz der Familie Atz, nun schon in der fünften Generation. Trotz des rasanten Wandels vom bescheidenen Bauernhof zum berühmten Buschenschank atmet das Haus weiter familiären Charme. Dafür sorgt schon Paula. Für die Stimmung sorgen die Hausmusikanten, zu denen auch Hausfreunde wie Norbert Rier gehören, der Kopf der Kastelruther Spatzen. Unvergesslich wird mir der »Torgglkeller« auch deshalb bleiben, weil mir der Sohn des Hauses sein knallrotes Topolino-Oldtimer-Cabriolet für eine Spritztour mit der Kamera zur Verfügung gestellt hat. Schon die Ausfahrt aus dem »Torgglkeller« durch den engen Torbogen und der Corso rund um den Marktplatz und die Gassen verursachten einen kleinen Menschenauflauf. Es wurde eine herrliche Fahrt unter südlicher Sonne durch das grüne Hügelland Kalterns. Unter uns schimmerte in zartem Blau der Kalterer See, der wärmste See der Alpen. Auf der Kuppe des Berges oberhalb thronte die malerische Ruine der Leuchtenburg aus dem 13. Jahrhundert.

Ich ließ mir die laue Luft um die Nase wehen und träumte den Traum von Arkadien. Das Überetsch hat ein fast schon mediterranes Klima, es ist ein Land, in dem Palmen, Oliven und Feigen gedeihen, Zypressen in den sonnigen Himmel ragen und die Erde mit üppigem Weinlaub bedeckt ist.

Angebaut wird rund um den Kalterer See vor allem die Südtiroler Nationaltraube, der Vernatsch, ein leichter Wein, der von den Bauern schon am Vormittag, zum Mittagessen, zur Marende und dann auch am Abend getrunken wurde. Von einem dieser kernigen Winzer mit dem charakteristischen blauen Schurz, dem Firtig, dem Vortuch, habe ich mir seinen Charakter erklären lassen. Er ist fruchtig und bekömmlich und hat meist einen leichten Mandelton. Der lange als Allerweltswein geschmähte Trinkwein Vernatsch ist auf dem Weg, wieder ein von Weinliebhabern geschätzter Tropfen zu werden.

Mit meinem schicken roten Cabrio fuhr ich zu einem Vernatsch-Weinberg in Castel Ringberg, wo ich mit einer schönen Winzerin verabredet war, mit einer schönen Helena, mit Elena Walch. Während sie die schon prallen Reben begutachtete, erzählte sie von der Revolution des Südtiroler Weines, an der sie mit einigen anderen Winzern großen Anteil hatte. Das Credo lautete: Klasse statt Masse – und hatte einen unglaublichen Erfolg.

Elena Walch ist die einzige Frau unter den Top-Winzern Südtirols, und das ist im patriarchalischen Südtirol eine Leistung. Die Weine Südtirols gehören seit Jahren zu den besten in ganz Italien und erreichen regelmäßig Spitzenplatzierungen in der Weinbibel Italiens, dem Gambero Rosso. Und obwohl das so ist, müssen noch keine Globalisierungspreise dafür gezahlt werden wie für die Flaschen anderer weltberühmter Weinregionen Italiens, etwa Piemont und Toskana. Schon allein deshalb liebe ich Südtirol. Weil man überall erstklassige Weine trinken kann, ohne hinterher in Ohnmacht zu fallen wegen des Preises. Und weil das Budget sogar noch reicht, um sich die eine oder andere Wein-Entdeckung einpacken zu lassen.

Obwohl die Höhenluft des Brennerpasses der Legende nach den Zauber aus der Flasche treibt und man daheim gar nicht mehr so recht nachvollziehen kann, warum einem nun gerade dieser Tropfen so sehr gemundet hat, dass man am liebsten ganze Fässer davon mitgenommen hätte. Das Geheimnis dieser unerklärlichen Weinmetamorphose beim Transport von Süd nach Nord hat mir Alois Lageder einmal ganz plausibel erklärt, als wir im steinernen Hof seines Weingutes im Halbschatten bei ein paar Gläsern über den Geist dieses dionysischen Getränks philosophierten, ohne die die Kultur des Abendlandes nicht denkbar wäre. Im Wein schlummerte das Feuer der Zivilisation und Kultur, darin waren wir uns sofort einig, als wir die ersten Schlucke von seinem Kalterer Grauvernatsch gekostet hatten.

Schon sein helles Rubinrot leuchtete lockend in der späten Nachmittagssonne, und sein mildes, fruchtiges Aroma von roten Beeren und Kirschen schmeichelte dem Gaumen. Schon in der Antike war Wein Kultgetränk im wörtlichen Sinne, er stellte eine Verbindung zum Göttlichen her, das galt für Priester und Künstler. Goethe soll jeden Tag zwei Literflaschen vom Würzburger Stein, einer besonderen Lage, getrunken haben. Die erste Flasche hatten auch wir schon geleert und spürten das Feuer des göttlichen Funken in uns. Nun galt es, ihn am Glimmen zu halten. Wir prosteten uns erneut zu. Diesmal mit einem Lagrein, dem dunklen und schweren Südtiroler Weinbruder.

Mitteltiefe, intensive, kirschrote Farbe mit rubinrotem Schimmer. Dieser Tropfen aus dem Bozner Becken schmeckte viel erdiger und schwerer und erinnerte von fern an Kakao und Leder, wie mir mein Tischnachbar erläuterte. Ich fand mit jedem Schluck mehr, dass Alois Lageder ein wahrer Weinweiser war. In jedem Fall verband sich vor allem mit seiner Person das Südtiroler Weinwunder, und sein Weingut ist nicht nur was natürlichen, integrierten und umweltschonenden Anbau betrifft führend, sondern auch, was modernste Kellertechnik und die im Niedrigenergiehaus integrierten Kunstprojekte angeht.

Ich blickte mich in dem alten steingepflasterten Dreiseithof mit seinem alten begrünten Gemäuer um. Es war schön hier, die Weine waren gut und die Gespräche ebenso. »Das mit dem Brenner ist Blödsinn«, meinte mein Gastgeber auf meine Frage nach dem scheinbaren Qualitätsverlust der einheimischen Weine im Ausland. »Der Wein bleibt derselbe. Was sich verändert, sind die Umstände, und die spielen beim Weingenuss eine große Rolle. Im Urlaub haben die meisten Menschen Zeit, den Wein zu genießen. Dann kommt die schöne Umgebung dazu, die Sinne öffnen sich und alles wird intensiver wahrgenommen. Auch der Wein.«

Wahrscheinlich hatte er recht. Weintrinken wurde erst durch die Umstände zum genussvollen Erlebnis.

Ich erinnerte mich an mein eigenes Wein-Urerlebnis in Wien. Ich war damals etwa 16 Jahre alt und hatte keine Erfahrung mit Wein. Mit unserer Jugendgruppe waren mein Bruder Bernhard und ich von München nach Wien geradelt. Von unserer Mutter hatten wir den Auftrag bekommen, ihren Cousin zu besuchen, Walter Mottl, und seine Frau Marieluise. Abgerissen wie wir waren von der langen Tour, klingelten wir an der Wohnungstür im 4. Bezirk und fanden Aufnahme.

Marieluise brutzelte für uns tellergroße Schnitzel, die unser Großcousin Walter reichlich mit Knoblauch versah. Außerdem schwor er auf Grünen Veltliner als Gesundbrunnen. Er entkorkte eine der großen grünen Zweiliterflaschen, genannt Doppler, und schenkte uns ein. Es mundete alles köstlich, und wir radelten selig und reichlich angeheitert durch eine milde Wiener Nacht zurück in unsere Unterkunft. Seit damals mochte ich nicht nur Wiener Schnitzel mit reichlich Knoblauch, sondern auch einen frischen, guten Landwein, denn beides war nun unverbrüchlich verbunden mit einem unvergesslichen Gastmahl unter Freunden. Mein Weinwissen habe ich dann in Frankreich verschärft, bei meiner Schwester Brigitte. Sie lebt in einer anderen Traumlandschaft, vor den letzten Ausläufern der französischen Seealpen, mitten in der Provence. Ihr Mann René ist, wie es sich für einen Franzosen gehört, ein Küchen- und Weinkenner. Von ihm lernte ich viel über *le vin*, seine Geschichte und Kultur, seine Geheimnisse und seine Geschmacksnuancen. Und es wird mir unvergesslich bleiben, wie wir in samtwarmen Sommernächten im duftenden Pinienwäldchen saßen und bei einem guten Tropfen über Gott und die Welt philosophierten. Seither habe ich viele solcher weinseligen Abende erlebt, vor allem in Südtirol, wo Landschaft, Luft und Lebenslust ein Übriges tun. Das schon italiengetränkte Unterland von Eppan bis zur Salurner Klause mit seinen Rebgärten und unzähligen Ansitzen, in dem ich mich gerade befand, ließ bei mir immer schnell den Wunsch aufkommen, die Zeit möge ein wenig langsamer vergehen. Wie damals auf der Terrasse auf dem »Stroblhof« in Eppan, der mitten in den Weingärten unterhalb des Mendelgebirges liegt.

Nach einem langen, anstrengenden Arbeitstag hatten meine Frau und ich beschlossen, eine kleine Flucht in den Süden zu unternehmen. Jetzt saßen wir in lauer Nacht unter einem Himmel aus blühenden und duftenden Glyzinien, blickten uns glücklich in die Augen und atmeten auf. Der Wein wäre gar nicht mehr nötig gewesen, aber er gab uns dazu jenen Schuss unbekümmerte Laune, der diesen leisen Griff nach den Sternen perfekt machte.

Es sind vor allem die Südtiroler Weißweine, die große Anerkennung genießen, auch der Gewürztraminer, dessen steiler Ursprungsberg oberhalb des kleinen Orts Tramin an der Südtiroler Weinstraße liegt. Er ist ebenfalls in Elena Walchs Hand und liefert einen Tropfen von würziger Fülle, wie es die Tradition verlangt. Aber auch die anderen Weine von ihr sind ein Genuss, wie ich bei der öffentlichen Probe feststellen konnte.

In Erinnerung ist sie mir aber vor allem deshalb, weil die Aufnahmen aus mir unerfindlichen Gründen mehrmals wiederholt werden mussten. Zusammen mit der kundigen Winzerin stand ich also vor drei großen Weinfässern, auf denen malerisch Wein und Gläser drapiert waren. Umringt

waren wir von Weinköniginnen und einem schön gewande-
ten Männerchor, der ein Trinklied zum Besten geben sollte:
»Aus der Traube in die Tonne …« und so weiter bis ins Glas
und in die Kehle. Mir jedenfalls rann er nur zu gern in die
Kehle, und mit jeder Wiederholung stieg mir der Wein mehr
zu Kopf, er rötete meine Wangen und löste meine Zunge,
die ich doch im Zaum zu halten hatte. Der Spaß, den wir alle
hatten, war dann auch auf den Aufnahmen zu sehen. Mir
ging und ging ein anderes weinseliges Wiener Lied nicht aus
dem Kopf, das ich schon als Schüler gehört hatte und das ich
nun als launiges Rezitativ zum Besten gab:

Ja, ja, der Wein ist gut,
ich brauch kan neuen Hut
Ich setz mein alten auf
Bevor ich Wasser sauf.

Als Inbegriff Südtiroler Gastlichkeit gilt allgemein das
Törggelen im Herbst. Der Name kommt vom lateinischen
torculum – der Weinpresse. Und nicht etwa vom nach Hause
»Torkeln«, auch wenn dies eine auf den ersten Blick ein-
leuchtende und die durchaus witzigere Erklärung wäre.
Das Törggelen entstand aus der Gewohnheit, dass sich früher die Weinbauern bei der Lese der Reben gegenseitig ge-
holfen haben und dann natürlich auch der süße Most, der
Siase, oder der junge Wein, der Nuie, gemeinsam gekostet
wurde. Am besten beide.

Damit der Alkohol nicht gar zu schnell zu Kopf stieg und
als Dank für die harte Arbeit, gab es dazu auch immer eine
kräftige Mahlzeit, traditionell aus hauseigener Herstellung.
Nicht fehlen durften die gerösteten Kastanien, die Keschtn,
und die süßen Krapfen als Dessert.

Das Törggelen ist längst zur touristischen Attraktion geworden mit professionell geführten Buschenschänken von sehr unterschiedlicher Qualität. Wer das urige Törggelen nach alter Art erleben will, der sollte wie wir nach Villanders wandern und auf dem Winklerhof der Familie Fink einkehren. Der liegt im oberen Eisacktal, dem Ursprung des Törggelen und der Heimat der besten Kastanienbäume, wie uns versichert wurde. Der Winklerhof ist ein von außen unspektakuläres Haus, das dem Wanderer eher die kalte Schulter zeigt und sich nicht aufdrängt. Wer aber dort eintritt, der darf alle Sorgen fahren lassen. Es ist ein Ort, um die Zeit zu vergessen und das Leben zu genießen.

Unsere ganze Filmcrew von zwölf Personen wurde rasch in die Familie des Hauses, die selbst vier Generationen vereinte, aufgenommen. Die Gaststube war nichts anderes als die jahrhundertealte, geduckte, holzvertäfelte Stube des Hofs. Wir filmten keinen Törggelen-Abend fürs Fernsehen, wir erlebten alle zusammen ein Familienfest mit einem reich gedeckten Tisch voller Köstlichkeiten, das bis spät in die Nacht hinein dauerte. Das war keine Show nur für uns, sondern ein Grund, warum der Winklerhof als Törggelen-Geheimtipp im Eisacktal galt.

Alle Speisen waren hausgemacht und wurden auf dem großen Herd zubereitet, der noch mit Holzscheiten befeuert wurde. Eine wohlige Wärme zog durchs Haus an diesem schon kühlen Oktoberabend, geschwängert vom Duft der Köstlichkeiten aus der Küche. Ich fühlte mich zurückversetzt in meine Kindheit, als bei uns daheim etwa um dieselbe Jahreszeit von meiner Mutter und von meiner Tante Anna im mit Holz beheizten Backofen mehr als ein Dutzend köstliche kleine Kirchweihkuchen gebacken wurden. Die Wärme, die mich damals unwiderstehlich in die Küche zog, ging dabei aber nicht nur vom Feuer aus, das im Herd loderte. Ich suchte Geborgenheit und Verlässlichkeit und die Liebe, die in die Kuchen und Speisen miteingebacken wurden und die den ganzen Raum erfüllten. Es war eine schöne Erinnerung.

Ich konnte nicht anders, ich musste mich in einer Drehpause in die Küche vom Winklerhof schleichen, deren Tür einladend offen stand, um ein bisschen in die Töpfe zu gucken und hier und da etwas vorzukosten, was mir gern gewährt wurde. Natürlich ging es auch dabei nur vordergründig ums Essen, in Wirklichkeit wollte ich mich einhüllen lassen von der Wärme meiner Kindheit und freute mich sehr daran, dass auf dem Winklerhof ein ähnliche Melodie gespielt wurde wie damals bei uns daheim.

Als ich gegenüber der Chefin des Hofes, Cäcilie, meine Bewunderung über die gute Atmosphäre auf dem Hof äußerte, da seufzte sie nur und meinte, das sei ja nicht immer ganz einfach, wenn so viel Generationen unter einem Dach lebten. Da heiße es eben manchmal, die Zähne zusammenzubeißen und Kompromisse zu finden. Für jeden. Das konnte ich gut verstehen. Ich war ja ebenfalls in einer Großfamilie aufgewachsen und wusste, wie schwer es manchmal für unsere Eltern war, die widerstreitenden Interessen auszugleichen. Aber gleich vier Generationen? Respekt.

Als ältestes Familienmitglied saß Oma Anna mit über hundert Jahren fröhlich und fesch gekleidet mitten unter uns. Das wollte sie sich nicht entgehen lassen, wenn zum ersten Mal das Fernsehen auf ihrem Hof zu Gast war, auch wenn die Verständigung schon etwas schwierig wurde, weil ihr Gehör nicht mehr richtig mittat. Das Gespräch mit ihr vor der Kamera wurde dann menschlich sehr berührend und ein echtes Zeitdokument, nicht nur, weil sie vom Südtiroler Leben aus einer fernen Zeit berichtete, sondern vor allem, weil sie wenig später starb. Lange Zeit noch kamen Wanderer, die die Sendung gesehen hatten, zum Winklerhof und erkundigten sich nach der »Oma Anna«.

Auf der Speisekarte stehen heute wie damals eine Gerstensuppe, Spinatknödel oder Kasnocken als Vorspeise, ein Surfleisch mit Kraut oder ein Ripperl mit Knödel oder Kartoffeln für die Hungrigen und Villander Krapfen für den süßen Abschluss. Getrunken wird natürlich der hauseigene Wein. Und wenn's mal zu viel werden sollte mit dem Hauswein, dann findet sich auf dem Winklerhof auch ein Bett zum Träumen.

Herzblut und Lederhose

Vielleicht liegt es ja daran, dass die Bergtäler und Alpenregionen natürliche Schutzwälle um sich haben, die Heimat geradezu sinnlich erfahrbar machen als ein Nest, in das man hineingeboren wurde. In jedem Fall ist mir überall in den Alpen ein Heimatgefühl begegnet, das mit selbstverständlicher Überzeugung gelebt wurde. Ich war sehr froh darüber, denn wer stolz auf seine Heimat war, der wollte sie auch zeigen. Der wollte gerade das zeigen, was wir suchten, das Typische, das Besondere, das Unverwechselbare. Die eigenen Traditionen, die eigene Kultur, die eigene Landschaft.

So unterschiedlich wie die Landschaften waren auch die Menschen und ihre Bräuche. Jedes Bergdorf, jedes Tal und jeder Stamm hütete und verteidigte seine Traditionen, auch wenn sie überlebt und kurios waren. Ja, vielerorts wurden Traditionen neu belebt und wieder gepflegt. Am sinnfälligsten zeigte sich das in der Sprache und in den Trachten, in den Bauten und in kulinarischen Spezialitäten.

Die Tracht ist dabei seit jeher das wichtigste Schaustück der eigenen Identität. An Festtagen und kirchlichen Feiertagen wird sie mit stolzem Selbstbewusstsein getragen, nicht als Touristenattraktion, sondern als Ausdruck unverwechselbarer Selbstgewissheit. Dieses »Gwand«, die hochwertige und wertvolle Festbekleidung, wird dabei von Generation zu Generation weitergegeben und lädt sich dabei mit Geschichte und Bedeutung auf.

Welche der alpinen Traditionstrachten nun die schönste und prächtigste ist, kann und will ich gar nicht entscheiden. Das liegt im Auge jedes Betrachters. Mein Auge erfreut sich an allen schönen Trachten, sogar dann, wenn sie nicht der reinen Lehre der Lordsiegelbewahrer der Trachtenvereine entsprechen, bei denen jedes Detail genau so zu sein hat, wie es in einem historischen Moment festgelegt wurde.

So rein das für die Ewigkeit präparierte Museumsexemplar der Tracht auch ist, so hat die lebendig bunte Vielfalt eines sich ständig wandelnden wilden Trachtengwandes auch etwas sehr Charmantes. Wie zum Beispiel die Alltagsdirndl, die sich in den letzten Jahren nicht nur in Oberbayern zu einem regelrechten Modehit entwickelt haben und die längst salonfähig geworden sind. »In einem Dirndl«, so lautet die Werbebotschaft, »sieht einfach jede Frau gut aus.« Das stimmt, und es liegt nicht zuletzt daran, dass dieses Kleidungsstück es gut mit den Frauen meint und nicht nur etwaige Figurprobleme geschickt kaschiert, sondern die ganze Person hebt, auch ohne zur Schau gestelltes Dekolleté oder Push-up-BH.

Waren die Dirndl auf dem Münchner Oktoberfest vor Jahren noch in der Minderzahl, so sind sie längst neben Fahrgeschäften und Bierzelten eine weitere optische Attraktion des größten Volksfestes der Welt. Überall schießen Läden mit Secondhand-Dirndln oder quietschbunter Fertigware aus Fernost aus dem Boden, die Landhausmode hat ihre Abnehmerinnen, und es werden schicke Trachtenparties gefeiert, wie die »Nacht der Tracht«. Es geht dabei nicht ganz so ekstatisch zu wie auf den legendären Künstlerfesten der Schwabinger Boheme Ende des 19. Jahrhunderts, als die erste Trachtenwelle in die Münchner Hautevolee schwappte, aber immerhin: Tracht ist wieder sexy. Das Dirndl gehört

in einer Stadt wie München nach langen Jahren der Absti-
nenz sogar wieder zum Straßenbild.

Um ehrbare Herren in einer hellen, kurzen Lederhose
mit Trachtenjanker wie selbstverständlich durch die Gassen
spazieren zu sehen, musste ich aber erst nach Salzburg fahren. Auch in Bad Ischl und überhaupt im gesamten Salzkammergut gehört seit Kaiser Franz Josephs Zeiten die Le-
derne, die er selbst gerne trug, dazu. In München dagegen
wollte man den Schriftsteller Oskar Maria Graf zur 800-
Jahr-Feier in München im Jahre 1958 für eine Lesung nicht
auf die Bühne des Cuvilliés-Theaters lassen – weil er wie
selbstverständlich seine kurze Lederhose trug. München
wollte halt partout Weltstadt sein und nicht an sein länd-
liches, bäuerliches Umfeld erinnert werden. Dabei lief Graf
mit dem ledernen Beinkleid sogar durch sein New Yorker
Exil.

Ich selbst hatte als Kind zwar auch kurze Hosen an, aber
ganz selten eine aus Leder. Ich fand die Lederhose zwar lus-
tig und praktisch, vor allem wegen des Hosenlatzes, der sich
mit den zwei Knöpfen so schnell öffnen ließ, wenn ich mal
musste. Und weil ich mich damit überall hinsetzen konnte,
ohne einen nassen Hintern zu riskieren oder Ermahnungen
meiner Mutter wegen einer verdreckten Hose. Ich war aber
beileibe kein Lederhosenlausbub aus dem Bilderbuch. Und
später war eine Lederhose für mich wie ein Theaterkostüm,
das ich als Komplettverkleidung empfand.

In meinen Sendungen habe ich ein paarmal lange Hosen aus Leder getragen, aber nur einmal eine klassische
Kniebundhose. Und erst vor wenigen Jahren bekam ich
meine erste persönliche Lederhose auf den Leib geschnei-
dert – bei Leder Ritsch in St. Johann. Der Ort war nicht zufällig gewählt, denn er ist im Hochsommer Schauplatz des

jährlichen Lederhosenfestes, mit der Präsentation der mit 76 Quadratmetern größten Lederhose der Welt und der Prämierung der ungewöhnlichsten Schneiderstücke. Meine Lederhose sollte ein Klassiker in Kniebundform werden. Schon die Auswahl des echten, handgegerbten Hirschleders war ein Genuss für Augen und Fingerspitzen. Dann hieß es erst mal Hosen runterlassen für die genauen Abmessungen.

Meine Sorge, dass so eine Lederhose nach Maß doch schnell zu eng werden könnte, wenn es gar zu gut schmeckt, wurde mir von Markus Ritsch, dem Junior, gleich genommen: »Die wächst mit dem Bauch mit. Ist halt ein Naturprodukt.« Damit die Nähte trotzdem niemals auseinandergingen, wurden sie doppelt geklebt und geklopft. Auf die Hosenträger hat Markus mir den balzenden Auerhahn genäht. Vielleicht weil die Krachlederne weit mehr war als ein Kleidungsstück, eher so etwas wie ein Männlichkeitssymbol, bei dem über die Hirschlederne die Kraft der Zwölfender in der Hischbrunft auf den Träger übergeht? In jedem Fall ist die Lederhose in den Bergen Ausdruck gelebter Tradition.

Besonders ausgeprägt habe ich den Heimatstolz und die Heimatliebe im »Land zwischen den Bergen«, in Tirol, erlebt. Sie zeigten sich zum Beispiel in der musikalischen Inbrunst, mit der die eigene Heimat besungen wird. Ich war bei einigen ausgedehnten »Tiroler Abenden« dabei, die mir unvergesslich bleiben werden. Sie hatten nur wenig gemein mit dem als Touristenattraktionen landauf, landab angebotenen volkstümlichen Spektakel mit Schuhplatteln, Holzhackerbuam, Watschentanz und Jodlereinlage. Bei den Tiroler Abenden, von denen ich spreche, gab es kein Publikum, es gab allenfalls geduldete Zaungäste wie mich. Diese musikalischen Zusammenkünfte waren eine Selbstvergewisserung der eigenen Identität, ein Weitertragen der Traditionen und Überzeugungen, die sich im Gesang viel tiefer in die Seele brennen als alle Moral und Appelle.

Als ich überlegte, was bei uns denn gesungen und ob überhaupt noch selbst gesungen wurde und was über das gemeinsame Singen und Musizieren tradiert wurde, da erschrak ich ein wenig. Es fiel mir nicht viel ein, was es da an breit gepflegten Traditionen gab, so wie in Tirol. An diesen Abenden, an denen die Tiroler unter sich waren und den Gefühlen Ausgang gaben, waren sie erfüllt von Sentiment und Seele. Da blieb nicht mal Raum für Ressentiments, die auch im modernen, aufgeklärten, grenzenlosen Europa keineswegs verschwunden sind. Es wurden dabei oft sogar dieselben überlieferten Lieder gesungen wie auf den Showbühnen, aber sie wurden anders intoniert und anders empfunden.

Wer einmal erlebt hat, mit welch ehrlicher Emotion, mit wie viel Herzblut die heimliche Tiroler Nationalhymne gesungen wir, dem werden Freiheitsdrang und Nationalstolz der Tiroler verständlicher. Und ich gestehe, dass auch ich als Gast Gänsehaut bekommen habe, als nach der ersten Strophe der doppelte Refrain mit ehrlicher Inbrunst und tiefer Überzeugung intoniert wird:

Ein Kranz von Bergen, stolz und hoch erhoben,
umringt die Heimat, mein Tiroler Land.
Die Gipfel strahlen hell in ihrem Glanze
und leuchten weit von steiler Felsenwand.

Du bist das Land, dem ich die Treue halte,
weil du so schön bist, mein Tiroler Land!
Du bist das Land, dem ich die Treue halte,
weil du so schön bist, mein Tiroler Land!

Dem kühnen, vorwärtsdrängenden Marschrhythmus des Tiroler Heimatbekenntnisses gegenüber ist die bayerische Nationalhymne geradezu von einer geerdeten Gelassenheit, die dem Charakter der »weiten Gaue« Altbayerns und der Selbstgewissheit einer über 800 Jahre alten Identität entspricht. Bayern, das sind eben nicht die kühnen Berge, die es zu bezwingen gilt, sondern der heitere weißblaue Himmel über einer blühenden bäuerlichen Landschaft.

Dass die Tiroler Hymne aber auch ohne jeden kämpferisch marschierenden Ton interpretiert werden kann, nämlich als innige, fröhliche Liebeserklärung an die schöne Bergheimat, das haben die ursprünglich aus dem Ötztal stammenden Hoameligen, Barbara, Claudia und Caroline, so ganz nebenbei beim Einsingen auf der Gampe Thaya, der Alm in Hochsölden im Ötztal, bewiesen. Ich konnte weder weghören noch wollte ich wegschauen. »Ohrenschmaus und Augenweide« seien sie, hat mir ein Zuschauer geschrieben. »Die Hoameligen sind die Messlatte.« Und ich finde, er hat recht. Die drei sind nicht nur sehr hübsche junge Frauen, sie strahlen vor allem eine vibrierende innere Schönheit aus, ihre blitzenden Augen künden von einem lodernden Feuer, das bei ihnen aus Musik besteht. Wenn sie musizieren, haben sie eine ansteckende Bühnenpräsenz. Gerühmt werden sie ihres Könnens, ihrer Virtuosität, ihrer Musikalität wegen, ich glaube aber, in Wirklichkeit sind sie Musik. So wie ganz Tirol eine gemeinsame Heimat in der Musik gefunden hat. Die Tradition der Hausmusik ist überall lebendig, es gibt im ganzen Land hervorragende Musikschulen und unzählige gut ausgebildete Musikanten. Und alle wollen sie musizieren. Tirol hat mehr Musikkappellen als Orte, und eine Vielzahl von guten Gruppen, Bands und

Formationen wie die Hoameligen spielen bei jeder Gelegenheit – und davon gibt es viele.

Eine der schönsten in den letzten Jahren war der gemeinsame Sternmarsch der Musikkapellen der »Kaisergemeinden« Söll, Scheffau, Ellmau und Going für unsere Sendung, der – wie sollte es anders sein – in der eindrucksvoll gesungenen Liebeserklärung an die Heimat aus über hundert Kehlen gipfelte: »Du bist das Land, dem ich die Treue halte ...«

Die musikalische Heimatliebe ist auch im Süden Tirols mit eigenen Traditionen zu finden. An einem traumschönen Sommermorgen war ich mit zwei sehr erfolgreichen und sehr populären Südtiroler Sängern auf der Seiser Alm unter einem wolkenlosen Himmel, vor dessen Azurblau die Spitzen des Schlern gestochen scharf zeichneten. Die Luft war seidenweich und still, es war ein Moment von höchster sinnlicher Intensität. Ich hätte gern die Zeit verlangsamt oder am besten gleich ganz angehalten; diese Mischung aus unvergleichlicher Ruhe und Emotionen, die kaum zu bändigen sind. In solchen Momenten halte ich mich an die gebundene Sprache. In diesem Fall war es Gottfried Keller, an dessen Verse ich denken musste: »O Auge trink, was die Wimper hält, vom goldenen Überfluss der Welt.« Ich nahm es mir fest vor an diesem hellen, leichten Morgen. Wir nahmen an einem einfachen Holztisch vor einer Hütte Platz, und ich plauderte mit der jungen Sängerin Belsy aus Wolkenstein im Grödnertal und mit dem altgedienten Norbert Rier, der mit den Kastelruther Spatzen berühmt geworden war, über ihre Heimat.

Der Begriff hat es schwer gehabt bei uns in den letzten Jahrzehnten und ist als rückwärtsgewandt und reaktionär geschmäht worden. Nicht zu Unrecht, denn mit ihm ist politisch und moralisch Schindluder getrieben worden. Im Zeitalter der galoppierenden Globalisierung aber wurde er auf dem Dachboden der Werte wiederentdeckt, entstaubt – und er kam zu neuen Ehren.

Ich habe die Janusköpfigkeit des Begriffes schon als Kind erfahren. Meine Eltern waren im Sudetenland geboren, mein Vater bei Karlsbad und meine Mutter in Mies bei Pilsen. Beide waren »Heimatvertriebene«, und der Begriff der Heimat spielte in meinem Elternhaus eine große Rolle. Ständig wurde von ihrem schmerzlichen Verlust gesprochen, und vor allem mein Vater verstand es, seine Erinnerungen so lebhaft auszumalen und so schön zu zeichnen, dass die Heimat bald zu einer Art gelobtem Land wurde. Er verschwieg das Unrecht der Vertreibung ebenso wenig wie meine Mutter, die eine Zeit lang hochschwanger in einem tschechischen Lager interniert war. Dennoch waren die Erzählungen frei von jeder versteckten Aggression oder falschem politischem Zungenschlag, so wie es bei den offiziellen Funktionären der Sudetendeutschen oft der Fall war, um aus dem Verlust der Heimat politisches Kapital zu schlagen. Bei meinem Vater waren es Schilderungen ehrlicher Empfindungen, gemachter Erfahrungen, prägender Einsichten und gelebter Traditionen. Wenn »von daheim« erzählt wurde, fühlte ich mich als Teil dieser Geschichte, und meine unbewussten Fragen nach dem Woher wurden ungefragt beantwortet. Als wir später gemeinsam auf Spurensuche gingen und zu seinem Geburtsort fuhren, da legte sich die Realität allerdings sanft wie Mehltau auf die Erinnerungen. Erinnerung kann bekanntlich verklären. Mein Vater suchte mühsam nach den leuchtenden Zeugnissen seiner Vergangenheit, und für mich boten Landschaft und Dörfer in der Wirklichkeit weit weniger Zauber als die Erzählungen meines Vaters, die erfüllt waren vom Lebensgefühl des Neuen, des Aufbruchs, der Hoffnung. »Heimat ist das, was allen in die Kindheit scheint«, meinte der Philosoph Ernst Bloch, und das leuchtet mir insofern ein, als die prägenden Eindrücke der Welt in der Kindheit liegen und sie erst die Sehnsucht nach dem »Daheimsein« wecken.

Auch bei Norbert Rier schlich sich kein falsches Pathos ein, als er über seine Heimat sprach. Von Heimattümelei war bei ihm keine Spur, obwohl er ein Vertreter der volkstümlichen Musik war, die ja unter dem Generalverdacht der Tümelei steht. Er machte einfach eine weit ausholende Bewegung mit seinem Arm, zeigte auf die Seiser Alm mit ihrer Bergwelt und fügte nur noch an: »Schau dich um, das ist meine Heimat.«

Ich konnte ihn gut verstehen, weil diese einzigartige Naturlandschaft für mich zu so etwas wie einer zweiten Heimat geworden war. Heimat hatte für mich aber nicht unbedingt etwas mit Landschaft und Geografie zu tun. Es war für mich auch keine nationale oder stammesgeschichtliche Kategorie. Mein Gefühl von Heimat ist vor allem mit der kleinen Herde verbunden, mit der ich aufwuchs, mit meiner Familie. Später fand ich meine Heimat dann auch ganz unverhofft in Büchern, in Gedanken, und vor allem bei Menschen – überall dort, wo ich Einssein konnte mit mir selbst.

Dies war so ein Moment, vor allem, als die Belsy und Norbert zum Abschluss unseres Gesprächs zu singen begannen. Sie stimmten beide a cappella die Hymne Südtirols an, das Bozner Bergsteigerlied, dessen Verse Karl Felderer als Protest gegen die faschistische Diktatur Mussolinis auf ein altes Tiroler Handwerkerlied dichtete.

Wohl ist die Welt so groß und weit
Und voller Sonnenschein,
Das allerschönste Stück davon
Ist doch die Heimat mein:
Dort, wo aus schmaler Felsenkluft
Der Eisack springt heraus,
Von Siegmundskron der Etsch entlang
Bis zur Salurner Klaus'.

Dennoch habe ich später gespürt, dass die eigentliche Heimat des im südindischen Kerala geborenen Waisenkinds Belsy nicht das weite Südtirol im Allgemeinen, sondern das enge Grödnertal im Besonderen ist. Dort, wo sie ihre prägenden frühen Erfahrungen gemacht hat, dort, wo sie Liebe und Zuneigung in ihrer Familie erfahren, wo sie ihre Erfahrungen gesammelt und Freundschaften geschlossen hat.

Wir waren auf der Gamsbluthütte im Grödnertal oberhalb ihres Zuhauses Wolkenstein. Die Hütte liegt in einem der schönsten Wandergebiete des Tals im Naturschutzgebiet des Puez-Geisler. Sie ist mit viel Liebe und Sorgfalt ganz aus Holz gebaut und erst gut 30 Jahre alt. Aber sie wurde so gut in die Landschaft eingepasst, dass es aussieht, als gehöre sie hierher. Auf ihrer etwas windschiefen hölzernen Terrasse hat man einen Logenplatz für den Ausblick auf den imposanten Langkofel und mächtigen Sellastock. Natürlich gibt es auf der Gamsbluthütte einen gleichnamigen Likör, eine Gamswurst und alle anderen Arten von deftigen Speisen. Bei einer deftigen Brotzeit mit Speck und Schüttelbrot ließ ich mich von Belsy mit dem Ladinischen, der alten rätoromanischen Sprache des Tals, vertraut machen.

Und als Belsy mit ihren Freunden mit echtem Herzblut – ganz ohne glattes Schlagerpathos, sondern mit einem leicht rauen Timbre in der Stimme – auf der Gamsbluthütte die Grödner Nationalhymne anstimmte, Gardein, Gardein, das ist das alte ladinische Wort für Gröden, da bekam auch ich wieder Gänsehaut.

Als weithin sichtbare Zeichen für unverbrüchliche Heimatliebe gelten auch die Herz-Jesu-Feuer, die von Bozen ausgehend auf den Bergen Tirols entzündet werden. Sie erinnern an das sogenannte Herz-Jesu-Gelöbnis von 1796. Damals bedrohte das französische Heer unter Napoleon, zusammen mit den verbündeten bayerischen Truppen, das Land Tirol. In Bozen traten daraufhin die Tiroler Landstände zusammen, um zu beraten, wie man das drohende Ende der jahrhundertelangen Identität verhindern könne. Im Vordergrund standen die militärischen Strategien, aber angesichts des in dieser Hinsicht überlegenen Gegners war es für die heterogene Tiroler Welt dringend notwendig, ein einigendes und motivierendes Symbol zu finden. Da schlug der Abt des Stiftes Stams im Inntal, Sebastian Stöckl, vor, das Land dem »Heiligsten Herzen Jesu« anzuvertrauen und so göttlichen Beistand zu erflehen. Ein genialer Einfall für das bis heute von Volksfrömmigkeit erfüllte Tirol.

Der Vorschlag wurde einstimmig angenommen, und die Landstände gelobten im Namen des Volkes, das Herz-Jesu-Fest jährlich feierlich zu begehen. Als Herz-Jesu-Tag wurde der zweite Freitag nach dem Fronleichnamsfest gewählt. Bis heute wird er mit heiligem Ernst gefeiert und die Herz-Jesu-Feuer als lodernde Bekräftigung des Schwurs entzündet. Deshalb werden sie häufig in Form von Herzen, Kreuzen oder den Zeichen Christi, »INRI« oder »IHS«, angeordnet, aber auch in Schriftzügen, die auf die Tiroler Einheit hinweisen.

Ursprünglich waren diese Bergfeuer in Kriegszeiten

Leuchtzeichen, die an weit sichtbaren Punkten aufflammten. Dabei wird natürlich auch des Tiroler Nationalhelden Andreas Hofer, des Sandwirts aus dem Passeier Tal, gedacht. Er ist die Nord-, Süd- und Osttirol einigende Symbolfigur für das gefühlte Freiheits- und Einheitsgefühl des kleinen Berglandes. In der Vorstellung seiner Anhänger ist Andreas Hofer mindestens so überlebensgroß wie die Statue in seinem Geburtshaus, die wir für eine Moderation hoch oben über der Passer in eine Wiese gestellt haben. Mit Blick auf den Helden, seinen Sandhof und die untergehende Sonne habe ich die berühmten Verse der schwerblütigen offiziellen Tiroler Nationalhymne rezitiert: »Zu Mantua und Banden ...« Ich legte das ganze mir zur Verfügung stehende Tremolo in das Gedicht, und es war sicher ein Moment von untergangsschwerer Größe, aber ich gestehe, dass sich meine Begeisterung für den Tiroler Freiheitshelden doch sehr in Grenzen hält.

Schließlich war er es, der die Bayern zusammen mit den Franzosen am Berg Isel bei Innsbruck geschlagen hat. Und das nicht zuletzt deshalb, weil, wie es in Tirol überliefert ist, vor dem Kampf das Herz-Jesu-Gelöbnis erneuert wurde.

Die Tradition der Tiroler Schützen ist aber weit älter, sie reicht bis ins Mittelalter zurück. Bereits im 13. Jahrhundert repräsentierten nicht nur Adel und Geistlichkeit, sondern auch Bürger und Bauern das Land Tirol. Und: Es herrschte Waffenfreiheit. Beides führte dazu, dass es die Pflicht der Bevölkerung, der Bauern und Bürger, war, die Heimat und das Land zu schützen und zu verteidigen. Der wichtigste Punkt dabei war, dass die Tiroler nur zur Verteidigung ihres eigenen Landes gerufen werden durften und an keinen Kriegen außerhalb ihrer Grenzen teilnehmen mussten, was immerhin bis zum Ersten Weltkrieg eingehalten wurde.

Seit rund 600 Jahren heißen diese bewaffneten Landesverteidiger »Schützen«. Die heutigen Tiroler Schützenkompanien berufen sich auf das sogenannte Landlibell, eine Urkunde von Kaiser Maximilian aus dem Jahre 1511, das ihnen das Recht und die Pflicht zur Selbst- und Landesverteidigung auftrug. Nicht zuletzt die Auflösung des Landlibells durch die bayerische Herrschaft in Tirol Anfang des 19. Jahrhunderts und die Zwangsaushebung von Rekruten führten zum Aufstand unter Andreas Hofer.

Die Tiroler Schützen nehmen ihre Sache auch heute noch sehr ernst und wollen keinesfalls als fröhliche Folklore betrachtet werden, sondern als Hüter einer großen Tradition. Wenngleich mancher Schütze dann doch etwas von der tröstlichen Komik des braven Soldaten Schwejk hat, wenn beim Präsentieren das Gewehr zu spät geladen oder zu früh geschultert wird und sich doch ein Schuss nicht erst auf Kommando löst. Gut, dass heute an der einst blutigen Grenze Tirol-Bayern keiner mehr einen Krieg führen muss, sondern lieber ein Schnapserl trinkt, wenn er ausrücken muss.

Traditionspflege ist bei den Schützen wie in der Musik und auch beim Tanzen keineswegs auf die Alten beschränkt. Auf der Glatschalm im Villnösstal habe ich einmal erlebt, mit welcher ungezwungenen Leidenschaft die ganz Jungen alte Bräuche pflegen. Das Villnösstal ist eine hochalpine Landschaft von bizarrer Schönheit. Dort geht es ganz nah an die zerklüfteten Dolomiten-Wände der Geislerspitzen heran. Überall finden sich atemberaubende Wander- und Klettersteige oder Höhenwege wie den Günter-Messner-Weg, der an Reinhold Messners Bruder erinnert. Denn die Messners sind in diesem Tal, in St. Magdalena, im Banne der Geisler-Spitzen aufgewachsen.

Auf einem sonnigen, gewellten Hochplateau direkt unter den steilen Wänden öffnet sich dann die Glatschalm. Vor dieser wilden Kulisse bleicher Berge ließen wir uns von der über hundert Jahre alten Villnösser Schuhplattlergruppe das Knallen mit großen Ochsenziemern zeigen und das Schuhplatteln, den bayerischen Krafttanz, vorführen. Es waren allesamt blutjunge Burschen, die noch lange in der Hütte weiterfeierten, als es nach getaner Arbeit draußen zu kühl wurde. Nicht als Attraktion für das Fernsehteam, das sie gar nicht mehr weiter beachteten, sondern aus purem Spaß an der Freud.

Heimatverbundenheit zeigt sich auch in altem Handwerk, das mit Stolz gepflegt wird und sogar wieder neu auflebt. Ich erinnere mich an den Federkielsticker in Stumm im Zillertal, der mit großer Kunstfertigkeit Ranzen und Gürtel verziert. An die Klöpplerin im Tauferer Ahrntal in Südtirol, die mit Engelsgeduld das Geschäft des Klöppelns betreibt, um in mühseliger, tage- und wochenlanger Kleinarbeit durchwirkte Kostbarkeiten zu schaffen. An den Glasmacher im Bayerischen Wald, der seine eigene Hausglasbläserei gegründet hat, um seiner Kreativität freien Lauf und aus Glasbruch kleine Kunstwerke entstehen zu lassen. Im Sarntal gibt es die sogenannten »Rechelenmacher«, die kleine Taschenmesser mit ganz fein ziselierten, indisch anmutenden Gravuren anfertigen. Ganz besonders in Erinnerung geblieben sind mir die Strohhüte aus Kals am Großglockner, obwohl Strohhüte ja nichts Besonderes sind. Vielleicht aber lag es daran, mit welcher Überzeugungskraft mir Elisabeth Huter die alte Kunst des Hutflechtens von Kals gezeigt hat. Ausgangsmaterial sind Vierer-, Sechser- und Achter-Zöpfe aus Roggenstroh, die kunstvoll miteinander verflochten werden. Das weithin sichtbare breite rote Band, das in den

Kopfteil miteingeflochten wird, ist ebenso das Markenzeichen wie die schmale dunkle Fassung der Krempe. Noch bis vor wenigen Jahren waren solche Hüte unverzichtbarer Bestandteil der weiblichen Alltags- und Arbeitskleidung.

Verglichen mit Joseph Conrad und seinen Reisen ins Herz der Finsternis oder mit Bruce Chatwin und seinen Fahrten ins Innere der menschlichen Seele waren meine Ausflüge in die Alpen nichts als frohgemute Spaziergänge durch eine heile Welt. Dennoch spürte auch ich in den Bergen das allgegenwärtige Numinose, das sich in den machtvollen Naturgewalten manifestierte. Abgründe der Alpen lauerten aber nicht nur auf Bergeshöhen, sondern auch in den Niederungen des menschlichen Zusammenlebens.

Als wir einmal im Zillertal bei einem sehr schönen alten, hölzernen Bauernhaus drehen wollten, da machte uns unser Begleiter auf eine unsichtbare Grenze aufmerksam: »Der gehört nicht mehr zu uns. Das ist schon der Nachbarort«, und wollte uns das Filmen am liebsten verbieten. Als ob einem Fernsehzuschauer aus Nordrhein-Westfalen die seidenfeinen Unterschiede zwischen zwei in Sichtweite liegenden Bauernhäusern klarzumachen wären, und als ob es ihn überhaupt interessieren würde. Wer bei uns zusieht, der will mit innerer Sehnsucht und Weite in und über die Berge blicken und nicht aus der Kirchturmperspektive, deren Aussicht am nächsten Hügel endet. Er würde sich bei seinem Alpenurlaub niemals verbieten lassen, mal über den Bergrücken ins nächste Tal zu schauen.

Es sind diese jahrhundertealten, tradierten Grenzen in den Köpfen der Alpenbewohner, diese Abgrenzungen und Ausgrenzungen, die erst langsam verschwinden. Es ist das früher sicher notwendige und eingeübte »sein Sach' muss man zusammenhalten«, es ist der Wunsch nach dem kleinen

Vorteil gegenüber dem anderen, der in der unfrommen An-
rufung des Feuerheiligen gipfelt: »O heiliger St. Florian,
verschon mein Haus – zünd's andere an.« Es waren die engen Täler und die vielfachen Bedrohungen der Existenz, die
das Denken geprägt haben. Und die auch zum engen Schul-
terschluss der eigenen Gemeinschaft gegenüber den anderen geführt hat.

In Altbayern hat dieses rituelle Festhalten am eigenen
Stamm seine schon sprichwörtliche lakonische Form gefunden im »Mia san Mia« – Wir sind Wir. Diese tautologische
Leerformel ist zumindest bis zum Hals aufgeladen mit
stammesgeschichtlicher Identität. Manchmal auch mit einer
gehörigen Portion Arroganz gegenüber den anderen oder
gar mit rabiater Rechthaberei. Gerade dem nahen Nachbarn
war man oft nicht grün, so wie die Zillertaler den Tuxern
und umgekehrt. Garmisch-Partenkirchen ist auch so ein
Beispiel dafür, welch vergiftete Blüten so ein Beharren auf
dem Eigenen treiben kann.

Die relativ nahe beieinanderliegenden Orte Garmisch
und Partenkirchen im Werdenfelser Land waren seit jeher
grundverschieden. Garmisch ist alter Germanengrund und
Partenkirchen eine römische Ansiedlung. Partenkirchen
war eine Station an einer der wichtigsten Routen über die
Alpen – an der alten Rottstraße zwischen Venedig und dem
Augsburg der Fugger und Welser. Die Ludwigstraße bewahrt bis heute den Abglanz der alten Bürgerpracht mit
schönen lüftlbemalten Häusern. Das jüngere Garmisch hat
immer ein wenig neidisch nach Osten geschaut. Das Dorf
lag abseits des Handelsweges und hatte mit Holzhandel,
Flößerei, Jagd und Fischerei nicht so viel verdient. Umso
schöner zeigt sich bis heute die bäuerliche Dorfidylle mit
engen Gassen und schindelgedeckten Gebirgshäusern mit

dem Bankerl vorm Haus. Es gibt sogar kunsthistorische Kostbarkeiten wie die frühgotischen Fresken in der Wallfahrtskirche St. Anton.

Auf Befehl Adolf Hitlers wurden die ungleichen Brüder vor den Olympischen Winterspielen 1936 per Federstrich zusammengebunden. Aber so wie auch bei den Menschen nicht jeder Doppelname für eine Liebesheirat steht, so erwuchs aus dem Zusammenschluss der beiden Orte eine jahrzehntelange herzliche Abneigung, die erst heute langsam abklingt.

Auf dem Gschwandnerhof haben wir von Peter Buchwieser und Toni Weinberger, zwei ausgewiesenen Charakterköpfen und mit Schauspielblut begabten Werdenfelsern, diesen einst oft handgreiflichen Zwist noch einmal symbolisch aufleben lassen. Warum schiebt ein Garmischer sein Rad lieber, als den Reifen aufzupumpen, wenn er eine Reifenpanne in Partenkirchen hat? Weil er lieber schiebt, als mit Partenkirchner Luft in den Reifen zu fahren. Warum hat König Ludwig sein Haus auf den Schachen errichten lassen? Damit er von dort Garmisch nicht sehen muss. Und so weiter und so fort. Es gibt bis heute viele Einrichtungen des Gemeinwesens von Garmisch-Partenkirchen doppelt, zum Beispiel die Feuerwehren. Wer will sein Haus schon von denen da drüben löschen lassen. Und es gibt, besonders kurios, auch zwei sommerliche Feste mit Trachtenumzug, Blaskapellen und Bierzelt, eines in Garmisch und eines in Partenkirchen. Und weil die Unterschiede so sehr betont werden, ist es geradezu eine Todsünde, die Tracht der anderen Seite anzuziehen, obwohl beide aus einiger Entfernung doch sehr ähnlich aussehen.

Was Heimat und Herzblut heutzutage fern aller politischen Ressentiments und romantischen Verklärungen auch bedeuten kann, das habe ich auf dem Hof vom Luis Thaler im Ultental erfahren. Der Name des Tals erinnert nicht von ungefähr an Ultimo, denn es ist ein kleines, stilles Hochtal, das von Lana im Etschtal aus nur nach oben führt, bis es in der unwirtlichen Hochgebirgswelt des Ortlermassivs endet. Eine gewisse Berühmtheit erlangte es als Bade- und Kurtal Ende des 19. Jahrhunderts, als Kaiserin Elisabeth von Österreich, Otto von Bismarck und Thomas Mann, der die Buddenbrooks dort beendete, zur Sommerkur kamen. Dann versank das Ultental wieder in einen Dornröschenschlaf, der ihm gutgetan hat, denn es gibt kaum ein zweites Tal in Südtirol, dessen ursprüngliche Schönheit sich so gut erhalten hat. Weit ab vom Schuss zu sein, hat eben auch den Vorteil, nicht getroffen zu werden von einem Schrotschuss des modernen Tourismus, und es bietet zudem die Chance, die eigene Identität zu wahren. Im Ultental gehören dazu weite Hochalmgebiete mit über 30 bewirtschafteten Almen und ausgedehnte Urlärchenwälder. Sie sind der landschaftliche Reichtum des Tals, in dem die Bergbauern noch fast wie früher wirtschaften. Sie waren es, die – wie überall in den Alpen – auch dort eine reich gegliederte Kulturlandschaft über die Jahrhunderte hinweg mühsam geschaffen, gepflegt und erhalten haben.

Heutzutage ist in Südtirol das Gefälle zwischen ihrer kargen Existenz und dem Reichtum der Durchzugstäler so groß geworden, dass die Regierung Programme zur Rettung dieser langsam aussterbenden Existenzform ins Leben gerufen hat. Deswegen vermittelt die »Bergbauernhilfe Südtirol« Freiwillige, die sich als Mägde oder Knechte verdingen, um den Familien das Überleben zu ermöglichen. So habe ich mich beim Thalerhof symbolisch für einen Tag zum Arbeitseinsatz verdingt, um für die gute Sache zu werben. Hoffentlich habe ich da keinen Fehler gemacht, dachte ich, als ich die von der Sonne fast schwarz gebrannten Ultener Holzhäuser sah, die an den steilen Hängen klebten und wir immer höher und höher über die ungeteerten Wege nach oben fuhren. Als wir am Hof eintrafen, lief uns fröhlich und neugierig eine Schar Kinder entgegen. Luis begrüßte uns herzlich, und seine Frau bot uns selbst gemachtes Holunderwasser als Erfrischung an.

Es war ein kleiner Hof mit Wohnhaus und darunterliegendem Stallgebäude. Etwas oberhalb lag noch ein Schuppen für den Traktor, landwirtschaftliche Gerätschaften und das Holz für den Winter. Der abschüssige Kiesweg zwischen Stall und Haus verwandelte sich bei Regen und Schnee sicher in die schönste Rutschpartie. Der Boden der Diele im Hauseingang war aufs Erdreich durchgebrochen und erst mal notdürftig mit einem Holzbrett geflickt, bis Luis die Zeit für eine gründliche Reparatur finden würde. Die schlichte niedere Stube war heimelig und aufgeräumt. Ein massiges Fernsehgerät und ein klobiger Computermonitor signalisierten allerdings – wie Fremdkörper in diesem zeitlosen Ambiente – den Einbruch der Moderne, die vor allem auch die Kinder mit den Gedanken und Ideen aus der Schule mit in ihr überkommenes bergbäuerliches Zuhause brachten. Wieder draußen beratschlagten wir gemeinsam, wie wir den Alltag von Luis am besten deutlich machen konnten. Am Ende des Tages habe ich verstanden, warum der kleine, freundliche Mann so schmal und fast ein wenig ausgemergelt aussah. Denn tradierte Bergbauernarbeit kostet Kraft, sie hat es in sich.

Wir begannen mit Holzhacken, denn das machte mir

schon als Kind großen Spaß. Unter den sorgenvollen Blicken der Erwachsenen erprobte ich einst meine Kräfte beim ofengerechten Zerkleinern von Brettern und Ästen auf dem Hackstock in unserem Garten. Die schweren Baumstämme des Thalerhofes aber waren andere Kaliber, ich musste ziemlich hinlangen, und der Schweiß lief mir in Strömen herunter. Dabei kam die eigentliche Herkulesaufgabe erst noch: das Ausmisten des Kuhstalles. Das schwere, mistgetränkte Stroh zusammenzukratzen, aufzuladen und Schubkarre für Schubkarre nach draußen zu schieben, war wirklich kein malerisches Vergnügen in der Sommerfrische, sondern einfach nur harte körperliche Anstrengung. Der Gedanke, dass diese Arbeit zum täglichen Pensum gehörte, führte mir die Lebensleistung von Luis deutlich vor Augen. Nächster Punkt: Heu einfahren. Mit seinem kleinen Traktor manövrierte Luis einen Anhänger voller Heu in die kleine Tenne, kippte seine Fuhre ab und ich durfte das Viehfutter für Herbst und Winter nun in die Vorratskästen schaufeln. Die Kinder waren überall dabei und amüsierten sich köstlich über meine etwas ungeübte Art, mit Mist- und Heugabel umzugehen. Aber das war alles noch gar nichts gegenüber meinen ungelenken Melkversuchen. Die Kuh wollte sich partout nicht von mir an ihr Euter fassen lassen, obwohl ich es besonders sanft versuchte und mir vorher die Hände schön warm gerieben hatte. Sie drehte sich immer und immer wieder bockig zur Seite, bis es Luis zu bunt wurde und er sie kurzerhand mit geübtem Griff zum Stehen brachte und das Melken selbst übernahm. Ich durfte dann immerhin als Erster die fette Almkräutermilch probieren, und ich brauchte sie auch zur Stärkung für die weiteren Aufgaben. Der Abhang vor dem Haus musste dringend gemäht werden. Luis führte mich ins Dengeln, also dem

Scharfmachen der Sense ein, und zeigte mir auch, wie und in welcher Höhe man die Sense im tiefen Gras ansetzt. Zum Glück hatte ich darin schon Erfahrung, die ich auf der großen Wiese hinter unserem Elterhaus gesammelt hatte, und die Arbeit ging mir gleich recht schwungvoll von der Hand. Das Wichtigste dabei war, im abschüssigen Gelände den richtigen Tritt zu finden und die Füße fest voreinanderzusetzen. Ich konnte mir gut vorstellen, welche Erfahrung und Trittsicherheit es brauchte, um wirkliche Steilhänge zu mähen. Langsam kam ich in den Rhythmus der runden, schwungvollen Bewegung und gab mich ihr hin. Ich genoss die harmonische Drehung des Körpers, das leise und leichte Zischen der Sense durch das Gras. Nach einiger Zeit war es wie eine bewegungsintensive Meditation auf einer wunderbar duftenden Blumenwiese in einer offenen Welt. Es war wie ein Qigong der Berge. Es war wie ein Tanz mit der Sense.

Ich dachte an Jochberg bei Kitzbühel. Dort gab es eine Gruppe von acht alten Bauern, die einmal im Jahr ein Sensenballett mit über 500 Jahren Erfahrung aufführten. Im gemeinsamen Rhythmus mähten sie zusammen eine hoch stehende Wiese. Es war ein Bild von archaischer Kraft. Ganz so sorgfältig wie die Altbauern war ich natürlich nicht. Welche Bedeutung Sorgfalt selbst beim Sensen und erst recht beim Heumachen spielen konnte, das hatte mir Hans Jöchler, unser Produzent, einmal erzählt. Als junger Mann verdiente er sein Geld einige Zeit in Vent im hinteren Ötztal als Kellner. Wenn aber wenig zu tun oder das Hauptgeschäft vorbei war, musste er in der Landwirtschaft, zum Beispiel beim Heumachen mithelfen: In den steilen Hängen das getrocknete Gras zusammenrechen und in großen Kraxen auf dem Rücken in den Stall bringen. In diesen Hochlagen war aber das Winterfutter für die Tiere so wertvoll, dass er hinterher zusätzlich noch mit einem Besen den Hang abkehren musste, um auch das letzte Hälmchen mitzunehmen.

Was das Viehfutter angeht, so verstehen die Bauern so wenig Spaß wie ein Muttertier, das sich um ihr Junges sorgt. Das Heueinbringen vor Gewittern oder Regenwetter kann friedliche Bauern in Traktorenrambos verwandeln. An all das musste ich nun denken, da ich Schneise für Schneise schlug und das frische Gras langsam in der warmen Augustsonne trocknete. Das musste erst mal liegen bleiben. Luis war zufrieden mit mir und erließ mir die Ausbesserung des Holzzaunes, die ursprünglich noch auf unserer Liste stand, und lud uns alle zum Imbiss ein. Natürlich schmeckte er nicht nur mir köstlich, sondern auch unserer gesamten Filmcrew, die im Stall und am Hang nicht weniger körperlich gearbeitet hatte als ich. Der Höhepunkt war der Digestif: ein selbst gemachter Nusseler. Das ist ein Südtiroler Likör aus Walnüssen, Zimt, Anis, Kümmel, Gewürznelken und dem geheimnisvollen Magenzucker. Von dem sagt man, er verdanke seine rötliche Färbung dem Zusatz von Zimt und anderen Gewürzen, aber bis auf wenige Eingeweihte weiß es niemand ganz genau. Er gilt als ländliche Hausapotheke und Lebenselixier in einem, und wer diesen Hausschnaps angeboten bekommt, darf dies als besondere Wertschätzung verstehen.

Als ich mit ihm anstieß und in seine lächelnden Augen blickte, da hatte ich Hochachtung vor Luis, der mit Beharrlichkeit, Zähigkeit und Freude seine Heimat ganz unspektakulär mit seinem Herzblut verteidigte.

Kraftorte
der Berge

Das sind Schluckbildchen.« Ich musste unwillkürlich schlucken. Vor Überraschung. Schluckbildchen, so etwas hatte ich noch nie gehört. Ich blickte auf das Blatt, das ich in der Hand hielt. Es war nicht ganz DIN-A4 groß, schon etwas vergilbt und fast vollständig mit etwa briefmarkengroßen aufgestempelten Bildchen von einer Madonna mit Kind bedeckt.

Der Kustos im Turmmuseum in Oetz lächelte. Er erntete offensichtlich meist großes Erstaunen, wenn er das skurrile Geheimnis der alten, schon etwas vergilbten Bögen voller Druckerschwärze lüftete. »Das sind Schluckbildchen von der berühmtesten Marienwallfahrt Österreichs, von Mariazell in der Obersteiermark. Die geweihten Bilder wurden ausgeschnitten und einzeln von den Pilgern gekauft.«

»Und dann geschluckt?«, fragte ich ungläubig.

»Und dann geschluckt. Entweder gleich am Wallfahrtsort oder daheim, wenn man krank wurde oder Sorgen hatte. Sie wurden meist in Wasser aufgelöst oder zu kleinen Kügelchen zusammengerollt und dann dem Essen beigemischt oder mit etwas Flüssigkeit verschluckt.«

Ich konnte es nicht fassen. So viel Kraft traute nicht mal ich dem gedruckten Wort zu, wie die gläubigen Wallfahrer früherer Zeiten dem bedruckten Papier zugetraut hatten! Auch wenn ich im ersten Moment lächeln musste ob des naiven Glaubens an wundertätige Heilkraft nicht fern des Aberglaubens – so abwegig war das gar nicht. Warum, dachte ich mir, sollte denn so ein papierener Fetisch nicht auch die ihm zugesprochene Heilkraft entfaltet haben? Denn dass der Glaube Berge versetzen kann, das war ja nicht nur ein gut gemeinter Kalenderspruch, das hatte auch die moderne Placeboforschung bestätigt. Die Wirkung eines »Medikaments« liegt nicht immer in den Inhaltsstoffen, sondern manchmal im Glauben an seine Wirkung. Selbst die klassische Schulmedizin arbeitet mit den Selbstheilungskräften des Körpers, die stimuliert werden müssen. Und warum das eine Mittel wirkt und das andere nicht und bei wem es wirkt, können oft nicht einmal die Ärzte sagen. »Zu etwa 20 Prozent wissen wir, was wir tun, der Rest der Wirkung ist das Handauflegen des Medizinmannes«, meinte mein Schulfreund Adrian einmal mit einem ironischen Unterton am Ende seines Medizinstudiums.

In der Vitrine lag noch ein anderes, kleineres Papier, bedruckt mit der Madonna von Lucas Cranach, die als Nationalheilige Tirols gilt. Es war ein sogenanntes Wundpflaster, das man auf die betreffende Körperstelle legte, im festen Glauben, dass durch diese Gemeinschaft mit dem Heiligen auch die Heilung schneller vorangehe. Die im geweihten Papier eingeschlossenen Kräfte sollten auch in diesem Fall auf den leidenden Menschen übergehen.

Ob Wundpflaster, Schluckbildchen, Heiligenbild, Ikone oder Reliquie, immer wurde dem Objekt eine heilige und magische Wirkung zugeschrieben. Was auf den Zetteln gedruckt war, das variierte nach Wallfahrtsort oder heiliger Stätte, und es war im Grund egal. Seine Wirkung lag im Auge oder besser gesagt in der Psyche des Betrachters. Mit der vollständigen Aufnahme des Heiligen in sich selbst war der Glaube an den Übergang der heiligen Macht auf sich selbst und ihren Schutz verbunden. Die zusammengerollten Schluckbildchen waren also nichts anderes als eine frühe Placebopille. Alles eine Frage des Glaubens. Genauso wie die besonderen Orte der Kraft in den Bergen im Grunde Glaubenssache sind. Wer nur die greifbare Materie sieht oder sehen will, der wird auch keine darüber hinausgehende Energie spüren. Ein Baum ist ein Baum ist ein Baum. Die Kraft, die von ihm ausgehen kann, die Botschaften, die er vielleicht sendet, setzen einen aufnahmebereiten Empfänger voraus.

Nicht, dass ich gerade ein Typ fürs Übersinnliche wäre, ich stehe dem Wispern und Raunen der Esoteriker ziemlich skeptisch gegenüber, denn es wird einfach zu viel Schindluder damit getrieben. Vor allem, wenn mit dem Versprechen von schneller Heilung und prompter Wundertätigkeit lukrative Geschäfte gemacht werden. An jeder Ecke werden von Self-Made-Gurus Selbsterfahrungsseminare im Baumumarmen, Feuergehen oder Tantra-Seminare unter dem Titel »Spür Dich – Leb Dich« angeboten. Ich kann damit wenig anfangen, und der Gedanke, einem Guru nachzulaufen, der mir sagt, wie ich zu leben habe, hat mir schon immer Bauchschmerzen verursacht. Der Grat zwischen Glaube und Aberglaube ist oft schmaler als manch ausgesetzter Klettersteig, und wehe, man fällt zur falschen Seite. In der Zeit der Schluckbildchen war das nichts anders.

Unter dem Vorwand der wirksamen Heiligkeit verkauften Quacksalber und Kurpfuscher sogenannte »Esszettel« zur Behandlung kranker Menschen und Tiere. Sie stammten keineswegs von heiligen Orten, waren aber mit Bibelversen, Gebeten oder Beschwörungsformeln beschrieben und mussten auch eingenommen werden. Berühmt waren die sogenannten Passauer Zettel, von denen eine magische Schutzwirkung erhofft wurde wie von einem Talisman oder einem Amulett. Kleine Zettelchen, die angeblich vor Hieben und Stichen schützten. Im Dreißigjährigen Krieg fanden sie reißenden Absatz.

Dennoch bin ich sicher, dass es – wie Hamlet so treffend sagte – »mehr Dinge zwischen Himmel und Erde gibt, als sich unsre Schulweisheit träumen lässt«. Denn dass es in den Alpen Orte gibt, von denen eine starke Energie ausgeht, das habe ich bei meinen Reisen in die Bergwelt am eigenen Leib gespürt. Es waren klassische Orte der Spiritualität, wie Klöster oder Wallfahrtsstätten, es waren Plätze starker Bergnatur wie Quellen, Felsen oder Waldstücke und es waren auch auf den ersten Blick ganz unspektakuläre Stellen, die erst durch die Begegnung mit Menschen ihr Geheimnis offenbart haben.

Der Geist weht eben, wo er will, heißt es. Da der Geist aber kein Sturm ist, der alles andere hinwegfegt, sondern allenfalls ein kaum spürbarer Hauch, muss er auch die Chance bekommen, sich zu entfalten. Die hat er wohl kaum dort, wo der Tanz ums Goldene Kalb stattfindet und dem Gott Mammon geopfert wird.

Die Kraftorte finden sich meist fernab vom Lärm der Welt, in der Abgeschiedenheit besonderer Plätze in der Natur, die seit Menschengedenken zur spirituellen Sammlung dienten. Jedes stille Gotteshaus ist im Grunde so ein Sammlungsplatz, an dem selbst in der Großstadt jeder zur Besinnung kommen und Ruhe finden kann. Aber ein Gotteshaus ist natürlich alles andere als ein Recreation-Center, auch keine Entspannungs- und Wohlfühloase für den gestressten Mitteleuropäer. Und auch die Energieorte der Berge sind keine schnelle Einkehrmöglichkeit der Seele, so wie man auf der Almhütte einen kleinen Imbiss nimmt. Kirche und Kraftort geben nur dann etwas her, wenn der Besucher sehr viel mitbringt.

Das wichtigste Mitbringsel, um die Energie eines Ortes zu spüren, ist Zeit. Der Strom Energie, der an solchen Orten fließt, wenn man Glück hat, löst nichts aus, was dem Licht gleicht, das einen blendet, wenn man nur den Stromschalter umlegt. Die Erleuchtung, die im Idealfall zu erahnen ist, gleicht vielmehr einem schwach schimmernden Licht, das mit dem bloßen Auge kaum wahrnehmbar ist. Und wie das Starren in die Dämmerung die Wahrnehmung verändert, so verändert sich an den Orten der Kraft mein Zeitgefühl – sie vergeht nicht mehr messbar, sondern nach einer inneren Uhr, deren Verstreichen sich in äußeren Erfahrungen und inneren Eindrücken misst. Die innere Zeit, die da zu laufen beginnt, ordnet die Bedeutung der Dinge neu, als bekäme in einem lange unaufgeräumten Zimmer wieder alles einen Platz.

Was diesen Orten der Berge ihre Kraft verleiht, ist nicht greifbarer, materieller Natur. Es ist nur schwer erklärbar. Es ist ein Geheimnis. Wie bei einem Eisberg ist nur der weitaus kleinere Teil für die Augen sichtbar, der größere und wichtigere Teil schlummert in der Tiefe unter dem Spiegel des Bewusstseins. Und nur wer sich dieser Tiefendimension öffnen kann und abtaucht ins Meer des Unbewussten, der hat die Chance, sich dem Geheimnis der da unten schlummernden, unerschöpflichen Energiereserven zu nähern. Das zweite Mitbringsel ist daher die Bereitschaft, sich zu öffnen.

Mit einem besser zu den Bergen passenden Bild hat mir eine gute Freundin diesen Energieflash, den sie in glücklichen Momenten an bestimmten Orten oder in bestimmten

Momenten spürt, beschrieben: »Wie die Höhenwinde, der Jetstream um den Globus wehen, so weht für mich ein großer, breiter Energiestrom in der Höhe um die Erde, und manchmal gelingt es mir, mich da oben anzudocken, und es durchströmt mich eine Welle von Kraft. Ich bin dann total eins mit mir und glaube unerschöpfliche Energie zu haben. Ich bin, wie man heute so schön sagt, ›im flow‹.«

Ich konnte das gut verstehen, auch wenn für mich die geheime energetische Kraft nicht am Himmel strömt, sondern uns als Fluidum umgibt, das in außergewöhnlichen Momenten zu strahlen beginnen kann wie die Biolumineszenz in den Ozeanen. Man sieht ein schwaches Leuchten, manchmal kaum merklich, dessen Ursache man nicht kennt. Das Wesentliche ist für die Augen eben unsichtbar. So ist es auch mit den Orten der Kraft, die eine Art Materialisierung einer zugrunde liegenden Energie sind. Versteht man sie so, sind Orte der Kraft nicht an den Boden gebunden und nicht immer mit Händen zu greifen.

Zu den wichtigsten Kraftquellen der Berge zählen zum Beispiel die Quellen. Ganz profan als Erfrischung für die Menschen, die in den Bergen unterwegs sind und sich stärken wollen. Nach einer anstrengenden Wanderung im Hochgebirge bei warmen Temperaturen ist kühles Wasser, das aus der Tiefe der Berge kommt, ein unübertrefflicher Genuss. Oben am Berg schmeckt es mir auch viel besser als aus dem Wasserhahn, obwohl das Münchner Leitungswasser auch ein gutes Bergwasser ist. Aus der Quelle zu trinken, ist aber eben ein schon sprichwörtlicher Wert an sich.

Wasser ist das Lebenselixier der Berge und seiner Bewohner. Diesem Wasser wird auch ohne Heiligkeit große Heilkraft zugeschrieben, denn es ist naturwissenschaftlich nachweisbar voller lebenswichtiger Inhaltsstoffe, die es auf seinem Weg durch das Gestein in Spurenelementen oft in Jahrhunderten aufnimmt. Im Gasteiner Tal im Salzburger Land, das seit der Römerzeit als »Tal des Wassers« gilt, lässt sich diese Kraft des Wassers in unterschiedlichen Gestalten und Dimensionen erleben. Man kann das an Mineralien reiche Quellwasser trinken und sogar in Flaschen mit nach Hause nehmen. An sieben Kraftplätzen – mit künstlerisch gestalteten Kosmogrammen versehen – lässt sich dieser energetischen Kraft des Bergwassers nachspüren.

Einer der Plätze, die mich am meisten beeindruckt haben, ist am Fuße des Wasserfalls von Bad Gastein, der in drei Stufen kaskadenartig rund 350 Meter in die Tiefe stürzt. Die durch die Gischt negativ ionisierte Luft erzeugt ein eigenartiges Fluidum, das Inspirationsquelle vieler Künstler wurde, die in Bad Gastein kurten. Die im Bergwasser eingeschlossene Heilkraft lässt sich noch direkter und zielgerichteter im Gasteiner Thermalwasser erfahren, das mit etwa 45 Grad Celsius in verschwenderischer Fülle aus den Felsen sprudelt. Für seine therapeutische Wirkung ist das Element Radon verantwortlich, das bei Gelenkleiden, Hautproblemen und Atemwegserkrankungen Linderung und Heilung verschafft.

Über seine messbaren Inhaltsstoffe hinaus wird Wasser aber in allen Religionen auch wundertätige Wirkung zugeschrieben. Rituelle Waschungen zum Beispiel, von der Taufe im Christentum über die Reinigung vor dem Besuch der Moschee im Islam bis hin zum Bad im Heiligen Fluss, dem Ganges, im Hinduismus. Der äußeren Reinigung entspricht dabei die weit wichtigere innere Purifikation, um die es eigentlich geht. Die dem Wasser innewohnende Heiligkeit der Göttin, wie beim Ganges, steht dabei in krassem Gegensatz zu seiner äußeren Verschmutzung. Freiwillig und gern würde wohl kaum ein Europäer in seine Fluten steigen, zu groß wäre die Furcht vor gefährlichen Keimen. Für einen gläubigen Hindu ist der Fluss aber so rein wie die Göttin Ganga selbst, die ihre Reinheit auch auf den Badenden überträgt.

Auch vielen Quellen der Berge wird eine heilige, eine reinigende Wirkung zugeschrieben. In der Waldeinsamkeit an der Straße zum Stilfser Joch im Vinschgau liegt links in einer Lichtung am Trafoibach ein gut besuchter Marienwallfahrtsort, die Heiligen drei Brunnen von Trafoi. Vor beinahe 800 Jahren soll hier schon Maria in einer Kappelle verehrt worden sein – an der Stelle einer noch älteren Einsiedelei. Der Überlieferung nach entsprangen an diesem als heilig empfundenen Ort gleich drei wundertätige Quellen, die Maria, Christus und Johannes zugeordnet wurden. Ursprünglich strömten diese Quellen direkt aus dem Erdreich an der Schwelle zum Hochgebirge – es war so etwas wie ein archaisches Naturheiligtum. Das Quellwasser von Trafoi sollte besonders bei Wetterschaden sowie bei Augen- und Frauenleiden seine heilkräftige Wirkung entfalten. Aber nur dann, wenn man aus allen drei Brunnen trinkt, so die Legende. Später wurde die Quelle gefasst und eine Art »Lourdes-Grotte« errichtet, in der das Wasser nun in einer etwas kitschigen barocken Krippenlandschaft mit Heiligenfiguren sprudelt. Ein bisschen Theaterkulisse, ein wenig Show gehörte im Barock eben dazu. Für den wahren Pilger war die äußere Form aber nebensächlich. Die Heiligen Brunnen von Trafoi waren zum Beispiel der bewusst gewählte Ausgangspunkt für die Erstbesteigung des Ortlers, die Josef Pichler, genannt das Pseirer Josele im Auftrag des Erzherzogs Johann 1804 gewagt hat. Aber erst, nachdem er die Maria von Trafoi angerufen hat und sein Schicksal in ihre Hände gelegt hat. Ob dies heutzutage noch von allen Bergsteigern am Beginn eines wagemutigen Aufstiegs gemacht wird? Die meisten vertrauen wohl eher der guten Ausrüstung und der gründlichen Vorbereitung. Nur wirklich gläubige Christen legen ihr Schicksal vor einem großen Abenteuer noch in Gottes Hände, so wie es zur Goethezeit Allgemeingut war: »Gottes ist der Orient, Gottes ist der Okzident, Nord- und südliches Gelände, ruhn im Frieden seiner Hände.« Das Stoßgebet in gefährlichen Situationen aber, in welcher Form auch immer, hat weiterhin überall Konjunktur, davon bin ich überzeugt. Es ist Ausdruck des elementaren Instinkts, das Numinose anzurufen, die geheimnisvolle Macht, die größer ist als wir selbst, wenn es uns an den Kragen zu gehen droht.

Auch bei Maria Waldrast in Tirol ist eine Bergquelle ein wichtiges Moment der Wallfahrt. Ihr Wasser soll wahre Wunder für den Erhalt der Gesundheit bewirken. Tag für Tag, auch an den Wochenenden, kommen Besucher mit Flaschen, Schüsseln und großen Kanistern, um das aus einem Brunnen strömende Nass mit nach Hause zu nehmen. Es soll bei mannigfaltigen Wehwehchen helfen, vor allem aber bei Augenleiden.

Wissenschaftliche Untersuchungen konnten für die dem Wasser zugeschriebenen Wunderkräfte keinen Beweis finden, wenngleich sein Reichtum an natürlichen Wirkstoffen nachgewiesen wurde. Es ist also ein gutes, mineralreiches Bergwasser. Zur Sicherheit habe ich aber auch meine Augen damit benetzt, man weiß ja nie.

Maria Waldrast ist ein bescheidenes, einsam gelegenes Marienheiligtum. Kirche und dazugehöriges Kloster stehen auf dem Joch zwischen Wipptal und Stubaital auf dem Boden einer viel älteren Kultsstätte. Wie der Name schon suggeriert, ist der Ort eine stille Oase inmitten des Bergwaldes und lädt geradezu ein zum Rasten und Zur-Ruhe-Kommen. Dass Wasser dort – wie an jeder Oase – eine große Rolle spielte, wunderte mich nicht weiter. Als ich dort ankam, spürte ich aber als Erstes die Stille. Vielleicht lag der Grund ja auch darin, dass niemand telefonierte. Handys hatten rund um das Heiligtum keinen Empfang, obwohl ein Sendemast in der Nähe war. »Sehr seltsam«, sagte auch Pater Peter vom Orden der Serviten, die sich dem Dienst an Maria verschrieben haben, und lächelte nicht unzufrieden. Ihm war das offensichtlich recht, dass der heilige Ort von den Pilgern und Gästen auch in dieser Hinsicht respektiert wurde. Wenn gesprochen wurde, dann mit den Menschen, die gerade da waren, direkt und nur wenn es einen Grund dazu gab. Die meiste Zeit aber herrschte ein Schweigen, das diesem Platz angemessen war, als ob die Besucher die spürbare Spiritualität nicht durch überflüssiges Gequatsche zerstören wollten.

Ich empfand es wie ein wohltuendes, reinigendes Bad in Stille und Sammlung. Denn obwohl es zu meinem Beruf gehört, viel zu reden, bin ich eher jemand, der lieber seinen Mund hält und zuhört. Ich erfahre viel mehr von anderen Menschen, wenn ich sie zum Reden bringe. Manchmal ist es allerdings am schönsten, nur zu schauen. Im Caféhaus, auf dem Gipfel oder am Meer – ich kann mich nicht sattsehen an den Menschen, den Bergen, dem Horizont und den Wellen. Maria Waldrast, der bedeutendste Marienwallfahrtsort Tirols und Ort des christlichen Widerstandes im Dritten Reich, ist so ein Ort des stillen Schauens.

Eine ganz besondere, einst weithin bekannte Einsiedelei hat sich auf dem Falkenstein beim Wolfgangsee im Salzkammergut erhalten. Der Legende nach suchte dort vor rund 1000 Jahren der Bischof von Regensburg, der heilige Wolfgang, Zuflucht vor dem Teufel.

Als einmal Wassermangel herrschte, schlug er mit dem Stab gegen den Felsen, und es sprudelte die bis heute als heilkräftig angesehene Wunderquelle hervor. Früher wurden davon jährlich mehrere Tausend Fläschchen gegen Augenschmerzen und Viehkrankheiten oder auch als Abwehr gegen Behexungen verschickt, schließlich hatte es Wolfgang mit dem Teufel aufgenommen.

Das Wolfganger Mirakelbuch aus dem Jahre 1753 erwähnt mehrfach das Falkensteiner Wasser, das auch getrunken wurde, besonders von Frauen gegen Unfruchtbarkeit.

Auf seiner Flucht stieß Wolfgang auch gegen einen Felsen, der sich vor ihm öffnete und ihn durchließ. Dieser schmale Durchschlupf ist heute noch erhalten, und jeder Pilger sollte ihn durchkriechen, denn – so heißt es – das wasche ihn von allen Sünden rein.

Auf dem Falkenstein steht auch eine Wallfahrtskapelle, in der sich eine Wunschglocke befindet. Wenige Schritte vom Kirchlein weg ist in der Felswand eine Nische mit einem lagerartig geformten Stein, der die Schlafstätte des heiligen Wolfgang gewesen sein soll, dessen Körpereindrücke man daran erkennen will. Legt man den Kopf in die Mulde des Kopfes, sollen Kopfschmerzen verschwinden.

Wolfgang ist der Heilige mit dem Beil, das auf seine überlieferten Kenntnisse im Ackerbau und Bergbau hinweist. Einst gab es noch eine Prozession der Holzknechte mit der Axt Wolfgangs in einem Glaskasten, der feierlich auf den Wechselberg hinaufgetragen, auf einen Felsenvorsprung gestellt und dort angebetet wurde. Die Axt spielt auch in der Gründungslegende von St. Wolfgang am See eine entscheidende Rolle. Wolfgang soll sie vom Falkenstein geschleudert haben und an ihrem Fundort eine Kirche errichtet haben. Sie ist heute eine kunsthistorische Kostbarkeit ersten Ranges mit dem größten gotischen Flügelaltar der Welt von Michael Pacher und mit einem prachtvollen Barockaltar von Thomas Schwanthaler. Die Bedeutung der Kirche aber liegt in den dort aufbewahrten Reliquien des heiligen Wolfgang, die aus dem Ort im 15. und 16. Jahrhundert die viertgrößte Pilgerstätte seiner Zeit nach Rom, Aachen und Einsiedeln machten. Der heilige Wolfgang war sozusagen der Universalnothelfer, er konnte bei allen Nöten angerufen werden. Mir leuchtete das sofort ein, denn mein ältester Bruder Wolfgang hatte in unserer Familie eine ähnliche Funktion. Er war Vorbild und Nothelfer für mich in einem.

Heute sind es die erholungsgläubigen Touristen, die an den Wolfgangsee pilgern und sich im Natur- und Kulturerlebnis Ablass von ihren Leiden erhoffen.

Von St. Johann in Tirol aus führt der Weg hinauf in die Bergeinsamkeit zu einem kaum bekannten Andachtsort am Niederkaiser. Es ist ein in vielerlei Hinsicht besonderer spiritueller Platz. Schon der Weg dort hinauf ist eine Vorbereitung auf die innere Einkehr. Langsam geht es durch Bergwald und Wiesen steil hinauf, entlang eines Kreuzwegs mit großen, geschnitzten Marterln, einem eindrucksvollen Memento mori in einer herrlichen Berglandschaft. Das Ziel ist eine jahrhundertealte Einsiedelei.

Dort oben lebt in der Bergeinsamkeit eine Frau, Schwester Veronika. Sie ist trotz ihrer Lebensweise alles andere als eigenbrötlerisch. Sie empfing uns mit offenen Armen und teilte sogar ihr Brot und ihre selbst gemachte Marmelade mit uns. Ihre Berufung zur Einsiedlerin spürte sie schon als Kind, erzählte sie mir, und mit den Anfechtungen des heiligen Antonius, dem Stammvater aller Einsiedler, hatte sie überhaupt nicht zu kämpfen. »Dazu habe ich gar keine Zeit, es ist zu viel zu tun. Und ich bin nicht der Typ fürs Grübeln. Außerdem hab ich meinen Hund.« Für sie war es ein Glück, an so einem Ort mitten in Gottes Schöpfung im Einklang mit der Natur leben zu dürfen. »Die Natur ist eine große spirituelle Erfahrung für mich.« Sie betreut die kleine Gnadenkappelle mit einer wundertätigen Kopie der blutenden Madonna von Re, ist für die Wallfahrer da und assistiert bei den Messen, die von Zeit zu Zeit gehalten werden.

Und Tag für Tag steigt sie noch ein paar Hundert Meter weiter auf zur Gmailkapelle, um die Kerzen anzuzünden und zu löschen. Und wenn sie nur für die 80-jährige Bäuerin brennen, die jeden Marienfeiertag in der Sonntagstracht zur Kapelle hochmarschiert, um zur Gottesmutter zu beten.

Ein heiliger Berg Osttirols ist der Lavanter Kirchbichl bei Lienz in Osttirol. Vor der Kulisse dunkler Wälder ragen dort übrig gebliebene Säulen einer frühchristlichen Basilika in den Himmel. Sichtbare Zeichen der Frömmigkeit wie Kreuzwegstationen, eine große hölzerne Kreuzigungsgruppe und zwei Kirchen zeugen davon, dass der Hügel bis heute ein Ort der Andacht und des Gebets ist. In Lavant haben bereits die Kelten und die Römer ihren Göttern gehuldigt und geopfert und rudimentäre Spuren hinterlassen.

Der Lavanter Kirchbichl ist ein uraltes Frauenheiligtum, auf dessen Kultkontinuität seit der Keltenzeit nicht zuletzt der Titel »Zu Unserer Lieben Frau von Lavant« hinweist. Heute führen große Wallfahrten die Menschen zu diesem Marienheiligtum – vor allem am 1. Mai ist der ganze Hügel mit seinem grünen Kreuzweg eine Kirche unter freiem Himmel.

»Das hoffnungsvolle Wandern zu Stätten der Gnade, das Gebet im Gehen«: Das ist eine ganz zutreffende Beschreibung des Wallfahrens. In der freien Natur ist der Pilger mit der Seele auf der Suche nach dem Sinn des Daseins, mit dem Herzen auf der Suche nach den letzten Wahrheiten und mit dem Körper auf der Suche nach Harmonie und Ausgeglichenheit.

Nicht weit entfernt, östlich von Matrei, liegt das Virgental, das sich selbst wegen seines milden Klimas gern das Meran Osttirols nennt. Dort hat sich die traditionsreiche Feldflur noch erhalten, ein unersetzbarer Lebensraum für viele Tiere und Pflanzen. Und dort steht die Wallfahrtskirche Maria Schnee in Obermauern, die vor allem wegen ihrer reichen und gut erhaltenen Fresken bekannt ist, die der Osttiroler Simon von Taisten gemalt hat. Am Weißen Sonntag ist sie auch Schauplatz eines archaischen Widder-Opfers, das sonst in den Alpen nicht mehr zu finden ist. Der Widder hat als Widersacher des Teufels die Menschen vor Seuchen wie der Pest bewahrt. »So stolz waren die Virgentaler auf ihren Teufelskerl von Schafbock, dass sie seiner Heldentat im Kampf gegen Hölle und Pest ein schönes Marterl setzten. Das Stöckl am ehemaligen Kampfplatz bei Untermauern zeigt seither ein Bild, auf dem im Hintergrund der Kampf zwischen Widder und Teufel dargestellt ist, daneben zieht ein Leichenzug vorbei«, heißt es in einer Beschreibung. Zum Dank für die wunderbare Erlösung von der furchtbaren Plage ziehen die Prägratner und Virgener bis heute alljährlich nach Obermauern und opfern dort einen prachtvollen Widder, den schönsten, den sie haben. Er darf zwei Jahre lang nicht geschoren werden und wird zur Wallfahrt selbst zuerst nach allen Regeln der Kunst gebadet und dann prächtig aufgeputzt. Das überaus kräftige und imposante männliche Schaf war eigentlich bei allen alten Kulturen das »klassische« Opfertier, ob in der Bibel oder bei den Kelten. Und auch die Kelten waren »nur« Erben ihrer neolithischen und bronzezeitlichen Vorfahren, von denen sie nicht alleine den lukrativen Bergbau nach Gold, Silber und Kupfer in den Hohen Tauern übernahmen, sondern auch den mythologischen Widder.

Auch solche archaischen Rituale sind aufgeladen mit der Energie der Berge. Denn Orte der Kraft sind auch ein geistiger Topos, der sich in Traditionen und Ritualen manifestiert. Im Inneren der Ostalpen gibt es viele uralte Rituale, wie das Widderopfer, die sich in christlicher Form erhalten haben. Es sind jene Bräuche, die den Kontakt mit dem Numinosen, dem gestaltlos Göttlichen, dem göttlichen Wirkprinzip, herzustellen versuchten, um das eigene Geschick positiv zu beeinflussen und das Böse, Unheilvolle abzuwehren.

Auch die Schluckbildchen waren ein christlich gewandetes Relikt aus den Zeiten eines magisch-animistischen Weltbilds, das sich in den Alpen zäher erhalten hat als anderswo in Mitteleuropa. Vor allem in der dunklen Jahreszeit, in den längsten Nächten um den Jahreswechsel, gibt es zahlreiche Traditionen, um in rituellen Handlungen Unheil und Böses abzuwenden. Am bekanntesten sind die wilden Gesellen, die mit verwegenen Gewändern, geschnitzten Fratzen und viel Lärm durchs Dorf ziehen, um den Menschen und Dämonen einen gehörigen Schrecken einzujagen. Die Namen für die wilde Jagd variieren dabei von Region zu Region. Diese Teufelsaustreiber werden Perchten, Klaubauf, Klausen oder Buttnmandl genannt. Auch das Ausräuchern von Stall und Haus am Heiligen Abend, mancherorts auch in allen Raunächten, gehört zu diesen Zwitterbräuchen, in denen mit christlicher Überlieferung eine heidnische Beschwörung des Bösen erfolgte. Ein Ritual, das in vielen Bergregionen nach wie vor Tradition hat, so wie ich es im Defereggental erlebt habe. Wenn am späten Nachmittag die Dämmerung hereinbricht, nimmt der Großvater etwas Glut aus dem Ofen, legt sie in die Räucherpfanne und darauf den Weihrauch. Wenn der süßliche Duft in dicken Rauchschwaden aus der Pfanne steigt, beginnt der lange Weg durch Haus und Stall.

Es ist ein Bild von archaischer Kraft, wenn der Großvater mit seinem Enkel mit heiligem Ernst und Gebete murmelnd das ganze Anwesen ausräuchert. Besonders wichtig ist der Stall, denn das Vieh ist ja die Existenzgrundlage der Familien und muss deshalb vor allem Unheil bewahrt werden.

Bräuche dieser Art gibt es rund über den Globus – Feuer und Rauch werden ja nicht nur in den Alpen reinigende Wirkung zugeschrieben. Und für die Christen soll ebendamit auch der Segen der Weihnacht ins Haus kommen und seine Bewohner beschützen.

Am Ende des Winters stehen dann die vielfach noch heidnischen Rituale, um den Winter auszutreiben und die erneute Fruchtbarkeit der Natur zu beschwören. Mit modernen Faschingslustbarkeiten hat dieses alte Brauchtum außer dem Maskentreiben wenig zu tun. Es geht um die rituelle Beschwörung von Frühjahr und Fruchtbarkeit, es geht um den Kampf zwischen dem Guten und dem Bösen.

Besonders eigenwillig ist das Blochziehen von Fiss im Tiroler Oberland. Seit über 500 Jahren wird das Spiel alle zwei Jahre aufgeführt und sehr ernst genommen. Der »Bloch« ist eine geschmückte, mächtige Zirbe samt Ästen, die wie ein symbolischer Pflug durch den Ort gezogen wird, um das »Aufreißen des Leibes der Erde für neues Wachstum« zu symbolisieren. Drumherum gibt es ein buntes Treiben zahlreicher Masken, vom wilden Mann über Hexen und Teufel, die den Zug und damit das Grünen und Erblühen verhindern wollen. Die Vertreter der Fruchtbarkeitsgöttin sind der aus dem Winterschlaf erwachende Bär und der Giggerler, also der Hahn. Ähnliche Traditionen haben sich im gesamten Inntal erhalten, wie das Schellerlaufen in Nassereith, das Schemenlaufen in Imst oder das Mullerlaufen in Thaur.

Die Palmkätzchenweihe am Palmsonntag vor Ostern gehört im ganzen Alpenraum zu den festen christlichen Bräuchen, die ebenfalls in der magischen Naturbeschwörung wurzeln. Denn nach der Weihe in der Kirche werden sie im Herrgottswinkel aufgehängt oder in Dachbalken gesteckt, um Blitz, Donner und Feuer und auch alle anderen Gefahren vom Haus fernzuhalten. Ein bunt geschmückter Palmstock kommt auch auf Feld und Flur, um neue Fruchtbarkeit zu beschwören und Landplagen abzuhalten. Im Hochsommer sind es dann die Kräuterbuschen an Mariä Himmelfahrt, die in der Kirche geweiht und dann in gefährlichen Situationen, bei Unwettern oder Krankheiten zum Schutz hervorgeholt werden. Im Buschen stecken alle wichtigen Heilkräuter, deren Wirkung von Mitte August bis Ende September besonders stark ist. In diesem hochsommerlichen Fest zur Ehre Marias verbergen sich alle Huldigungen an die heidnischen Göttinnen der Fruchtbarkeit.

Bei meiner Suche nach den Orten der Kraft in den Bergen haben mich immer wieder die Klöster angezogen, allein schon wegen ihrer landschaftlich herausragenden Platzierung. Oft standen sie an Stellen, die schon in vorchristlicher Zeit als Kultstätten genutzt wurden.

Eines dieser Klöster, das mich beim Vorbeifahren auf der Autobahn schon immer gereizt hat, war das Kloster Neustift der Augustiner Chorherren im Eisacktal vor den Toren Brixens. Im 12. Jahrhundert gegründet, hat es Geschichte geschrieben. Anfangs war es Hospiz und Raststätte für Pilger nach Rom und ins Heilige Land. Von Beginn an war es auch eine Stätte des Geistes, des Lehrens und Lernens. Die Abtei wurde dann zum religiösen, kulturellen und wirtschaftlichen Zentrum der Region. Es ist bis heute ein gastliches Stift, das sich über weltlichen und frommen Besuch gleichermaßen freut. Ich war überwältigt von den Kostbarkeiten des Klosters, seiner lichtdurchfluteten Basilika, seiner kostbaren Stiftsbibliothek mit dem kleinsten Buch der Welt, dem wunderbaren gotischen Kreuzgang und dem »Wunderbrunnen« im Klosterhof, der in einer weit über 300 Jahre alten achteckigen Pagode neben den sieben Weltwundern der Antike das Kloster als achtes Weltwunder präsentierte.

Für mein Gespräch mit dem Abt über die besondere Spiritualität des Klosters wählten wir den Weinberg, der das Kloster umgibt. Nicht nur wegen der naheliegenden Metaphorik vom Weinberg Gottes, sondern auch deshalb, weil Kloster Neustift eines der besten Weingüter ganz Südtirols ist. Noch mehr als den ausgezeichneten Wein des Klosters liebe ich aber seinen ganz ungewöhnlich guten Kräutertee. Diese Teemischung wird nach einer alten Rezeptur der Neustifter Klosterapotheke zusammengestellt und enthält Pfefferminze, Zitronenmelisse, Kamille, Ringelblume, Malve, Kornblume und Salbei. Alle Kräuter stammen vom klostereigenen Reuterhof, der auf 1300 Metern in Riol in der Gemeinde Franzensfeste liegt. Sie werden nach biologischen Richtlinien angebaut und mit einem speziellen Verfahren besonders schonend getrocknet. Mich beruhigt und entspannt dieser Tee wie kein anderer der vielen Kräutertees, die ich in meinem Leben schon probiert habe, und er inspiriert mich zugleich. Und wenn ich den *genius loci* von Kloster Neustift wieder mal wachrufen und in mich aufnehmen möchte, dann lass ich mir wieder ein paar Päckchen schicken.

Wer die Inntal-Autobahn von Innsbruck aus Richtung Westen fährt, sieht nach Telfs auf der linken Seite auf einem Schwemmkegel in sicherer Entfernung zum Fluss eine mächtige Klosteranlage, das Zisterzienserstift Stams. Seit über 700 Jahren ist es eine stille Oase klösterlicher Frömmigkeit – dem Mieminger Sonnenplateau genau gegenüber. Mit Göttweig und Melk zählt diese Abtei zu den berühmtesten Österreichs. Gestiftet wurde sie von Graf Meinhard II. von Tirol und seiner Frau Elisabeth von Bayern. Die mächtige barocke Anlage, wie wir sie heute kennen, entstand im 17. Jahrhundert nach Plünderungen und einem Brand.

Bei unserem Besuch hieß der Abt noch Josef Maria Köll und er empfing uns mit offenen Armen, denn das für die Zisterzienser geltende Gebot der Weltabgeschiedenheit wurde in Stams nicht mit historischer Strenge befolgt. Man merkte diesem Mann Gottes sofort an, dass er durch das angegliederte Skigymnasium Stams den Kontakt mit jungen Menschen und dem Zeitgeist gewohnt war. Mit sanfter Hand führte er uns bei einer Kirchenführung gelassen vom Außen zum Innen.

Die barocke Stiftskirche wirkte wie ein künstlerisches Gebet zur höheren Ehre Gottes. Der himmelstrebende Hochaltar, als Lebensbaum ausgeführt, ist ein Meisterwerk der Schnitzkunst. 84 holzgeschnitzte, zum großen Teil vergoldete Figuren sind in die Ranken des Lebensbaumes integriert. Daneben gibt es viele andere Kostbarkeiten in dem lichtdurchfluteten Kirchenschiff: die prunkvolle goldene Kanzel und vor allem das filigrane schmiedeeiserne Rosengitter der Heilig-Blut-Kapelle, das aus 80 unterschiedlich geformten Rosen besteht. Ruhe, Stille, Schweigen, das waren für den Abt die großen Lehrmeister, die er auch uns zur Übung empfahl, als er uns verabschiedete. Und sooft mir die Übung gelingt, erhöht sich die Intensität der Erfahrung.

So wie am Ossiacher See. Das älteste Benediktinerkloster Kärntens ist das Stift Ossiach am gleichnamigen See, nach seiner Auflassung ein bedeutendes Kulturdenkmal und Zentrum des Musikfestivals »Carinthischer Sommer«.

Als ich langsam durch das große Torhaus in den Innenhof der ehemaligen Klosteranlage schritt, dann weiter in den zweiten Hof vor Kapelle und Kirche und schließlich in die Kirche selbst, war dieser Weg wie eine unsichtbare Häutung, wie ein langsames Abstreifen des Alltäglichen. Der Lärm der Welt ebbte mit jedem Schritt weiter ab, bis mich in der Kirche völlige Stille umfing. Die Reize für das Auge wurden weniger, und langsam ging der Blick nach innen. Ich erinnerte mich an meinen Besuch bei den Missionsschwestern vom Kostbaren Blut ganz in der Nähe.

Seit über 70 Jahren sind sie im prächtigen Renaissanceschloss Wernberg daheim, das sich malerisch über einem Seitenarm der Drau erhebt und das schon den Benediktinern von Ossiach als Sommersitz gedient hat. Nach dem benediktinischen Prinzip von *ora et labora* sorgen sie selbst für ihren Lebensunterhalt. Inmitten von Äckern und Wiesen gelegen, haben sie dort ein kleines Paradies geschaffen mit einer ausgedehnten Landwirtschaft nach biologischen Grundsätzen. Die Verantwortung dafür hat Schwester Hedwig Maria, die sich auch um den Kräuter- und Gewürzgarten des Klosters kümmert. Im stillen Innenhof des Klosters hatte sie mir in einem großen Korb Blumen und Kräuter präsentiert, die in allen Farben des Regenbogens leuchteten. Es war die in bunten Formen und betörenden Düften gespeicherte Energie des Hochsommers, die in homöopathischen Dosen – in Tees, Likören und Essenzen – von den kundigen Nonnen als schieres Lebenselixier weitergegeben wurde.

Das Kloster Wernberg ist auch spirituelles Zentrum der Region mit einem reichen Seminarangebot und Übernachtungsmöglichkeiten. Es ist aber auch ein Ort der Sammlung mit vielen Plätzen zur stillen Zwiesprache mit Gott.

Die gelassene Ruhe, die vom dem Ort ausging, hatte etwas Verführerisches, und ich nahm mir wie schon so oft vor, einmal dort ein Kloster auf Zeit auszuprobieren. Diesmal wird es mir sicher gelingen, denn als die Oberin mich an der Klosterpforte verabschiedete, da erwiderte sie meinen Dank für die freundliche Aufnahme mit einem Segenswunsch, der mich eines Tages wieder nach Wernberg zurückführen soll.

Ich habe in den Alpen viele Kraftorte besucht und dort auch meist eine besondere Aura gespürt. Ich fragte mich, warum es in den Alpen so viele als heilig empfundene Orte gibt. Vielleicht sind es die den Bergen innewohnenden Kräfte aus Gesteinszeiten, die diese Energie gespeichert hatten und an bestimmten Plätzen wieder freigeben. Vielleicht machen die allgegenwärtigen Naturgefahren die Menschen empfänglicher für die Zwischentöne der Natur, das Knacken des Felsens, das Donnern des Himmels und das Wachsen des Grases. Vielleicht lassen die Einsamkeit und Stille des Hochgebirges noch andere Töne und Erscheinungen zu, die sonst im Trubel der Ereignisse untergehen. Vielleicht kommt all dies und noch mehr zusammen.

Denn der größte Ort der Kraft, den ich bei meinen Reisen kennengelernt habe, sind die Alpen selbst. Ich jedenfalls bin immer energetisch aufgeladen aus den Alpen zurückgekehrt, wie körperlich anstrengend die Reisen auch gewesen sein mochten. Wer in ihren Bann gerät, der hört ihr leises Tamtam auch in der Ferne und der kann die geheime Energie dieser Erdfalten noch lange nach der Begegnung mit ihnen spüren.

Und in mir glimmt schon wieder die Lust, auf Fahrt zu gehen. Um das Alpenglühen zu suchen.

Top Five

Eine ganz und gar persönliche Auswahl von besonderen Orten in den Alpen, die mich beeindruckt haben und die einen Besuch wert sind.

Aussichtsberge

Hohe Salve in Tirol

Bei Söll, mein liebster Aussichtsberg, weil er von München aus so schnell (mit dem Auto in knapp eineinhalb Stunden) zu erreichen ist. Herrlicher Blick zum Wilden Kaiser und zum Alpenhauptkamm. Und: ein Berg für die ganze Familie, mit Kinderattraktionen wie dem Hexenwanderweg und der Holzknechtshütte und vielen Einkehrmöglichkeiten.

Hochgründeck im Pongau

Einer der höchsten bewaldeten Berge der Alpen bei St. Johann im Salzburger Land mit atemberaubender Fernsicht zum Hochkönig, zum Tennengebirge und zur Tauernregion. Ein echter Naturfreundegipfel, weil nur zu Fuß zu erreichen – über fünf wunderbare Themenwege, je nach Gusto und Können. Oben unbedingt mit dem Hüttenwirt vom Heinrich-Kiener-Haus, Hermann Hinterhölzl, sprechen. Er ist ein echter ökologischer Charakterkopf.

Rittner Horn in Südtirol

Wegen des Dolomitenweitblicks, vom Ortler über die Ötztaler Alpen im Westen bis weit in die sagenumwobene Dolomitenwelt im Osten und von den Stubaier und Zillertaler Alpen im Norden bis zur Presanella und dem Adamello im Süden, wo sich auch die zackigen Brenta-Dolomiten zeigen. Von der Bergstation der Seilbahn gibt es familienfreundlichere Aufstiege von einer Stunde. Schönster Rastplatz, wie im Kino: der runde Tisch am Schwarzseespitz auf dem Panoramaweg.

Schafberg im Salzkammergut

Schon die Auffahrt ist eine Attraktion: Mit der über 100 Jahre alten Zahnradbahn, gezogen von einer Dampflok, geht es nostalgisch bequem hinauf. Oben lässt sich ins wunderschöne Salzkammergut hineinschauen; die Seen liegen einem zu Füßen, vom Mondsee bis zum Wolfgangsee. Dramatische Abrisskante auf der einen und sanftes grünes Land auf der anderen Seite. Schöne Einkehrmöglichkeiten, zum Beispiel im ältesten Berghotel Österreichs, dem Hotel Schafberg.

Dobratsch in Kärnten

Auch die Villacher Alpe genannt, der Hausberg der Villacher. Der ehemalige Skiberg wurde von beherzten Villachern der Natur zurückgegeben: Als Naturpark des Jahres 2008 in Österreich. Auch der »Gute Berg« genannt, nicht nur wegen der 400 Millionen Liter Heilwasser, die aus seiner Tiefe kommen. Ein abwechslungsreiches Wanderparadies. Oben steht die höchste Bergkirche Europas, und der Karawankenblick ist einzigartig.

Berge

Dolomiten

Die Bleichen Berge sind meine Lieblingsberge, egal ob an den Drei Zinnen, beim Schlern, in Gröden oder am Rosengarten. Schon die Vorstellung, dass dies versteinerte Korallenriffe der Urzeit sind, beflügelt meine Phantasie. Die Felsformationen mit den spitzen Gipfeln, Graten und Schründen bieten dem Auge darüber hinaus eine faszinierende Vielfalt. Und es ist das Gebirge, das nicht der kalte Nordwind durchweht, sondern in dem schon der Hauch des Südens zu spüren ist.

Wilder Kaiser

Das Kaiserreich beherrscht mit seinem imposanten Gebirgsstock die nördlichen Kalkalpen und wird auch als die Dolomiten des Nordens bezeichnet. Ein Kletterparadies für die Alpinisten, ein wunderbarer Naturpark auch für Normalbürger wie mich. Egal von welcher Seite man sich dem Kaiser nähert, er fordert Respekt und bietet unvergleichliche Aussichten auf engem Raum. Ein stilles Wanderparadies ist das Kaisertal zwischen Zahmem und Wildem Kaiser, und von besonderem Reiz ist auch das Pendant dazu im Osten, das Kaiserbachtal. Das ist für mich wie Kaiserkino.

Stubaier Alpen

Mein liebster Gipfel in den Alpen ist das Zuckerhütl in den Stubaier Bergen. Einmal, weil es der einzige hochalpine Berg ist, den ich selbst bestiegen habe, immerhin 3507 Meter hoch. Zum anderen, weil schon der Name dieses schön geschwungenen Berges meine Laune versüßt. Und weil ich auf dem Stubaier Gletscher eines der schönsten Interviews hart am

Rande des Abgrunds geführt habe. Mit Blick auf eine unberührte Hochgebirgslandschaft aufgrund der Ausweisung als Ruhegebiet.

Ötztaler Alpen

Gleich neben den Stubaiern erhebt sich die raue Bergwelt der Ötztaler Alpen, eine der größten Berggruppen der Ostalpen. Spätestens seit Ötzi, dem Mann aus dem Eis, ist sie weltbekannt. Das Ötzdorf in Umhausen zeigt das Leben in der Jungsteinzeit so authentisch wie möglich. Hochsölden ist umgeben von Dreitausendern im Dutzend. Jahr für Jahr ziehen im Sommer Schafe aus Südtirol über die schneebedeckten Pässe nach Vent auf die saftigen Weiden ins hintere Ötztal.

Chiemgauer Berge

Der Chiemgau ist die heiterste bayerische Voralpenlandschaft. Und seine Berge, wie die Kampenwand, der Hochgern, der Hochfelln und andere, sind herrliche Aussichtsterrassen in alle Richtungen. Von München aus schnell zu erreichen bieten sie Gebirgsfeeling für einen Tag und streicheln die Seele. Wieder unten, gibt's jede Menge Kultur. Mein Favorit ist die Fraueninsel, ein romantisches Paradies mit dem uralten Konvent der Benediktinerinnen.

Bergstraßen

Timmelsjoch

Beliebter Passübergang vom Ötztal nach Südtirol mit 2509 Metern Höhe. In der rauen Ötztaler Bergwelt geht es auf langen Serpentinen relativ monoton nach oben. Spektakulär wird es auf der Südseite mit den engen Felsentunneln, die mit großen Holztoren verschlossen werden können. Mit endlosen Kurven und atemberaubenden Ausblicken geht es dann Richtung St. Leonhard im Passeier Tal. Auf österreichischer Seite mautpflichtig.

Sellaronda

Die Umrundung des mächtigen Gebirgsstocks der Dolomiten gehört zu den schönsten Alpenrouten überhaupt. Die Sellaronda verbindet das Sellajoch, das Grödnerjoch, das Pordoijoch sowie den Campolongopass und bietet unvergleichliche Ausblicke auf die schönsten Gipfel des Hochgebirges. Die wahren Fans machen die Sellaronda natürlich mit den Skiern oben auf dem Sellastock.

Kaiserjägersteig

Überall in den Dolomiten haben im Ersten Weltkrieg die Soldaten der k.u.k.-Armee kühne Straßen für den Nachschub angelegt. Einer der schönsten dieser »Kaiserjägersteige« führt von Caldonazzo im Valsugana zum Monte Rovere. Nicht nur für Motorradfahrer eine echte Herausforderung. Die Ausblicke in den engen Kurven aber sind die Aufregung über Engstellen und kleine Felsentore allemal wert. Oben angekommen ist das Hochplateau von Lüsern nicht mehr weit, eine alte bajuwarische Sprachinsel.

Zillertaler Höhenstraße

Die Zillertaler Höhenstraße gehört zu den schönsten Alpenstraßen Österreichs. Von 550 Metern geht es hinauf auf bis zu 2020 Meter. Beim Autowandern oder auch immer mehr mit dem Fahrrad lassen sich herrliche Eindrücke von den Zillertaler Alpen sammeln. Es lohnt auch ein Besuch des einzigen Alpengartens im Zillertal. Die Straße erschließt eine wunderschöne Naturlandschaft und führt noch zu einigen bewirtschafteten Almen wie dem Almstüberl Zellberg Buam auf über 1800 Metern. Mautpflichtig.

Staller Sattel

Die Verbindung vom Defereggental in Osttirol und dem Antholzertal in Südtirol ist der 2052 Meter hohe Staller Sattel. Von Defereggen aus geht es vergleichsweise gemächlich nach oben bis zum Obersee mit der gleichnamigen Einkehr, die auch im Winter für die Skifahrer offen ist. Richtig abenteuerlich wird dann die Abfahrt nach Antholz auf einem winzigen, gewundenen Sträßlein. Es ist von Mitte Mai bis Mitte Oktober geöffnet und hat nur Einbahnverkehr. Die erste Viertelstunde geht's nach Italien, die andere dann nach Österreich.

Naturparadiese

Hohe Tauern

Wilde Urlandschaft und bergbäuerliche Kulturlandschaft, so werden die beiden Gesichter des Nationalparks Hohe Tauern beschrieben. Es ist das bei Weitem größte Naturschutzgebiet im gesamten Alpenraum. Die Hohen Tauern sind Österreichs erster Nationalpark und haben Adler und Bartgeier zum Wappentier. Mit dem höchsten Berg Österreichs, dem Großglockner, und dem Großvenediger, der »weltalten Majestät«, ist die Tauernregion seit jeher mythenumweht.

Stilfser Joch

Von Trafoi auf etwa 1500 Meter geht es bis auf 2757 Meter auf die Passhöhe des Stilfser Jochs. Die spektakuläre Passstraße ist legendär und ein Muss für jeden Radfahrer. Einmal im Jahr kommen Tausende davon zusammen, um den Pass zu bezwingen.

Es geht dabei mitten durch den Nationalpark Stilfserjoch. Er schließt das gesamte Gebirgsmassiv Ortler-Cevedale mit seinen Nebentälern ein. Das Schutzgebiet grenzt im Nordwesten an den Schweizerischen Nationalpark und bildet eines der großen Schutzgebiete Europas.

Bayerischer Wald

Anfangs heiß umstritten und nun heiß geliebt: der Nationalpark Bayerischer Wald. Bis heute allerdings ein Streitpunkt: der Borkenkäfer. Waldbesitzer streiten mit den Naturschützern, die den Wald sich selbst überlassen wollen und von seiner Regenerationskraft überzeugt sind. Und vielleicht kehren ja die alten Beutegreifer wieder auf Dauer zurück, wie der Luchs und der Wolf, der jetzt noch in einem großzügigen Gehege daheim ist. Wer den dunklen, hohen Wald liebt, der ist dort im Paradies. Die Begegnung mit einer Wildschweinrotte und ihren Frischlingen ist durchaus möglich. Aber Vorsicht, nicht ganz ungefährlich.

Naturpark Berchtesgaden

Herr, wen Du lieb hast, den lässt Du fallen in dieses Land, hat einst Ludwig Ganghofer geschrieben. Und es ist wirklich eine von der Natur besonders schön ausgestattete Bergregion. Der legendäre Watzmann ruft seit Generationen, der Königssee zu seinen Füßen mit der uralten Wallfahrt von St. Bartholomä ist immer eine Reise wert, dazu der traditionsreiche Ort Berchtesgaden und die unvergleichliche Malerlandschaft der Ramsau.

Allgäu

Einst sprach man vom blauen Allgäu, denn der blau blühende Flachs für die Leinenproduktion war die Haupteinnahmequelle im armen Allgäu. Dann kam ein Käser aus der Schweiz, der den Einheimischen das Emmentaler-Machen beibrachte. Seither ist das grüne Allgäu sprichwörtlich. Es gibt wunderschöne Almen mit dem Allgäuer Braunvieh, eine reizvolle Bergwelt und gesunde Natur, so weit das Auge reicht. Unbedingt Kässpatzen mit einem würzigen Allgäuer Almkäse essen.

Heilige Stätten

Einsiedelei am Niederkaiser

Ein schöner Kreuzweg als Andachts- und Meditationsweg führt von St. Johann hinauf zur Einsiedelei am Niederkaiser, die seit über 300 Jahren besteht. Die Wallfahrtskapelle »Maria Blut« birgt ein barockes Säulenaltärchen mit einer Kopie des Gnadenbildes von Ré im Piemont. Seit Beginn von Eremiten bewohnt, lebt seit ein paar Jahren eine Frau an diesem heiligen Ort, Schwester Veronika. Sie sieht vor allem ihr Leben in der Natur, in der Schöpfung Gottes, als große geistige Erfahrung.

Maria Waldrast

Eines der bedeutendsten Marienheiligtümer Tirols, in der Waldeinsamkeit auf einem Sattel im Wipptal bei Matrei, ist

Maria Waldrast. Es ist tatsächlich eine stille Oase zum Verschnaufen und Zur-Ruhe-kommen. Die Quelle des Klosters gilt als sehr heilkräftig, besonders bei Augenleiden. Tag für Tag kommen Einheimische, um das Wasser in großen Flaschen und Kanistern für zu Hause abzufüllen. Die vielen Votivtafeln zeigen den Glauben an die Hilfe Marias.

Kirchbichl von Lavant

Der heilige Berg Osttirols ist der Lavanter Kirchbichl bei Lienz. Es ist eine uralte Kultstätte, an der schon Kelten und Römer ihren Göttern geopfert haben. Die Spiritualität des Ortes ist fast mit Händen zu greifen. Heute ist der Hügel ein christlicher Ort der Andacht und des Gebets in der Maria geweihten Kirche. Große Wallfahrten führen dorthin, vor allem am 1. Mai, an dem der ganze grüne Hügel zu einer Kirche unter freiem Himmel wird.

Mariä Himmelfahrt am Birkenstein

In idyllischer Lage, auf einem mit Birken bewachsenen Felsen steht oberhalb von Fischbachau in den Schlierseer Bergen die Wallfahrtskirche Mariä Himmelfahrt.

Seit 1673 wird hier eine aus der Pfarrkirche Fischbachau stammende spätmittelalterliche Marienstatue als Gnadenbild verehrt inmitten eines geradezu orientalisch verschwenderischen Rokokoaltars. Ebenso freundlich wie kundig betreut wird die Wallfahrt von den Armen Schulschwestern. Sehr beliebte Herzenswallfahrt in Oberbayern.

St. Wolfgang am Wolfgangsee

St. Wolfgang am Wolfgangsee war im Spätmittelalter der viertgrößte Wallfahrtsort der Christenheit. Und der Heilige selbst wird bis heute bei allen Problemen und Leiden angerufen. Die der Legende nach von Wolfgang mithilfe des Teufels erbaute Kirche beherbergt heute kunsthistorische Kostbarkeiten ersten Ranges, wie den größten gotischen Holzaltar von Michael Pacher. Als heiliger Ort und Kultplatz schon in heidnischer Zeit gilt die Einsiedelei Wolfgangs auf dem Falkenstein hoch über dem See mit Wunderquelle, von Sünden befreiendem Felsengang und Steinmulde, die besonders gegen Kopfschmerzen wirken soll.

Schlösser und Burgen

Schloss Schenna

Das massige Schloss bei Meran ist eines der bedeutendsten Schlösser in ganz Südtirol. Es wurde vor 750 Jahren erbaut und war im Besitz einiger namhafter Adelsfamilien. Berühmt wurde es als Residenz des österreichischen Erzherzogs Johann, des Grafen von Meran, und es wird bis heute von seinen Nachkommen bewohnt: von Johanna Gräfin von Meran und ihrem Mann Franz Graf Spiegelfeld.

Das Schloss ist Wohnhaus und Museum in einem, und oft führt der Graf persönlich mit Witz durch das Haus. Er gibt Einblicke in alte adelige Prunkräume, zeigt die imposante Waffensammlung Erzherzog Johanns und die größte private Andreas-Hofer-Sammlung.

Churburg im Vinschgau

Die über 700 Jahre alte Churburg zählt zu den besterhaltenen Schlossanlagen Südtirols. Der alte Sitz der Grafen von Matsch ist heute im Besitz derer von Trapp. Der verschlungene Stammbaum der beiden Adelsgeschlechter ist im Arkadengang im zweiten Stock als Fresco-Malerei verewigt, ein prächtiges Zeugnis der Renaissance-Kunst. Der heutige Hausherr von Trapp ist ein Herr von Gardemaß und Adel. Voller Stolz zeigte er uns die Rüstungskammer; sie enthält sämtliche Rüstungen aus dem Familienbesitz und ist die größte private, im Original erhaltene Waffenkammer der Welt. Alle weiteren Kostbarkeiten innen und außen sollten Sie selbst entdecken.

Schloss Ambras bei Innsbruck

Schloss Ambras, weithin sichtbar oberhalb von Innsbruck gelegen, zählt zu den bedeutendsten Sehenswürdigkeiten der Landeshauptstadt. Erzherzog Ferdinand II. begründete die prachtvollen Ambraser Sammlungen, allein die Wunderkammern mit dem grazilen barocken Tödlein, einer Skulptur von Hans Leinberger, und unglaublich vielen anderen Kostbarkeiten. Die gewaltige Rüstkammer zeigt auch einen wahren Riesen, Bartlmä Bon, einen Mann von weit über zwei Metern mit einer XXX-Large Rüstung.

Sehenswert auch der Spanische Saal, einer der bedeutendsten freistehenden Saalbauten der Renaissance.

Schloss Tirol

Das Schloss oberhalb von Meran hat dem Land zwischen den Bergen den Namen gegeben und war Zentrum des Landes, bis es nach Innsbruck verlegt wurde.

Heute ist es ein Museum ersten Ranges, das die Geschichte des Schlosses ebenso wie die des Landes Tirol dokumentiert. Der Blick übers Land von der dramatisch auf einen Felsen platzierten Burg sucht seinesgleichen. Gleich unterhalb der Burg lohnt ein Besuch in der privaten Greifvogelstation.

Ansitz Kränzel in Tscherms

Ein adeliger Weinbauer lässt seiner Kreativität freien Lauf. Franz Graf Pfeil hat seinen Schlossgarten in ein faszinierendes Weinlaublabyrinth verwandelt. Sein Traum war es, »einen Ort der Freude für alle entstehen zu lassen, die darin wandeln und sich sammeln wollen. Der Garten wurde nicht geplant, sondern erfühlt, er wächst und verändert sich.« Mit der reichen Ausstattung an Freiluftkunst soll der Besucher »zum Träumen und zum Achtsamsein angeregt werden«. Es ist in jedem Fall ein anregender Ort für die ganze Familie. Das Weinmachen beherrscht Franz Graf Pfeil aber auch, sein Weißburgunder soll einer der besten Südtirols sein.

Museen

Bauernhof-Museum Großgmain

Das schönste Bauernhofmuseum, das ich kenne. Alte Höfe aus dem Salzburger Land sind dort in die Landschaft am Fuße des Untersbergs eingepasst, als ob sie immer schon dort gestanden hätten. Es gibt wunderschöne Bauerngärten und Demonstrationen alten bäuerlichen Handwerks, vom Seifensieden über das Stoffdrucken bis hin zum Pferde beschlagen. Eine Zwergschule mit Holzbänken und ein historischer Tante-Emma-Laden dürfen nicht fehlen. Eine Zeitreise, für die man bei den Einsichten und den Entfernungen Zeit braucht.

Salzbergwerk Berchtesgaden

Ein Muss für jeden, den die geheimnisvolle Welt im Inneren der Berge begeistert. Schon die Einfahrt mit der kleinen

Bahn durch die engen Stollen ist wie der Übergang in eine andere Welt. In einer riesigen Halle geht's dann über die bekannten Rutschen in die Tiefe. Ein sinnliches Feuerwerk ist die Fahrt über den Salzsee, von Musik und Lichtspielen begleitet. Ganz nebenbei erfährt man alles über das »weiße Gold«, dessen Besitz einst Macht und Ruhm bedeutet hat. Unbedingt mal einen Schluck von der Quelle nehmen, um zu testen, was »versalzen« wirklich bedeutet.

Ladinisches Museum St.Martin in Thurn

In einem altehrwürdigen Schloss untergebracht, das über Alta Badia leuchtet, bietet dieses Museum nicht nur die ganze Kulturgeschichte der Ladiner, sondern auch spektakuläre Videoinstallationen, in denen historische Persönlichkeiten plötzlich zum Leben erwachen. Die Ladiner sind eine kleine, traditionsreiche Volksgruppe in Südtirol mit einer eigenen Sprache, die lateinische und rätoromanische Elemente enthält. Ihre Heimat sind vor allem ein paar Täler rund um den Sellastock, wie Gröden, das mit der Tradition des Holzschnitzens im Museum vertreten ist.

Schreibmaschinenmuseum Partschins

Das Museum erzählt die beinahe tragische Geschichte des Peter Mitterhofer, dem Erfinder der Schreibmaschine, der in Partschins bei Meran geboren wurde. Er baute Holzmodelle in Stechschriftbuchstaben, die ersten Maschinen in Metallausführung für Typendruck und ging zweimal zu Fuß nach Wien, wo er sich an den Kaiser Franz Joseph I. um Unterstützung wandte. Doch der wollte von seiner Erfindung nichts wissen, und Mitterhofer blieb ein verkanntes Genie. Das Museum zeigt seine wertvolle Schreibmaschinensammlung mit über 2000 Exponaten.

Nähmaschinenmuseum in Kufstein

Auch die Nähmaschine hat ein Kind der Berge erfunden, Josef Georg Madersperger aus Kufstein. Ein kleines, unscheinbares Museum mit einer Audiovisionsshow erinnert an ihn. Sie zeigt die Entwicklung der Nähmaschine von den ersten Ungetümen bis zu den modernen Exemplaren und führt die ganze Revolution der Kunst des Schneiderns vor Augen. Dennoch bleibt bis heute die Bezeichnung »handgenäht« ein unerreichtes Qualitätskriterium.

Feste

Lederhosenfest in St. Johann in Tirol

Einmal im Sommer wird in St. Johann der Krachledernen mit einem ausschweifenden Fest die Reverenz erwiesen. Mit einem Lederhosen-Wettbewerb für gstandene Männer und fesche Madln mit ebensolchen Wadln. Es gib ein Zuguintreffen, also einen Ziehharmonika-Wettstreit, und einen Wettbewerb in Boahaggln, also Beindrücken, und Zwicklbierflaschen-Stemmen. Bier gibt's natürlich auch zum Trinken und Tiroler Schmankerl dazu. Außerdem können Sie auch die mit 76 Quadratmetern größte Lederhose der Welt bewundern, die eine ganze Hausfassade verhüllt.

Knödelfest in Sterzing

In der Kirche der Burg Hocheppan findet sich auf einer gotischen Fresco-Malerei die erste Knödelesserin der Kunstgeschichte. Und weil Südtirol das Land der Knödel ist, findet in Sterzing gleich hinterm Brenner jedes Jahr Mitte September in der ganzen Altstadt das große Knödelfest statt. *Canderli*, wie die Knödel auf Italienisch heißen, gibt's da in jeder Form – süß und salzig, groß und klein, rund und gepresst. Es gibt sogar Fischknödel oder Ronenknödel, mit Roter Bete. An einer 300 Meter langen Tafel, die sich durch die Gassen zieht, hockt man dann zusammen und genießt.

Oswald-von-Wolkenstein-Ritt

Erst wenige Jahrzehnte alt, wirkt dieser originelle Reiterwettkampf heute schon wie uraltes Südtiroler Brauchtum. Er erinnert an den legendären Ritter, Diplomaten und Minnesänger Oswald von Wolkenstein. Die einheimischen Reiterteams müssen in vier Turnierspielen Geschicklichkeit und Geschwindigkeit unter Beweis stellen: beim Ringstechen, Labyrinth, Galopp und Torritt. Rechtzeitig da sein, weil die spektakulären Aufgaben viel Publikum anziehen.

Schupfenfest in Jenesien

Jenesien oberhalb von Bozen wirkt mit seinen lichten Lärchenwäldern und seinen sanft geschwungenen Matten wie ein verwunschenes Märchenland. Beim Schupfenfest im Spätsommer geht es gemächlich von Almhütte zu Almhütte (Schupfen), um Bauernschmankerl zu verkosten: in großen Kesseln auf Holzfeuer gerührte Polenta, warme Erdäpfl, Graukas, Kaiserschmarrn mit hausgemachter Granten-(Preiselbeeren-)Marmelade, und natürlich gibt's überall auch einen guten Tropfen Südtiroler Wein. Zur gemütlichen Rast darf natürlich die urige Musi mit der Teufelsgeige nicht fehlen. Viel Zeit mitbringen, sie vergeht dort oben viel zu schnell.

Ritterspiele bei Schluderns im Vinschgau

Im Schatten der mittelalterlichen Churburg versammeln sich jedes Jahr im August ein Wochenende lang Heerscharen von Rittern mit ihrem Gesinde. Auf dem Feld im Vinschgau, auf dem einst Kaiser Maximilians Truppen von den Schweizern vernichtend geschlagen wurden, gibt es dann drei Tage lang eine Zeitreise in eine untergegangene Welt mit den wohl größten Ritterspielen der Alpen. Mit mittelalterlichem Markt, Gauklern, Vaganten, Musikern und einem Ritterturnier wie anno dazumal. Respekt für alle Beteiligten: So eine Ritterrüstung hat's in sich. Ich hab es ausprobiert.

Almhütten

Gamsbluthütte in Gröden

Die Dolomiten zum Anfassen: Langkofel und Sellastock liegen direkt gegenüber, das Grödnertal mit Wolkenstein unter dem staunenden Betrachter. Auf dem Cover dieses Buchs stehe ich direkt vor der Hütte und freue mich über den wunderbaren Ausblick. Am Rande des Naturparks Puez-Geisler mit herrlichen Wanderwegen gelegen; als Einkehr ein Muss. Im Familienbetrieb »Baita Gamsblut« – das ist die Grödner Heimatsprache Ladinisch – gibt es alle deftigen Grödner Schmankerl und natürlich einen Gamsblutschnaps.

Gampe Thaya im Ötztal

Gampe ist der alte Name für eine Bergwiese, Thaya in etwa ein einfaches Holzhaus. Oberhalb von Hochsölden stehen zwei dieser geduckten, malerischen Holzhäuschen auf der rund 2000 Meter hoch gelegenen Gampealm. Wie in einem Amphitheater umgeben sie Dutzende von Dreitausendern der Stubaier und Ötztaler Alpen. Serviert wird auch hier nur, was die eigene Landwirtschaft oder befreundete Bauern aus dem Ötztal liefern. Spezialität sind die Granten, aromatische Hochgebirgs-Preiselbeeren, die vor allem als leicht säuerlicher, sommerlicher Saft eine herrliche Erfrischung sind.

Schachenhütte bei Garmisch-Partenkirchen

Direkt beim berühmten Schachenschloss von König Ludwig II., hölzernes Schweizerhaus und verschwenderischer maurischer Palast in einem. Knapp unterhalb der berühmte botanische Alpengarten. Herrlicher Blick auf die Zugspitze durchs Reintal (Ludwigs Lieblingsblick!) und auf die felsigen Wände des Wettersteinmassivs. Deftige bayerische Küche aus der Region; Übernachtungsmöglichkeit – allerdings nur, wie früher überall üblich: Bettenlager mit Matratzen.

Steiner Hochalm im Gasteiner Tal

Urige kleine Hütte mit dem schönsten Blick durchs ganze Gasteiner Tal bis zu den Hohen Tauern. Gut besuchte Einkehrstation der vielen Wanderwege über die Gasteiner Grasberge. Margit Meikl, die Hüttenwirtin, die den Sommer über oben ist, macht Hausmannskost mit den Früchten der sie umgebenden Natur. Aber auch deftigen Schweinebraten, für den sie weithin bekannt ist. Eine Rarität ist das »Fichtenbarometer«, bei dem ein abgeschnittener Fichtenast das Wetter anzeigt: Bei schön biegt er sich nach oben, bei schlecht nach unten.

Walleralm bei Kufstein

Sie liegt auf 1170 Metern Höhe nahe Kufstein auf einem Vorgipfel des Zettenkaisers ganz im Westen des mächtigen Kaisergebirgstocks und ist ein lohnendes Wanderziel in den Kufsteiner Bergen. Vom romantischen Hintersteiner See bei Scheffau ist sie relativ leicht und schnell zu Fuß zu erreichen (etwa eindreiviertel Stunden). Dort oben erwartet einen uriges Almleben mit feiner Hausmannskost, selbst gebrautem Bier und Musik. Für die freundliche Aufnahme sorgt die Familie Bichler.

Wirtshäuser

Hirzinger in Söllhuben

Seit 1477 gibt es den Hirzinger, offiziell »Gasthof zu Post« in der Dorfmitte gegenüber der schönen Barockkirche, so wie es sich in Bayern gehört. Auf der Endmoräne zwischen dem Chiemsee und dem Simsee wunderschön gelegen, bietet der Hirzinger alles, was zu einer guten Wirtschaft gehört: holzvertäfelte Stuben und einen herrlichen Gastgarten mit schattigen Kastanien und eine historische Holzkegelbahn. Im großen Saal im ersten Stock üben die jungen und alten Trachtler Tanzen und Schuhplatteln. Es gibt eine hauseigene Metzgerei mit Laden, schmackhafte bayerische Küche und frischen Fisch aus den nahen Seen, dazu das hauseigene Bier. Wer die bunte Vielfalt Bayerns erleben möchte, der ist hier richtig.

Thurnerhof in Schenna

Versteckt in Aprikosengärten liegt dieser jahrhundertealte großartige Wirtschaftshof, der erst seit kurzer Zeit eine Gastwirtschaft ist. Ein junger Koch sorgt für den richtigen Pfiff mit jahreszeitlichen Genüssen. Unbedingt die Marillenknödel mit Früchten aus dem eigenen Garten probieren, wenn Saison ist. Auch dem Südtiroler Herbst wird mit Pilzen, Kastanien und Speck ausgiebig gehuldigt. Am besten in der urigen, schwarzen Rauchkuchel. Wenn Sie einen schönen Gruß von mir sagen, dürfen Sie von Bernhard, dem jungen Pächter, vielleicht einen Nusseler verkosten, eine Digestif-Spezialität.

Waller beim Kloster Reisach

Schon der Eintritt durch einen gotischen Bogen in die Gaststube lässt mir jedes Mal das Herz aufgehen: Die ganze Gastlichkeit Altbayerns wurde dort bewahrt. Mit warmen Holzplanken als Boden, der Holzvertäfelung an den Wänden und dem menschlichen Maß, die der Stubn eigen ist. Auch draußen im kleinen Biergarten lässt es sich sehr gut sitzen und die hausgemachten Schmankerl genießen. Und wer vorher in der Klosterkirche Andacht gehalten hat, dem schmeckt's noch mal so gut. Das Kloster ist übrigens gut von der Inntal-Autobahn zu sehen. Kurz vor Oberaudorf leuchtet es gelb aus grünen Wiesen auf der rechten Seite.

Runchhof in Alta Badia

»Maso« nennt man in Alta Badia einen Bauernhof mit vielen Wirtschaftsgebäuden. Ein Restaurant gehört erst seit wenigen Jahren dazu, aber das hat es in sich. Nirgendwo sonst gibt es die ladinischen Spezialitäten so konzentriert, das ganze Jahr über. Es gibt nämlich nur eine Speisefolge, und die lautet etwa folgendermaßen: Graupensuppe, Turtres und andere Teigtaschen, Schweinshaxen aus dem Holzofenrohr, süße, fettgetränkte Teigtaschen zum Abschluss. Das klingt nahrhaft und ist es auch. Vielleicht hungern sie vorher einen Tag oder machen eine ausgedehnte Bergtour. Herrliche Aussicht auf die sandroten Dolomiten gegenüber, den Kreuzkofel.

Ischnighof in Kärnten

Ein Buschenschank mitten im abwechslungsreichen Wandergebiet unterhalb der markanten Spitze des Mittagskogels. Mit hausgemachten Kärntner Spezialitäten, wie selbst geräuchertem Speck, selbst gemachtem Käse, hauseigenem Bauernbrot und ab und zu auch einem Kärntner Reindling, einem schmackhaften Napfkuchen. Buschenschank heißt in Kärnten übrigens, dass Apfelmost ausgeschenkt wird. Aber Vorsicht: Auch der kann ganz schön zu Kopf steigen. Vor allem, wenn man mit den sangesfrohen Kärntnern mal die Zeit vergisst.

Hotels

Hohenwart in Schenna

Mit der kleinen Pension Hohenwart hat der Tourismus in Schenna einst begonnen. Heute ist es ein großer Hotelkomplex, und trotzdem stimmt der hauseigene Slogan: »Zu Gast bei Freunden« hundertprozentig. Es ist ein Familienhotel im besten Sinne: Alle Generationen werden von der Familie Mayr und ihrer Mannschaft mit offenen Armen empfangen. Herzenswärme und hoher Standard, Tradition und moderne Architektur, Professionalität und persönliche Begegnungen gehen hier in eins.

Und erst die Lage, mit traumhaftem Blick über das Meraner Becken bis hin zum Hochgebirge. Das Hohenwart ist seinen Preis in jeder Hinsicht wert. Mein Lieblingshotel.

Posthotel in Achenkirch

Eine Verwöhnoase für jeden Geschmack. Von München aus gut zu erreichen in eineinhalb Stunden. Erstklassiges Restaurant mit Haubenküche mit vielen Gustoschmankerln wie der Fischweißwurst von Herbert König. Verschwenderische Wellnesslandschaft mit Solebecken und Blick auf die Berge. Größte private Lipizzanerzucht Europas und Spezialangebote wie Shaolinmeister, Cabrioverleih und andere Besonderheiten. Das Hotel ist das Baby der Familie Reiter, die es mit Herzblut führt und immer selbst nach dem Rechten schaut.

Jagdhof im Stubaital

Noch so ein familiengeführtes Hotel der Luxusklasse mitten in den Stubaier Alpen. Seit drei Jahrzehnten achtet die Familie Pfurtscheller auf Qualität in jeder Hinsicht. Das Haus liegt in einem riesigen Naturgarten mit Blick auf die Stubaier Hochalpen und bietet in Küche und Keller die feinsten Genüsse. Das Wild kommt, nomen est omen, aus der eigenen Jagd, Fleisch und Gemüse aus der eigenen Landwirtschaft. Für das Wellnessangebot gab's den europäischen Oscar der Spa-Branche. Als Gast wird man in jeder Hinsicht umsorgt, auch wenn man mehr Lärm als erlaubt machen sollte, wie beim jährlichen Harley-Treffen.

Tennerhof in Kitzbühel

Altehrwürdiger Gutshof und ehemalige Poststation, ist der Tennerhof heute ein Luxushotel mit uralten holzvertäfelten Zimmern und gelassenem Charme. Diskretion geht hier über alles. Der ebenso umsichtige wie kultivierte Hoteldirektor Theo Muntigl würde sich eher die Zunge abbeißen, als zu verraten, welche gekrönten Häupter und Wirtschaftsmagnaten aus aller Welt bei ihm schon übernachtet haben. Die Lage in einem grünen Garten am Hang mit Blick auf die Streif und die Kitzbüheler Bergwelt ist einzigartig. Und die ökologische Kräuterküche – fast alles aus dem eigenen Garten – vom jungen Hauben- und Sternekoch Thomas Dreher sucht ihresgleichen.

Parkhotel Laurin in Bozen

In wenigen Schritten ist man fernab vom Trubel der Bozener Altstadt. Laurins Zaubergarten in der Mitte der Stadt ist sein herrlicher Park mit Natur- und Kunstobjekten zum Meditieren. Am romantischen Pool haben wir unter nachtblauem Sternenhimmel unvergessliche Feste gefeiert, wohl umsorgt vom aufmerksamen, livrierten Personal. Auch speisen lässt sich trefflich den ganzen Sommer unter rauschenden Baumriesen. Legendär auch die Jazzkonzerte in der geschmackvollen Jugendstilbar, in der man lässig abhängen kann.

Besondere Küchen

Angereralm am Kitzbüheler Horn

Als Weinkennerin und passionierte Weinliebhaberin hat die Chefin des Hauses, Annemarie Foidl, den höchsten, schönsten und ungewöhnlichsten Weinkeller der nördlichen Kalkalpen. Aber auch die Küche ist erste Sahne: Im Sommer wird dort Blütenküche gepflegt, jeder Teller ist eine bunte Almwiese zum Aufessen. Übernachten kann man auch in hübsch gestalteten Nostalgiezimmern und dann mit Rosenblütenbutter frühstücken. Das Schönste auf der Angereralm aber ist die fesche Chefin des Hauses, die ihre Gäste mit resolutem Charme begeistert.

Mein Tipp: Wählen Sie täglich das wechselnde Überraschungsmenü.

Stifts-Schmiede am Ossiacher See

Das Haus ist mit rund 900 Jahren noch älter als das berühmte Benediktiner-Stift nebenan. Die einstige Schmiede ist seit wenigen Jahren ein wunderbares Kärntner Restaurant, dessen holzvertäfelte Stuben drinnen ebenso verlockend sind wie der einladende, schattige Gastgarten mit Blick über den Ossiacher See. Das Beste ist die Schauküche mit dem riesigen offenen Grill für den frischen Seefisch, den sich die Gäste ebenso selbst aussuchen dürfen wie das Gemüse und die Beilagen.

Nach den leiblichen Genüssen unbedingt die Klosterkirche aufsuchen, denn Leib und Seele gehören ja bekanntlich zusammen.

Zur Rose in Kurtatsch

Erstklassige Küche versteckt hinter altem Gemäuer in Kurtatsch an der Südtiroler Weinstraße. In der ehemaligen Poststation gibt es im Lokal im ersten Stock zwei wunderschöne rustikale Gaststuben, eine gotisch, eine aus der Renaissance. Arno Baldo ist für die gerühmte feine, leichte Küche verantwortlich, in der deftige Südtiroler Bergkost mit mediterranen Genüssen genial kombiniert wird: Gnocchi mit Steinpilzen sind ebenso ein Genuss wie der Klassiker Speckknödel.

Schneckenkönig Onkel Taa

In Bad Egart bei Partschins, an der römischen Via Claudia Augusta, taucht man bei Onkel Taa in die Welt der Weinbergschnecken ein. Der Patron ist ebenso ein Gesamtkunstwerk wie das ganze Lokal, das nicht nur in der Museumsstube überquillt vor verrückten Exponaten und ausgefallenen Ideen. In der Küche des Familienbetriebs führt die Tochter das Regiment. Die Speisen sind originell und kreativ, aber nicht versnobt. Fast nur eigener Anbau und eigene Zucht kommen auf den Tisch – das gilt auch für die Spezialität des Hauses, die Weinbergschnecken, die gerne mit Ziegenkäse serviert werden. Auch die Flusskrebse gedeihen im eigenen Quellwasser. Das ganze Haus durchziehen Sinnlichkeit und Erotik, nicht nur beim Essen, sondern auch in der Kunst. Wer will, kann sich und seiner Begleitung die Speisen auch in einem mit reinstem Quellwasser gefüllten Zuber servieren lassen.

Unterberger Wirt im Gasteiner Tal

Feng-Shui-Küche können Sie im Gasteiner Tal probieren, beim Unterwirt.

Der Patron des Hauses, Hans-Peter Berti, ist Autor des Feng-Shui-Kochbuches »So kocht das Leben«, Fernsehkoch und natürlich auch gastronomischer Verwöhnmeister im Unterberger Wirt. Seine Feng-Shui-Küche ist an die heimische Bergwelt angepasst, kennt fünf jahreszeitliche Besonderheiten und fünf Elemente. Natürlich ist auch das ganze Haus nach Feng-Shui-Gesichtspunkten gestaltet, am deutlichsten erkennbar an den freundlichen Pastellfarben.

Dank

Ich danke allen, die in den letzten zehn Jahren bei den »Melodien der Berge« mitgewirkt und zum großen Erfolg der Sendung beigetragen haben.

Vor allem aber danke ich meinem Freund Thomas Kania, der als Redakteur des BR mit seinem Engagement und seinen Ideen viele der Geschichten dieses Buches erst möglich gemacht hat.

Ich danke meiner Lektorin Bettina Feldweg für ihre tatkräftige Unterstützung, ihr großes Vertrauen und vor allem ihre bewundernswerte Geduld bei der Entstehung von »Alpenglühen«.

Der größte Dank aber gilt meiner Frau Heidrun, ohne die es dieses Buch nicht geben würde. Sie hatte nicht nur die Idee, meine Geschichten der Berge zu veröffentlichen, sie hat mich auch zum Schreiben ermutigt und stand mir dabei mit Rat und Tat zur Seite.

Fotonachweis

Frank Johne: Seite 90/91; Bildteil Tafel 2 oben, 6 oben, 7 oben/ unten, 24
Harald Madreiter: Seite 284/285
Andi Pirchmoser: Seite 50/51, 68/69, 114/115, 158/159, 184/185; Bildteil Tafel 2 unten, 8–13, 14 oben, 15, 20–23
Alfons Schön: Seite 6/7, 28/29, 134/135, 208/209, 236/237, 260/ 261; Bildteil Tafel 1, 3–5, 6 unten, S. 7 Mitte, 14 unten, 16–19

PIPER

Reinhold Messner

Gebrauchsanweisung für Südtirol

208 Seiten mit 17 Federzeichnungen von Paul Flora.
Gebunden

»Es sind nicht die höchsten Berge der Welt, auch nicht die ge-
fährlichsten, aber bestimmt sind es die schönsten.« Reinhold Messner, der vom Südtiroler Bergbuben zum erfolgreichsten Bergsteiger wurde, weiht uns in die Naturwunder
zwischen Dolomiten und Ortler ein, nimmt uns zu Skiabfahr-
ten, Höhenwegen und malerischen Hütten mit. Dem Rätsel
des Ötzi geht er auf den Grund, den Seligkeiten von Bozen und
der Frage, wieviel Österreich im nördlichen Eck Italiens
lebt. Wir erfahren die Geheimnisse des Jodelns, die Feinheiten
der Küche zwischen Speckknödel und Spaghetti – und warum Fensterln und Frömmigkeit hier unbedingt zusammenge-
hören.

01/1608/01/R

Michael Palin

Europareise

Wie ein Engländer einen alten Kontinent neu entdeckt.
Aus dem Englischen von Ulrike Frey. 400 Seiten mit
43 Farbfotos von Basil Pao und einer Karte. Gebunden

Als Mitbegründer der Monty-Python-Truppe wurde er berühmt; sein Pontius Pilatus in »Das Leben des Brian« ist
ebenso Kult wie der Auftritt als stotternder Ken in »Ein Fisch
namens Wanda«: Michael Palin, der große englische
Schauspieler. Mit dem gleichen Herzblut bereist er seit 30 Jahren die Welt; es zog ihn in den Himalaja und die Sahara,
zum Nord- und zum Südpol. Wo er auch hinfährt, danach ver-
schlingen die Briten seine Reisereportagen. Palins jüngstes
Projekt: die Entdeckung Europas, wo er mehr blinde Flecken
hatte als in jedem exotischen Erdteil. Er besuchte ein Jahr
lang 20 Länder, von Lettland über Kroatien, Polen, Deutschland, Tschechien bis in die Türkei. Und sprach dabei mit
Fremdenführern, Holzfällern, Models, Literaten, Popstars,
Bauern, Künstlern, Mönchen – und mit einer echten
Schönheitskönigin.

02/1108/01/R

Reinhold Bilgeri

Der Atem des Himmels

Roman. 320 Seiten.
Piper Taschenbuch

»Heute ist die große Wende, mein Kind«, flüstert Viktor von Gaderthurn auf dem Sterbebett. Erna weiß, dass ihr Vater Recht hat. Nach seinem Tod verlässt sie das elterliche Schloss im Pustertal und tritt eine Lehrerstelle in Vorarlberg an. Als sie 1953 den kleinen Ort Blons im Großen Walsertal betritt, ist dies für die Witwe Flucht und Neubeginn zugleich. Sie freundet sich mit dem Leben der einfachen Bauern an und findet in ihrem Kollegen Eugenio Casagrande eine neue Liebe. Doch mit dem 11. Januar 1954 kommt ein weiterer Tag in ihrem Leben, der alles verändern wird, für immer. – Reinhold Bilgeri nimmt das historische Ereignis der Lawinen-Katastrophe, die in Blons 57 Menschenleben gefordert hat, zum Anlass, die Geschichte einer tragischen Liebe zu erzählen. Bilgeris packender Romanerstling ist Lokalchronik, Gesellschaftsstudie und Beziehungsroman zugleich. Und ganz nebenbei hat der Autor seine eigene Familiengeschichte mit hineinverwoben.

05/2427/01/L

Reinhold Messner

Die Freiheit, aufzubrechen, wohin ich will

Ein Bergsteigerleben. 388 Seiten mit zahlreichen Farb- und Schwarzweißfotos. Piper Taschenbuch

Kaum ein Abenteurer dieses Erdballs kann so packend von seinen Erlebnissen erzählen wie er – und mehr als Reinhold Messner hat wohl ohnehin kein Bergsteiger auf den Gipfeln der Welt erlebt. Der Bericht eines ungewöhnlichen Lebens, der nicht nur von der Erstbesteigung des Mount Everest ohne künstlichen Sauerstoff erzählt, sondern auch von Niederlagen, Krisen und Selbstzweifeln.

»Reinhold Messner kann spannend und prägnant schreiben. Erhellende Ausflüge in Literatur und Philosophie überraschen bei ihm nicht. Und mögen einige seiner Bergsteigerkollegen gelegentlich den Eindruck alpiner Analphabeten hinterlassen, so ist Messner als Schriftsteller durchaus autark.«
Süddeutsche Zeitung

PIPER

05/1725/02/R

Bettina Selby

Der Jakobsweg

Mit dem Fahrrad nach Santiago de Compostela. Aus dem Englischen von Barbara Heller. 247 Seiten mit 8 Seiten farbigem Bildteil.
Piper Taschenbuch

Sagenumwoben und geschichtsträchtig schlängelt sich der Jakobsweg auf siebenhundert Kilometern von Frankreich über die Pyrenäen nach Santiago de Compostela. Mit ansteckender Abenteuerlust begibt sich Bettina Selby per Rad auf eine inspirierende Reise zum Grab des heiligen Jakob. Sie schildert nicht nur Etappe um Etappe ausführlich, sondern beleuchtet dazu auch die Historie und den geistig-religiösen Hintergrund dieses immer beliebter werdenden Pilgerweges.

»Bettina Selby versteht es, unvergleichlich herzlich und oft leicht ironisch von ihren Reisen zu berichten. Ihre Bücher sind ein wahrer Genuß nicht nur für Zweirad-Freaks.«
Badische Zeitung

Hape Kerkeling

Ich bin dann mal weg

Meine Reise auf dem Jakobsweg. 352 Seiten mit 35 Fotos.
Piper Taschenbuch

Es ist ein nebelverhangener Junimorgen, als Hape Kerkeling, bekennende Couch potato, seinen inneren Schweinehund besiegt und voller Respekt und Unternehmungslust in Saint-Jean-Pied-de-Port aufbricht. Sechs Wochen Fußmarsch auf dem legendären Camino Francés liegen vor ihm, allein mit sich und seinem schweren Rucksack: über die Gipfel der Pyrenäen, quer durch das Baskenland nach Galicien zum Grab des Apostels Jakob, seit über tausend Jahren Ziel für Gläubige aus der ganzen Welt. Mit Humor und Blick für das Besondere erschließt Kerkeling sich die fremden Regionen, lernt die Einheimischen ebenso wie moderne Pilger und ihre Rituale und Eigenarten kennen. Er schildert den Reiz jeder einzelnen Etappe, erlebt Einsamkeit und Stille, Erschöpfung und Zweifel, aber auch Hilfsbereitschaft, Freundschaften und Momente, die für alle Entbehrungen entlohnen – und eine ganz eigene, überraschende Nähe zu Gott.

PIPER

05/1723/02/L   05/2371/01/R